Yukichi Fukuzawa and Liberalism: Individuality, Autonomy and Nationality

福澤諭吉と自由主義

—個人・自治・国体—

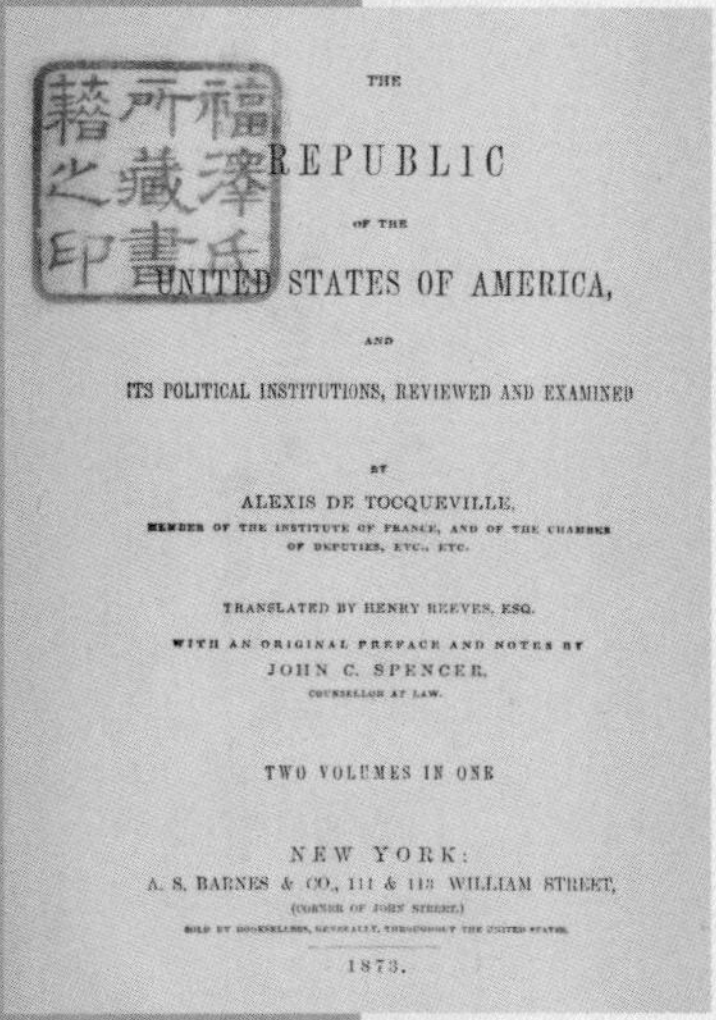
福澤氏所蔵書籍之印

THE

REPUBLIC

OF THE

UNITED STATES OF AMERICA,

AND

ITS POLITICAL INSTITUTIONS, REVIEWED AND EXAMINED

BY

ALEXIS DE TOCQUEVILLE,

MEMBER OF THE INSTITUTE OF FRANCE, AND OF THE CHAMBER OF DEPUTIES, ETC., ETC.

TRANSLATED BY HENRY REEVES, ESQ.

WITH AN ORIGINAL PREFACE AND NOTES BY

JOHN C. SPENCER,

COUNSELLOR AT LAW.

TWO VOLUMES IN ONE

NEW YORK:

A. S. BARNES & CO., 111 & 113 WILLIAM STREET,

(CORNER OF JOHN STREET.)

SOLD BY BOOKSELLERS, GENERALLY, THROUGHOUT THE UNITED STATES.

1873.

安西敏三 著
Toshimitsu Anzai

慶應義塾大学出版会

目次

凡例

序章　J・S・ミル『女性の隷従』との対話……1

一　はじめに　1
二　着眼箇所　5
三　考証　7
四　おわりに　20

第一章　「独一個人の気象」考……27
――福澤とギゾー、そしてミル――

一　はじめに　27
二　ギゾーにおける“individuality”　28
三　ミルにおける“individuality”　33
四　「独一個」と「気象」　40
五　おわりに　45

第二章　国民（ネーション）の構想……51
――ギゾー『ヨーロッパ文明史』福澤手沢本再読――
一　はじめに　51
二　「人民」と「国民」――その伝統的用法――　53
三　「国民」の発見――ギゾー文明史を通して――　57
四　おわりに　72
第三章　国体観念の転回……77
――国体・政統・血統――
一　はじめに　77
二　維新前後の「国体」　79
三　「ナショナリチ」としての「国体」　82
四　「ポリチカル・レジチメーション」としての「政統」　87
五　「ライン」としての「血統」　92
六　おわりに　106
第四章　トクヴィル問題……119
――政権と治権――

一　はじめに　119
二　「政府の政」と「人民の政」――「民権」の基底――　126
三　「政権」と「治権」――トクヴィル問題（1）――　134
四　「天稟の愛国心」と「推考の愛国心」――トクヴィル問題（2）――　143
五　西南戦争と『アメリカのデモクラシー』――トクヴィル問題（3）――　152
六　おわりに――その後の『アメリカのデモクラシー』――　186
第五章　バジョット問題――政治社外としての帝室――……203
一　はじめに　203
二　バジョットへの言及と引用　205
三　明治憲法制定期におけるバジョット問題　208
四　政治社外としての帝室　213
五　おわりに　222
あとがき　229

索　引　*57*
参考史料　福澤手沢本 A. d. Tocqueville, *Democracy in America*, Tr. by H. Reeve. 再現　*1*

凡例

一　福澤諭吉の著作からの引用・参照は慶應義塾編纂『福澤諭吉全集』再版、全二一巻・別巻（岩波書店、一九六九〜七一年）を使用し、例えば『福澤諭吉全集』第三巻二七頁からの引用・参照の場合は（③二七）のように略記する。引用文は原則として新字体に改めた。

二　本書で使用した主要な福澤手沢本で何らかのノートのあるものは以下の著作であるが、引用・参照にあたっては著作の最後の；の後に記したように略記し、その：の後に頁数を記した。またその他、同一の著作で参考に供したのも、同じように略記し、同じように頁数を記した。なお、筆者が手沢本を理解する上で参照した邦訳も同時に記したが、現在、入手可能なものについては該当頁を原文の頁数の後に「訳」と註記して頁数を記した。また引用・参照に当たっては、必ずしも邦訳書によっていないことは、他の引用・参照文献と同様である。

(1) Buckle, Henry Thomas, *History of Civilization in England*, Volume I, New York: D. Appleton, 1873; BH 1

——, *History of Civilization in England*, Volume II, New York : D. Appleton, 1872; BH 2

(2) Guizot, François Pierre Guillaume, *General History of Civilization in Europe, from the Fall of the Roman Empire to the French Revolution*, Ninth American Edition from the Second English Edition, with Occasional Notes by C. S. Henry, New York: D. Appleton, 1870; GG

——, *Histoire de la civilisation en Europe depuis la chute de l'empire Romain jusqu'a la révolution française*, nouvelle édition, Paris: Didier, Libraire-Éditeur, 1855; GH

——, *The History of Civilization in Europe*, Translated by William Hazlitt, Edited with an Introduction by

Larry Siedentop, London: Penguin Books, 1997; GHH
フランス原著からの邦訳、安士正夫訳『ヨーロッパ文明史―ローマ帝国の崩壊からフランス革命にいたる―』みすず書房、一九八七年。

(3) Mill, John Stuart, *Dissertation and Discussion; Political, Philosophical, and Historical.* 2nd Edition, Volume 1, London: Longmans and Green, 1875; MDD
――, "Civilization" in *Collected Works of John Stuart Mill*, Volume XVIII, Edited by J. M. Robson, Toronto: The University of Toronto Press, 1977; CWM 18
山下重一訳「文明論」(杉原四郎・山下重一編『J・S・ミル初期著作集(三)』御茶の水書房、一九八〇年、所収)

(4) Spencer, Herbert, *First Principles of a New System of Philosophy*, 2nd Edition, New York: D. Appleton, 1875; SF

(5) Spencer, Herbert, *The Study of Sociology*, New York: D. Appleton, 1874; SS

(6) Tocqueville, Alexis Charles Henri Maurice Clérel de, *The Republic of the United States of America and its Political Institutions* (*Democracy in America*) Reviewed and Examined, Translated by Henry Reeves [sic.] with an Original Preface and Notes by John C. Spencer, New York: A. S. Barns, 1873; TDR
――, *Alexis de Tocqueville Œuvres Complètes*, Édition définitive publiée sous la direction de J.-P. Mayer, Tome 1, ★, *De la démocratie en Amérique*, Paris: Gallimard, 1961; TOC 1
――, *Ibid.*, ★★, *De la démocratie en Amérique*; TOC 2
――, *Democracy in America*, Translated by Henry Reeve, With an Original Preface and Notes by John C.

Spencer, Clark: The Law Book Exchange, 2003; TDS

——, *Democracy in America*, Translated by Henry Reeve and Retranslation by Francis Bowen, With an Introduction by Alan Ryan, Everyman's Library 179, London: David Campbell Publishers, 1994; TDB

フランス原著からの邦訳、井伊玄太郎訳『アメリカの民主政治』上・中・下、講談社学術文庫、一九八七年、松本礼二訳『アメリカのデモクラシー』第一巻（上）・（下）、岩波文庫、二〇〇五年、ただし『アメリカのデモクラシー』第一巻については松本訳を訳（上）（下）として、第二巻については井伊訳下巻のそれを記す。

なお、巻末に付した参考史料を援用する場合は、それに付した史料番号を記す。

三　福澤が引用・参照したもので、定本となっている著作集、及び単行本についても同じように以下のように略記した。

(1) Bagehot, Walter, "The English Constitution" in *Collected Works of Walter Bagehot*, Volume V, Edited by Norman St John-Stevas, London The Economist, 1965; CWB

小松春雄訳「イギリス憲政論」（辻清明編『世界の名著60　バジョット　ラスキ　マッキーヴァー』中央公論社、一九七〇年、所収）

(2) Chambers's Educational Course, *Political Economy for Use in Schools and Private Instruction*, Edinburgh: Willam and Robert Chambers, 1852; CP

(3) Mill, John Stuart, "Autobiography" in *Collected Works of John Stuart Mill*, Volume I, Edited by J. M. Robson, Toronto: The University of Toronto Press, 1977; CWM 1

朱牟田夏雄訳『ミル自伝』岩波文庫、一九六〇年。

(4) Mill, John Stuart, "System of Logic" in *Collected Works of John Stuart Mill*, Volume VIII, Edited by J. M.

Robson, Toronto: The University of Toronto Press, 1974; CWM 8

(5) Mill, John Stuart, "Coleridge" in *Collected Works of John Stuart Mill*, Volume X, Edited by J. M. Robson, Toronto: The University of Toronto Press, 1969; CWM 10

柏経学訳「コーリッジ論」（杉原四郎・山下一重編『J・S・ミル初期著作集（四）』御茶の水書房、一九九七年、所収）

(6) Mill, John Stuart, "On Liberty" in *Collected Works of John Stuart Mill*, Volume XVIII, Edited by J. M. Robson, Toronto: The University of Toronto Press, 1977; CWM 18

塩尻公明・木村健康訳『自由論』岩波文庫、一九七一年。

(7) Mill, John Stuart, "Consideration on Representative Government" in *Collected Works of John Stuart Mill*, Volume XIX, Edited by J. M. Robson, Toronto: The University of Toronto Press, 1977; CWM 19

水田洋訳『代議制統治論』岩波文庫、一九九七年。

(8) Mill, John Stuart, "Guizot's Lectures on History" in *Collected Works of John Stuart Mill*, Volume XX, Edited by J. M. Robson, Toronto: The University of Toronto Press, 1977; CWM 20

山下重一訳「ギゾーの歴史論」（『國學院法學』第一三巻第三号、七五―一二一頁）

(9) Mill, John Stuart, "Principles of Political Economy with Some of their Application to Social Philosophy" in *Collected Works of John Stuart Mill*, Volume III, Edited by J. M. Robson, Toronto: The University of Toronto Press, 1965; CWM 3

末永茂喜訳『経済学原理』（四）岩波文庫、一九六一年。

(10) Wayland, Francis, *The Elements of Moral Science*, Edited by Joseph L. Blau, Cambridge: The Belknap

Press of Harvard University Press, 1963; WM

(11) Wayland, Francis, *The Elements of Political Economy*, Boston: Gould and Lincoln, 1856; WP

四　福澤手沢本への福澤の書き込み表記については、それを忠実に再現するために、現代表記に改めなかった。

五　引用文中における傍点は特に断りの無い限り引用者によるものである。

六　引用文中における註、あるいは代名詞などの該当文を挿入する場合は〔　〕内で行った。また引用文中の中で短い省略については……で、また長いそれについては（中略）と慣例に従った。

七　文中、人の生没年・著者の初版ないし完成年の確定できる人・著作のみについてのみ（　）内に原則として最初に挙げるさいに記した。ただし論説などについては必要に応じて公表年を記した。

序章　J・S・ミル『女性の隷従』との対話

一　はじめに

福澤諭吉と西欧思想との関連は、従来、指摘はあっても、必ずしも本格的に研究されてきたとはいえない。むろん伊藤正雄に代表される、その実証的研究はある。『西洋事情』（慶應二―明治三・一八六六―七〇年）、『学問のすゝめ』（明治五―九・一八七二―七六年）などとチェンバーズ社刊『政治経済読本』（Chambers's Educational Course, *Political Economy for Use in Schools, and for Private Instruction*, London, 1856）、およびウェイランド『道徳科学の基礎』（Francis Wayland, *The Elements of Moral Science*, Boston, 1835）、同じく『政治経済学の基礎』（*The Elements of Politcal Economy*, Boston, 1837）との具体的関連については、伊藤正雄の『福澤諭吉論考』（吉川弘文館、昭和四四・一九六九年）をひもとくことによってことごとく知ることができる。また福澤における伝統思想（儒教、仏教、国学）と西欧近代思想（功利主義、進化論、自由主義、立憲主義、キリスト教）との関連を追究する一階梯として、筆者が試みている福澤の手沢本を通しての、西欧思想と福澤との具体的関連についても、『文明論之概略』（明治八・一八七五年）とギゾー『ヨーロッパ文明史概略』英訳本（François Guizot, *General History of Civilization in Europe, from the Fall of the Roman Empire to the French Revolution*, Occasional Notes by C. S. Henry, New York, 1870）とに関して、小沢栄一がその『近代日本史学史の研究　明治編』（吉川弘文館、昭和四三・一九六八年）において探求している。しかし、これら少数の研究を除いて、福澤と、たとえばJ・S・ミル、A・d・トクヴィル、H・スペンサー、W・バジョット等との具体的関連についての研究は驚くほど少ない。[1]

このことを指摘するために筆者が専攻する政治思想史の分野においての一例を挙げよう。福澤の政治思想、あるいは『文明論之概略』を考察するうえで、最も重要な概念の一つに「国体」がある。福澤はそれを『文明論之概略』で「ナショナリチ」としているが、これがJ・S・ミル『代議政治論』(John Stuart Mill, *Considerations on Representative Government*, 1861)に依拠していることは、伊藤正雄『口訳評注　文明論之概略　今も鳴る明治先覚者の警鐘』(慶應通信、昭和四七・一九七二年)をはじめ、従来の諸研究を読んでも指摘すらされていない。[2]

福澤『文明論之概略』第二章に曰く、「国体とは、一種族の人民相集《あいあつまり》て憂楽を共にし、他国人に対して自他の別を作り、自《みずか》ら互に視ること他国人を視るよりも厚くし、自から互に力を尽すこと他国人の為にするよりも勉《つと》め、一政府の下に居て自から支配し他の政府の制御を受《う》くるを好まず、禍福共に自から担当して独立する者を云ふなり。西洋の語に「ナショナリチ」と名《なづ》くるもの是なり。凡《およ》そ世界中に国を立《たつ》るものあれば亦《また》各《おのおの》其体《たい》あり。支那には支那の国体あり、印度《インド》には印度の国体あり。西洋諸国、何《いず》れも一種の国体を具《そな》へて自から之を保護せざるはなし。此国体の情の起る由縁を尋《たずね》るに、人種の同じきに由る者あり、宗旨の同じきに由る者あり、或は言語に由り、或は地理に由り、其趣《おもむき》一様ならざれども、最も有力なる源因と名《なづ》く可きものは、一種の人民、共に世態の沿革を経て懐古の情を同ふする者、即是なり。或は此諸件に拘はらずして国体を全ふする者もなきに非ず。瑞西《スイス》の国体堅固なれども、其国内の諸州は各人種を異にし言語を異にし宗旨を異にする者あるが如し。然りと雖ども此諸件相同じければ其人民に多少の親和なきを得ず。日耳曼《ゼルマン》の諸国の如きは、各独立の体を成すと雖ども、其言語文学を同ふし懐古の情を共にするが為に、今日に至るまでも日耳曼は自から日耳曼全州の国体を保護して他国と相別《あいわか》つ所あり」(④27)。

ミル『代議政治論』第一六章に曰く、"A PORTION of mankind may be said to constitute a Nationality, if they are united among themselves by common sympathies, which do not exist between them and any others—which make them co-operate with each other more willingly than with other people, desire to be under the same government, and desire that it should be government by themselves or a portion of themselves, exclusively. This feeling of nationality may have been generated by various cause. Sometimes it is the effect of identity of race and descent. Community of language, and community of religion, greatly contribute to it. Geographical limits are one of its causes. But the strongest of all is identity of political antecedents; the possession of a national history, and consequent community of recollections; collective pride and humiliation, pleasure and regret, connected with the same incidents in the past. None of these circumstances however are either indispensable, or necessarity sufficient by themselves. Switzerland has a strong sentiment of nationality, though the cantons are of different races, different languages, and different religions……Yet in general the national feeling is proportionally weakened by the failure of any of the causes which contribute to it. Identity of language, literature, and, to some extent, of race and recollections, have maintained the feeling of nationality in considerable strength among the different portions of the German name, though they have at no time been really united under the same government; but the feeling has never reached to making the separate States desire to get rid of their autonomy.

（人類のある部分が、共通の共感によってお互いに結合されており、その共感が他のどんな部分とのあいだにも存在しないならば、彼らは一つの国民性を形成する、といってよい。そしてその共通の共感によって、彼らは他の人々とよりも、彼ら同士で共働することを好み、同一の統治の下にあることを望み、その統治がもっぱら彼ら自身のみの、あるいは彼ら自身の一部のみによる統治であることを望むのである。この国民性の感情を生み出してきた原因はさまざまなものでありうる。時にはそれは人種または血統が同一であることの結果である。言語の共通性や宗教の共通性がそれに大いにあずかっている。地理上の境界もその原因の一つである。しかしすべての内で最も強力なのは、政治的沿革の同一性であって、それは民族の歴史をもち、その結果として共通の回想をもっていること、すなわち過去の同じ出来事について共同の誇りと屈辱、喜びと悔恨をもつことである。しかしながら、これらの事情はいずれも不可欠なものではないし、またそれだけで充分というのではない。スイスはそれぞれの州が異った人種、異った言語、そして異った宗教をもっているにも拘らず強い国民性の感情を持っている。……だが一般には国民感情は、それを助長する諸々の原因の内のどれかが欠ければ、それに比例して弱められる。ドイツ名を有する様々な地方の間では、これまで一度も現実に同一の統治の下に統一されたことはなかったけれども、言語・文学が同一で、またある程度、人種と回想の同一性が、かなり強い国民性の感情を存続させてきたのであった。[3]しかし、その感情が独立した州に自治の廃止を望ませるまでには決して到らなかった）（CWM 19:546 訳三七四―七五）。

　こうした考証が充分なされてこなかった一大理由は、「福澤の直感が鋭敏、思考力が旺盛、殊にその気宇が広濶であったため、何でも読んだものを自分のものにしてしまい、その表現の機警や適切、殊にその人を動かす迫力においてしばしば遥かに原著者を凌ぐものを造り出した」[4]（小泉信三）からである。にもかかわらずこうした考証が必要なのは、「福澤がいかにそれら西欧学者の所説や史論を自家薬籠中のものとし、完全にそれを彼の国と彼の時代の現実に従って、自己の立場の中に溶解したかということは、彼此の著作を細密に点検すればするほどますます深く納得されるであろう。こうした研究もそれ自体独立のテーマに値する問題である」[5]（丸山眞男）という問題提起に応えるための一助として、それが役立つからである。

　本章の目的は、その一助となるべく、福澤がその理論を自ら任せたと言われる[6]J・S・ミル、その『女性の隷従』（John Stuart Mill, *The Subjection of Women*, 1869）の福澤手沢本を紹介すること、およびそれと、福澤の著作や思想との関連について言及することにある。

二　着眼箇所

慶應義塾塾史資料室（現・慶應義塾福沢研究センター）にある福澤署名本たるミル『女性の隷従』は、一八七〇年にニューヨークにあるD. Appleton and Companyから刊行されたものであるが、この署名本が福澤自身の手沢本であるかどうか、という疑問がまず生ずるであろう。

福澤はミルの本書について、『学問のすゝめ』第一五編（明治九・一八七六年）において触れている。「西洋の諸大家が日新の説を唱へて人を文明に導くものを見るに、其目的は唯古人の確定して駁す可らざるの論説を駁し、世上に普通にして疑を容る可らざるの習慣に疑を容るゝに在るのみ。今の人事に於て男子は外を努め婦人は内を治ると て其関係殆ど天然なるが如くなれども「スチュアルト・ミル」は婦人論を著して、万古一定動かす可らざるの此習慣を破らんこと試みたり」（③一二四）。

ここで述べられている「婦人論」が『女性の隷従』であることは、伊藤正雄がその『「学問のすゝめ」講説』（昭和四三・一九六八年）五八〇頁において指摘しているように確実である。そして署名本の刊行年次、および『学問のすゝめ』執筆時とを照らし合わせると、この署名本が、福澤の正に当時の手沢本であったことが察せられよう。[7]しかも『学問のすゝめ』には、のちに論ずるように、また伊藤正雄が言及しているように、本書の影響がある。その影響箇所と、次に紹介する署名本に見られる赤の不審紙貼付箇所とを考証すると、そのことがより明確になるのである。

それでは署名本に見られる赤の不審紙貼付箇所を表に示そう。ほとんどが各節の頭部に貼付されている。紙数の関係上、その全訳を記すことはできない。それゆえ、読者は岩波文庫に収められている大内兵衛・大内節子訳『女性の解放』（昭和三二・一九五七年）を用意されたい。原文を参照する読者のために、福澤署名本（ただし、不審紙貼付頁のみ）、およびトロント大学出版会刊『J・S・ミル著作集』第二一巻（*Collected Works of John Stuart Mill*, Vol. XXI, Edited by John M. Robson; Introduction by Stefan Collini, Toronto: University of Toronto Press, 1984）に収められている頁数をも記す。なお、岩波文庫版に章ごとに示されている節の番号も頁数の下に（　）で記す。この表に見られるように、二三ヶ所に赤の不審紙が貼付されている。ただし**五**、**一八**は節の頭部ではなくて、その途中に貼付されている。**一三**は赤の不審紙が頁と頁との間に挟まれている。また、その節の頭部に**四**と同じく不審紙貼付跡が見られる。**一九**も同様に不審紙貼付跡であるが、頭部ではなくて途中の欄外にそれが認められる。

	岩波文庫版頁	署名本頁	ミル著作集頁
一	41～44（五）	7	263～284
二	63～64（一四）	33	274
三	66（一六）	36	275
四	70～71（二〇）	41	277～278
五	72～74（二一）	44	278～279
六	80～86（一）	53	283～286
七	86～88（二）	60	286～287
八	88～90（三）	62	287～288
九	90～93（四）	64	288～289
一〇	96～97（八）	72	291
一一	99～101（一〇）	76	292～293
一二	105～106（一三）	83	295～296
一三	114～116（二）	95～96	300～301
一四	116（三）	97	301～302
一五	125～126（九）	108	306
一六	137～139（一四）	123	312～313

一七	144（二〇）	1	316
一八	148（二二）	35	317〜318
一九	149（二三）	137	318〜319
二〇	153〜154（二五）	142	320〜321
二一	158〜159（三）	148	323〜324
二二	177〜179（一五）	169	333〜334
二三	187〜191（二一）	182	338〜340

三　考　証

それでは、これら不審紙貼付箇所が福澤の著作および思想にいかなる影響をおよぼしているであろうか。この点について次に論じよう。以下各節の冒頭に付した数字は、上表の不審紙貼付箇所番号を指す。ここでは、その番号に従ってミルと福澤との関連を追究していく。

一　弱い性が強い性に従属する、ということは一つの理屈であって経験にもとづいていない。男女間の不平等な制度は、人類社会の初期において女性に対する男性の評価が、および女性の肉体的力が男性に劣っていた、という事実にもとづいている。この事実を国家が法律上の権利関係に置き換え、しかもそれに社会的承認を付与したのである。女性が服従を余儀なくされてきた所以である。奴隷制度もしかりである。女性の隷従は昔の原始的奴隷制度の継続であって、正義と社会的便宜とを考慮して新たに創造されたものではないのである。制度は存在するがゆえに正当である、とはいえない。男女間の権利の不平等な関係は強者の法則に由来する、という主張がいぶかしく思われるのは、他のいまわしい源から発している種々の制度がなくなって、これのみが残っているからである。福澤はミルのこうした議論を読んで『学問のすゝめ』八編（明治七・一八七四年）に援用している。「畢竟男子は強く婦人は弱しと云ふ所より、腕の力を本にして男女上下の名分を立たる教なる可し」（③八一—八二）と男女の不平等を『女大学』（享保・一七一六—三六年間刊）を引き合いに出して批判しているのは、ミルの「男女間の権利の不平等な関係は、ほかならぬ強者の法則に由来するものである」と同様である。この点についてはすでに先学の指摘がある。(8)同じく『学問のすゝめ』で福澤が、「政府の強大にして小民を制圧するの議論」の次に「人間男女の間」を論じたのは、ミルの議論が福澤の念頭にあったからであるといえる。福澤にとって、ミルが過去のものとした一般の奴隷制度は、士農工商という身分関係として日本には残っていた。それゆえ、福澤はまずウェイランドを援用してその非なることを述べ、加えて同じ人としての男女の権利の平等についても論じたのである。さらに『学問のすゝめ』一三編（明治七・一八七四年）に曰く、「昔孔子が女子と小人とは近づけ難し、扨々《さて》困入たる事哉《かな》とて歎息したることあり。今を以て考るに、是れ夫子自から事を起して自から其弊害を述たるものと云ふ可し。人の心の性は男子も女子も異なるの理なし。又小人とは下人と云ふことならんか、下人の腹から出たる者は必ず下人と定たるに非ず。下人も貴人も生れ落ちたる時の性に異同あらざるは固より論を俟たず。然るに此女子と下人とに限りて取扱に困るとは何故ぞ」（③一一一）。ここに見られる孔子批判もミルの本節を念頭においているといってよい。「古代においてはすべての女性はもちろんのこと、多数の男性も奴隷であった。それ以来多くの時代が過ぎてその中には非常に文化の高い時代もあったけれども、識者のうち誰一人として勇敢にこの二様の奴隷制度の正当性とその社会的必要の絶対性とに異議をとなえるものはなかった」というミルの議論はその証左である。なおこの点についてもすでに言及されている。(9)

二　男に生まれないで女として生まれたからといって、その人の一生の地位を定めるべきではない。女性も高い社会的地位についたり、少数の例外的職業を除いて高度の能力を要する職業に従事してよい。ミルはこう述べ、女性の職業を家庭内に留めることなく家庭外にも開くよう計っている。福澤がミルの名前を挙げている『学問のすゝめ』一五編はここを念頭においている。「今の人事に於て男子は外を務め婦人は内を治ると其関係殆ど天然なるが如くなれども「スチュアルト・ミル」は婦人論を著して、万古一定動かす可らざるの此習慣を破らんことを試みたり」(③一二四)。むろん福澤のこの一文が、福澤のミルの本書全体に対する感想でもあることは、その出典を明示していることもあって、明らかである。

三　女性の社会的従属は現代社会のさまざまな制度のなかでも孤立した現象である。また現代社会の制度の根本原理に対する唯一の違反である。現代社会の誇りたる進歩的運動と、こうした事実の性状との間に存在する対立は、社会の風潮を良心的に観察しようとする人が真剣に反省すべき問題である。従来の慣習や慣行にもとづく女性の社会的従属は、明確な論理によって検討されるべきである。その有力な論理もあるのである。このようなミルの説は、福澤が既述した『学問のすゝめ』一三編の孔子批判の後半および同一五編を著すのに、確信を与えたと言える。「抑も孔子の時代は明治を去ること二千有余年、野蛮草昧の世の中なれば、教の趣意も其時代の風俗人情に従ひ、天下の人心を維持せんがためには、知て故《こと》さらに束縛するの権道なかる可らず。若し孔子をして真の聖人ならしめ、万世の後を洞察するの明識あらしめなば、当時の権道を以て必ず心に慊《こころよ》しとしたることはなかる可し。故に後世の孔子を学ぶ者は、時代の考を勘定の内に入れて取捨せざる可らず。二千年前に行はれたる教を其儘《まま》に、しき写しゝて明治年間に行はんとする者は、共に事物の相場を談ず可らざる人なり」(③一一二)。「西洋の諸大家が日新の説を唱へて人を文明に導くものを見るに、其目的は唯古人の確定して駁す可らざるの論説を駁し、世上に普通にして疑を容る可らざるの習慣に疑を容《い》るゝに在るのみ」(③一二四)。ミルを読んだ福澤自らが「社会の風潮を良心的に観察しようとする人」の課題として論じているのである。ミルの果たした思想的営為は、日本においては福澤自らが果たさなければならなかったのである。

四　両性間の生来の相違について述べることは難解である。否それどころか、それについての完全で正確な知識を得ることは、環境が人間の性格におよぼす影響についての法則の分析的研究を除いて、不可能である。男性と女性との知的、ないし道徳的差異は生まれつきの相違である、とする証拠はそれゆえに消極的なものである。生来のものと考えられるものは、教育あるいは外部の環境によって説明できる両性の特徴をすべて除外した後に残るものである。人間の性格を形づくる法則についての深い知識＝心理学が要求される所以である。そして現在までのところ推測はあっても、この知識はない。これを読んだ福澤が『易経』に端を発する儒者流の「陰陽の義を男女の性に引当てて、剛柔智愚明暗などの標となし、男は剛なり智なり明なり、女は柔なり愚なり暗なりとて、兎角に男子を尊んで婦人を卑しむの口実に用ひたるもの多しと雖ども、固より謂れもなき妄想説にして確なる証拠あらざれば人を服せしむるに足らず」（『男女交際論』明治一九・一八八六年、⑤五八四）と言うのは自明である。福澤にとって男女の関係は陰陽よりもむしろ物理学の法則に比せられるものである。それは言い換えれば人間についての心理学の法則と言えるものなのである（同上⑤五八四）。

五　男性は研究機会の充分にある唯一人の女性＝妻をすら完全に理解できない。恋愛関係において女性は用心深い。夫婦関係においても、一方に権力があり他方に隷従がある場合、両者間に完全な信頼は起こらない。そして「相互の間における完全な理解は、親しいというだけでなく相互に対等な人々の間でなければ存在しがたいものである」とミルは断定する。福澤は一面、夫婦関係の認識においてミルほどペシミスティックではない。「凡そ世の中に夫婦親子より親しき者はあらず、之を天下の至親と称す。而して此至親の間を支配するは何物なるや、唯和して真率なる丹心あるのみ。表面の虚飾を却け又之を掃ひ、之を却掃し尽して始めて至親の存するものを見る可し」（『学問のすゝめ』一七編、明治九・一八七六年、③一四三）。しかし福澤は他面、「夫婦の間敬意なかる可らず」というエッセーを著して、「之に告ぐ可き事を告げずして隠すより不敬なるはなし」（『福翁百話』明治三〇・一八九七年、⑥二四三）と述べ、夫婦間に「不敬」が存在していることをも認識している。そしてそれが存在する場合に起こる悲劇を記して、その原因を「畢竟主人たる者が同等なる妻に対して敬意を失ひ、之を蔑視して夫婦共有の家事を告げざりしの罪なり」（同上⑥二四四）とする。いずれの認識があるにせよ、福澤が言わんとしていることは、夫婦は相互に「同等なる」関係であるから、相互に「和して直率なる丹心」＝「敬意」を持ってはじめて夫婦の名に値する、ということである。これはミルが本節で述べた夫婦の相互理解に必要な条件に符合する。福澤における同様な主張は『日本婦人論』後編（明治一八・一八八五年）にも見られる（⑤四九三）。

六　ミルは本節において結婚に対して法律が定めた条件を検討する。ここでミルが批判の対象として描いている妻像と、貝原益軒の名を借りた『女大学』――益軒の『和俗童子訓』をもとに書肆が改竄・刊行――に描かれている妻像とは相互に似通っているように福澤には映じたと思われる。「いかなる奴隷も妻ほどの程度における奴隷ではない。また妻ほど奴隷という言葉どおりの奴隷もいない」という著名なミルの見解が述べられている所である。ミルは妻が夫の横暴から守る手段として、イギリスの上流および有産階級に見られる例を引き合いに出す。化粧料と称して自分の娘を女婿の横暴から守るために結婚の際に娘にそれを与える上流階級、財産契約書によって自分の娘に与える財産の全部、または一部を女婿の絶対的な管理権外におこうとする有産階級、これら両階級の例はしかしミルに言わせれば夫の横暴を防ぐ有効な手段とはなり得ない。ただそれらは現時の法律下にあって娘を保護する最上の形ではあると言う。しかしこれら以外の階級たる世間の大多数の人々の場合は、そうした処置はとれない。「妻のあらゆる権利も財産も、そしてすべての行動の自由も、完全に夫に取り上げられている」のがこの階級に属する妻の現状である。福澤はミルが例として挙げたイギリスの上流、および有産階級の保護法を学びとる。そして「財」の力をミル以上に認識して、夫人に「財」を与えよと主張する。「凡そ人間社会に有用なるものは財にして、権は財に由て生じ財は権の源にして、西洋の女子は財を有するもの多し、其権力あるも亦偶然に非ず」（「日本婦人論」明治一八・一八八五年、⑤四五三、同様な主張は同上⑤四六八）。また女性には財産を使用する権利があるとして、女性が奴隷と異なることと併せて、ミルのこの節を援用した論稿には『女大学評論』（明治三二・一八九九年、⑥四九三―四九五）がある。さらに本節の影響が見られる論稿には「女子教育の方法」（明治三二・一八九九年）の末尾（⑯五一二）、および「婦人の懐剣」（明治三二・一八九九年、⑯五一九）がある。福澤の結婚制度に対する見解が、ミルの挙げているイギリスの具体例に見られる制度を範としていることは自明である。また妻と奴隷のアナロジーもミルの所論に学んでいる。

七　法律に定められている規定は、現実より悪いものである。しかも最悪の制度は存在している。夫婦関係もそれゆえ法律のみから判断することはできない。「政治上の専制主義に一切の弁護の余地がないように、家庭内における専制主義もまた弁護されるべきものではない」。これを読んだ福澤は『女大学』を批判して、「妻が夫に仕へるとあれば、其夫婦の関係は君臣主従に等しく、妻も亦是れ一種色替りの下女なりとの意味を丸出にしたるものの如し。我輩の断じて許さざる所なり」（『女大学評論』⑥四九四）と述べる。

八　法律は従来、家庭内の圧制に関与してこなかったけれども、最近はそれにわずかながらも関与するようになった。しかしその成果は期待できない。「妻が夫から暴行を受けたと確信した場合、又その後も暴行がくり返しあった場合は、妻に離婚または法律上の別居をなす権利が与えられなければならない。法律上の処罰によってこれらの「ひどい暴行」を制圧するという企ては不可能である。なぜなら起訴人も証人もいないからである」。福澤は「日本婦人論」において、日本のように夫の一方的な「三行半の一片紙」的離婚を批判し「夫たる者が不身持不品行にして他の婦人に通じ、之を家に同居せしむる歟《か》、左なきだも夫が不人情にして、妻を家に置きながら棄るが如くするときは、其妻は公然離縁を出訴するの権あり」との西洋の法律を紹介し、「夫婦の権利正しく平等に位する丈けは明白なる事実」をあげる（⑤四六九）。ミルが述べる法律は、福澤のいう西洋諸国の法律ほど、男女対等なる離婚の権利があるのではない。むしろ妻にそれが認められなければならないとしているのである。西洋においてはキリスト教の伝統が強く、離婚権がまったくなかった。しかし日本では制度としての悪所がありまた畜妾制があるのは、結婚自体が「家」の存続のための子を設けるための手段としてあったからである。その意味では福澤の日本における批判とミルのそれとは一見類似する。福澤の紹介が意識的な虚偽であるにせよ、離婚が対等でないことは理に合わないことを福澤はミルの議論から学んでいるのである。

九 獣と大して違わない人間は多い。結婚に関する法律も彼らに餌食を与えることを防げていない。制度の濫用が人類の不幸を引き起こす。たとえば家庭は最上の形態においては同情、親切、愛に満ちた自己犠牲などの養成所である。しかし法律の許容範囲内での最低の形態も存在する。主人のわがままや傲慢、それに無制限で自己本位な放縦が許される理想化された利己主義の学校として、家庭は位置づけられることもあるのである。否、後者の例の方が多いと言える。自己犠牲の養成所として家庭を位置づけることはむしろ例外である。妻子に対する配慮は、夫自身の利益と従属物としての妻子に対するものにすぎない。妻子の個人的幸福は夫の些細な好みによって犠牲に供される。しかも人間性の一般的傾向として、その下に位する者をどこまでも圧迫し、彼らが反抗しないではいられなくなることまで行うものである。こうなれば妻は十分な抵抗をしないまでも、少なくとも仕返しをする。夫の生活を不愉快なものにし、我意を通すこともする。そしてこれは正当なことである。すなわち応報する権利を妻はもつのである。しかしミルは品位ある婦人はこの権利を行使しないと言う。したがってこの応報する権利を婦人に付与することは非現実的であるとミルは結論を下す。福澤は『女大学評論』において「夫婦家を同うして夫の不品行なるは、取りも直さず妻を虐待するものなり。偕老を契約したる妻が之を争ふは正当防禦にこそあれ」(⑥四七四)と述べる。また福澤は、貝原益軒の名による「悋気深ければ去る」という男性側からの一方的離縁に抵抗してよい、とも述べる。契約違反が夫側にあれば、契約に則してこれに妻が抵抗するのは正当防衛なのである。福澤にとってミルの現実的でないとする説はあまりに妥協的である。むしろ婦人は堂々と抵抗してよい、と福澤は断定する。この点ミルよりも福澤の方がはるかに女性の抵抗する権利を重んじ、その実践を奨励している。言い換えれば、それほど日本の女性は従順だったのである。応報権を行使するのはむしろ悪い妻であるというミルの見解は福澤の念頭にはない。福澤はミルと異なって、「暴を以って暴に報いる制度」は暴虐でない夫よりはむしろ暴虐である夫に現実的有効性をもつと主張する。さらに温順な女性、気高い女性は、この抵抗する権利を行使してはじめて女性と言える、と福澤は考える。「心を金石《きんせき》の如くにして争ふこそ婦人の本分なれ。……我輩は之を婦人の正当防禦と認め、其気力の慥《たし》かならんことを勧告する者なり」(⑥四八二)。

一〇 結婚に限らず契約観念の必要性はイギリスにおいてはコモンローであるが、それが持つ「権利の分配は当然義務と職務との分配を意味する」という考え方をミルは結婚生活にも適用する。すなわちミルは結婚契約を強調する。福澤はこれに呼応して曰く、「累世の婦人が自から結婚契約の権利を忘れ、仮初にも夫の意に逆ふは不順なり、其醜行を咎むるは嫉妬なりと信じて、一切万事これを黙々に附し去るのみか、当の敵たる加害者の悪事を庇蔭して、却て自から奸人の美徳と認むるが如き、文明の世に権利の何物たるを弁《わきま》へざるものと云ふ可し」。さらに福澤は結婚生活がうまく行かないのは「畢竟結婚の契約を重んぜざる人非人にこそあれ。慎しむ可き所のものなり」(『新女大学』明治三二・一八九九年、⑥五一一)と論ずる。ミルの考え方は福澤に受け継がれていると言ってよい。

一一 女性が男性より優れている点は、家族に対して一身を犠牲にすることができるということである。しかしこれを女性の天性とみなし、女性はこれがために創られたものと見ることは疑問である。「男女両性に平等に権利が与えられるならば、現在の女性の人為的な理想たる度外れな自己没却は減じるであろう。そして立派な女性は、最良の男性以上には自己犠牲的でなくなるであろうことを私は固く信じる。他方男性も、男性の意志がそのままう一人の理性的存在たる女性の法律となるほど偉大なものだから、それを崇拝せよと教えられることもなくなるであろう。その結果今よりずっと我儘でなくなり、自己犠牲的になるであろう」。こうしたミルの説は、女子教育に男子と「同等の考」をもって行わしめ、しかも男子が「一歩を譲って活動の便を与へざる可らず」という福澤の主張に連なる。さらに福澤曰く、「夫妻相反目して互に不品行を働き身を亡し家を破るは……一家の不面目、社会の失態は申す迄もなくして、然かも其責は男子に帰せざるを得ず。之を予防するの法は男子自から一歩を譲りて女子の発達を正直に導くに在るのみ」（「一歩を退く可し」明治三二・一八九九年、⑯五二六―二七）。このように男性が譲歩すれば女性も「自から其身を重んずるの心」が生まれるのであり、これはミルのいう「人為的な理想たる度外れた自己没却は滅じる」に相応しよう。

一二　「現在の法律のもとにおいてさえ、数多くの既婚者が（イギリスの上流階級においては恐らく大多数が）平等の正しい法の精神を持って生活していることを、私は快く認めるものである（そしてこのことが正に私の希望の根拠なのである）。現行の法律に比し道徳的情操のより高い人が数多くいなくては、決して改善されない」とのミルの説は、福澤に西洋諸国の上流階級には健全な夫婦生活があることを認識させる。福澤はこの「事実」を引証規準として、立身出世し、鹿鳴館を建て「ダンシング」に興じて「文明開化」＝「欧化」したはずの日本の「上等社会」を批判する。その世界には「畜妾」制があり、「芸妓」を交えての「合議」制があったのである。一夫一婦制を文明の一規準としている福澤が「品行論」をはじめその他の婦人論と言えるエッセーで、力をこめて批判するのがその世界である（ミル『自由論』第四章に曰く、「一夫多妻は私にも文明における退歩と思われる」（CWM 18 : 291 訳一八六）。福澤は本書からも一夫多妻の非なることを学んでいると言える）。その世界を批判するのに、また悪い意味で「下等社会」を引合いに出すのは、「上等社会」をその名に値するものとせんがためであった。福澤は「上等社会」の一員たる官僚になることを自ら嫌った一因として、彼らの「身の不品行」を挙げているが、それほど当時の日本の「上等社会」の生活内容は酷《ひど》かったということである。鹿鳴館ではなく明六社を結成して「文明開化」＝「欧化」を図った平民、福澤諭吉の心意気がここにある。「上等社会」は「一方に西洋文明の新事業を行ひ、他の一方には和漢の旧醜体を学ぶものと云はねばならぬ」(『福翁自伝』⑦二四〇)有様であったのである。

一三 女性にも公的職務に参加する権利、たとえば国会、市会、両議員の選挙権、を与えるべきである。福澤はミルのこの見解に注目し、「日本婦人論」において、「尚進て輓近《ばんきん》は女子参政の権を争ふものさへ世に現はれて其論勢日に盛なりと云ふ」(⑤四五三)と西洋諸国の婦人の状態を紹介して述べている。

一四 前節に引き続いて本節においても、ミルは女性が公的責任を伴う職務につくことの是を述べている。福澤も「男子の為す業にて女子に叶はざるものなし」(「日本婦人論」⑤四八〇)と述べ、女性が進んで公的責任を伴う職務につくことを勧める。なお、こうした女性の内的職務から外的職務への解放を図ったミルの本書の意図が、福澤に与えた影響についてはすでに一一で論じた。

一五 女性は当面のこと、実在のこと、現実のことに心を傾ける。これは過誤の原因にもなるが、その牽制にも役立つ。また女性は物事を集団的よりは個別的に取り扱う心を習慣的に持っている。要するに女性は現実的である。ミルのこの女性特質論を具体論に置き換えれば、福澤の次のような議論になる。「天下の政治経済の事などは日本の婦人に語りて解する者少なし。……方向を転じて日常居家の区域に入り、婦人の専ら任ずる所に就て濃に之を視察すれば、衣服飲食の事を始めとして、婢僕の取扱ひ、音信贈答の注意、来客の接待饗応《もてなし》、尚ほ進んで子女の教育、病人の看護等、一切の家計内事その事小なるに似て実は大なり。之に処するに智恵を要するは無論、その緻密微妙の辺に至りては、口以て言ふ可らず、筆以て記す可らず、全く婦人の方寸に存することにして、男子の想像にも叶はずま真似も出来ぬことなり」(『女大学評論』⑥四九八)。

一六 女性の性質に関する見解は通常一、二例によって経験的に知られた一般論である。たとえばイギリスにおいては、女性は男性より貞節であるという見解がある。福澤はミルの「女性は男性より貞節である」というイギリスにおける「通俗的な考え」は日本でも言えるとして、同じような見解を福澤自身の経験から得た一般論として提示する。「男性女性相互に比較したらんには、人非人は必ず男子の方に多数なる可し」（『女大学評論』⑥四七三）。「我日本に於て古来今に至るまで男子と女子と孰《いず》れが婬乱なるや。其婬心の深浅厚薄は姑《しばら》く擱《お》き婬乱の実を逞ふする者は男子に多きか女子に多きか、詮索に及ばずして明白なり」、（同上⑥四七四）。同様な見解は別の所においても確認できる（同上⑥四六九‐七〇）。福澤がフェミニストと言われる所以である。

一七　女性にも独創性がある。しかしそれを正当に評価し、世間に紹介するだけの知識をもった夫や友人がいない。女性の賢明な考えが葬られる所以である。男性の著作家たちの独創的思想のなかでも、女性の暗示によるものが多くある。男性は女性の暗示を立証して構成したにすぎないのである。かくミルは、ミル自身とテイラー夫人との交友関係を念頭において述べる。福澤は『男女交際論』（明治一九・一八八六年）の末尾において次のように論ずる。「男女両性の交際を自由ならしめ、必しも文学技芸の益友を求るなどの理屈のみを云ふには及ばず。……相互に親近する其際には双方の情感自から相通じて、知らず識らずの際に女は男に学び、男は女に教へられて、有形に知見を増し無形に徳義を進め、居家処世の百事、予期せざる処に大利益ある可きは又た疑ひを容れざる所なり」（⑤六〇四）。福澤はミルの見解によって確信を得て、もって「男女交際論」を説いたと言える。「我国の男をして其鬱憂殺風景の境界を脱し、其醜体不品行に陥るの悪弊を免かれ、其天与の幸福を全うして文明開化の春風に快楽を得せしめんとする」（⑤六〇三‐四）ためには健全な男女交際が必要とされるのである。

一八　「すなわち音楽は絵画と同じ一般的な精神能力を必要とせず、絵画よりも天分に負うところが多い」に不審紙が貼付されている。福澤と音楽との関係はよく知られていない。芸術に疎いと思われる福澤から判断すれば、この不審紙貼付の意味は、たんなる福澤の音楽と絵画との性質の相違についての学びであろう。

一九　不審紙が貼付されていたと確信できる所は、「上流階級の利口な女性は、振舞の優雅さや会話の技術を磨くためにはほとんど全才能を尽くす」という所である。そして「午餐会、音楽会、晩餐会、朝の訪問、手紙の遣り取り、その他これに関連したことすべてである」と言っている所の「これに関連した」と「すべて」とをつなぐ関係代名詞 that に鉛筆でアンダーラインが引かれている。ミルは女性特有のこうした教育も必要ではあるが時間の浪費であると述べる。そして男性と対等に芸術や科学、あるいは文学といった仕事に時間を費やすことの必要性を説く。福澤も同様に女子教育に対する不満を述べて曰く、「従来日本の家庭に行はるゝ女子の教育法を見るに、甚だ悠長にして、茶の湯、挿花、音曲、歌舞等の遊芸に重きを置き、或は三十一文字《みそひともじ》など弄《もてあそ》ばしめて、恰もお姫様流の女子を造るの一方に勉めながら、自から事を理し身を守るの心得に就ては毫も意を用ふることなし。……世間の父母たるものに於て娘の幸福を祈らんには、先づ其教育を心掛けて、金銭の取扱、財産の関係等、凡そ自から自身の権利を守るに足る可き事柄は一通り心得しめ、婚姻の時には身分相応に財産を分与すること肝要なり」(「女子教育の方法」明治三二・一八九九年、⑯五一一)。両者を比較すればわかるように、福澤はミルと異なって教育の目標として、いわゆる実学を中心においている。ミルは芸術と思索に女性を参加させようとしており、福澤ほど実学的でない。

二〇 「知的相違と対立する意味における道徳的相違についてみるならば、ふつう考えられる相違点は女性にとって有利である。すなわち女性は男性に比べて道徳的に善いとされている」が無意味な讃辞である、とのミルの評価が福澤に与えた影響は次の主張に現われている。「単に婦人の一方のみを警《いま》しめながら一方の男子には手を着けず、恰も之を飼放《かひはなし》にして自儘勝手に許すときは、柔和忍辱の教、美なりと云ふも、唯是れ奴隷の心得と云ふ可きのみ。夫婦の関係は君臣に非ず主従に非ず、況して其一方を奴隷視するに於てをや、我輩断じて反対する所のものなり」(『女大学評論』⑥五〇一)。また「言行和らぎて温順なるは婦人の特色にして、一般に人の許す所なり」(同上⑥四九六)としている点は、ミルと同様の認識を示している。

二一 「女性の無能力を除去すること——市民としてのあらゆる権利において女性が男性と同等であることを認

めること――すべての名誉ある職務を女性にも開放し、それに必要な訓練と教育とを女性にも与えること――こういう問題については、ただ男女間の不平等には、正当な、ないしは道理にかなった弁護の余地はまったくないと言っただけでは、多くの人は得心しない。彼等は、この不平等を廃止したらどういうはっきりした利益が得られるか、その説明を聞こうと要求するのである」とミルは本節で述べる。福澤はミルの問題提起を自国である日本という場において受け止め、考える。そして「女子才なきは之を徳と云ひ、五障三従罪深き女人の身など云ひ、頻《しき》りに之を圧迫して淑徳謹慎の旨を教へ込み、其余弊は遂に耳目鼻口の働をも妨げて尚慎まざるが如き教育法」を行う儒教流および仏教流の教育を批判して、「我輩西洋諸国の女子教育法を尽《ことごと》く育成するものに非ず、又其学校以外男女の関係に就ても不服の部分甚だ少なからず」と断わりながらも、西洋流教育によって女子を責任ある地位におくよう福澤は提案する（「日本婦人論」⑤四五三）。そうすればその結果として婦人は自らの責任と快楽とを大にして心身を活発にする。そうしてこれこそ男女の不平等を廃止した利益、すなわち「人種の改良」をもたらすのである（同上⑤四七三）。福澤にとって「今の婦人に依頼して良子孫を求めんとするは結局無益の冀《き》望」であったのである（同上⑤四七三）。

二二 ミルは本節で男女の結婚の相性について論ずる。「似ていない人同士が好きになるのは易しいが、永続きするものは二人の類似である」として、「類似していればいる程、お互いに幸福な生活を送るのに都合がいい」と述べる。そして「教育に差をつけて、それによって男女両性の先天的差異を拡大することは、男性の恋愛にむかう心を刺激することにはなるかも知れないが、決して結婚生活を幸福ならしめるゆえんではない」と結論する。ミルの主張は、男女の対等な教育にもとづく交際があってはじめて幸福な結婚生活ができるということである。ミルの論に学んで福澤も対等な教育による男女交際の必要性を説く。そして「情感の交」と「肉体の交」とに男女交際を区別する（『男女交際論』⑤五八九）。「情感の交」にもとづく男女交際があれば男女の気品が高尚になり、その交際も広くなる。しかも結婚契約が自由自在になる。こうなれば福澤が最も嫌った「上等社会」に見られる品行方正のなさもなくなる。ミルのいう幸福な結婚生活が生まれる。このように考えて福澤は「男女交際論」を説き、『新女大学』など一連の婦人論や男子論を著したと思われる。福澤の結婚観はミルのそれに通じるといえる。

(二三) 自己の才能を自由に伸ばして使用することが男女にとって個人的幸福の源泉となる。反対にこれを束縛し制限することは男女の不幸の源になる。このことは人格の尊厳についての感情からばかりでなく、幸福観からもくる。すなわち各々の男女の幸福は彼ないし彼女にあった、彼ないし彼女の日頃の仕事を楽しむことができるということである。男性のみに限られていた幸福を女性にも分ち与えなければならない。ミルはこう述べる。福澤の幸福論にもこれは通じ、また福澤の自由と栄誉との問題を考察する上でも重要である。ただ福澤は『新女大学』で「我輩は婦人の外出を妨げて之を止むに非ず、寧ろ之を勧めて其活発ならんことを願う者なれども、子供養育の天職を忘れて浮かれ浮かるゝが如きは決して之を許さず。比点に就ては西洋流の交際法にも感服せざるもの甚だ多し」(⑥五一六)として、一面、暗にミル批判を試みる。ミルはここで、子供養育を女性に固有な日頃の仕事＝天職と必ずしもみていない。養育を「最も自分に適した唯一の職業にも見捨てられてしまう」一因と考える。しかし他面、すでに述べたように儒教流、仏教流の女性束縛思想から女性を解放し、女性の自由と尊厳を伸長させることを福澤はミルから学び、繰り返し説いているのである。

四　おわりに

福澤署名本 John Stuart Mill, *The Subjection of Women*, New York: D. Appleton, 1870 に施されている赤の不審紙貼付箇所と福澤の著作や思想との関連について、筆者が不充分ながら試みた考証は以上の如くであった。福澤の思想とミルの思想との異同などについての本格的比較研究は、後日の検討に委ねるとしても、本章が福澤署名本に見られる赤の不審紙貼付は福澤自身によって施されていること、したがって福澤署名本は正しく福澤手沢本であることの確認にはなったであろう。福澤の西欧認識、社会思想、および女性論を研究する一新史料の提示という意義を本章が担い得れば幸いである。

註

（1）これ以後、こうした研究は著しく進展した。特に丸山眞男『「文明論之概略」を読む』上・中・下（岩波新書、一九八六年）のち『丸山眞男集』第十三、第十四巻、岩波書店、一九九六年所収、松沢弘陽『近代日本の形成と西洋経験』（岩波書店、一九九三年）、同「社会契約から文明史へ―福沢諭吉の初期国民国家形成構想・試論―」（『福澤諭吉年鑑』18、一九九一年所収）、同「公議輿論と討論のあいだ―福沢諭吉の初期議会政観―」（同上、19、一九九二年所収）は、福澤における西欧思想の史的背景にまで言及しており、今後の福澤研究において避けて通れない研究である。なお、拙著『福沢諭吉と西欧思想―自然法・功利主義・進化論―』（名古屋大学出版会、一九九五年）では、これらの研究をふまえて、J・S・ミル『功利主義』、H・スペンサー『社会学研究』、同『第一原理』、それにギゾーやバックル、さらにはトクヴィルなどの福澤における導入の問題について、資料提示をもかねて、分析した。また飯田鼎『福澤諭吉と自由民権運動』（御茶の水書房、二〇〇三年）も『西洋事情』とチェンバーズ社刊『政治経済読本』との関係を実証的に明らかにしている。

女性論についても中村敏子『福澤諭吉　文明と社会構想』（創文社、二〇〇〇年）、西沢直子「福澤諭吉の近代化構想と女性論―「女大学」批判の構図から」（明治維新学会編『明治維新と文化』吉川弘文館、二〇〇五年、所収）、関口すみ子『御一新とジェンダー―荻生徂徠から教育勅語まで―』（東京大学出版会、二〇〇五年）、など力作が生まれている。またミルの本書女性論については水田珠枝『ミル「女性の解放」を読む』（岩波書店、一九八四年）が有益である。さらにミルの本書への当時の反応については *The Subjection of Women Contemporary Responses to John Stuart Mill*, Edited and Introduced by Andrew Pyle, Bristol: Thoemmes Press, 1995 が参考になる。ミル学者であるJ・グレイが筆者に語ったことによると（一九九八年）、現在英国でミルの書物の中でもっとも読まれているのは、『自由論』と『功利主義』、それに『女性の隷従』であるという。

（2）その後、発行年は不明であるが、Mikiso Hane, "The Sources of English Liberal Concepts in Early Meiji Japan", (*Monumenta Nipponica*, XXIV, 3), p. 262 に指摘があることを知った。なお福澤の国体論については本書第三章参照。

（3）なお福澤が省略した部分は、イタリアのシチリアとナポリ、ベルギーのフラマン諸州とワロン諸州の例が挙げられているところである。

（4）「帝室論」『文芸春秋』（一九六〇年一月号）一一八頁。のち『小泉信三全集』18、文芸春秋、一九六七年所収、三九七頁。

（5）日高六郎編『現代日本思想大系34　近代主義』（筑摩書房、一九六四年）六〇頁。のち松沢弘陽・植手通有編『丸山眞男集』第三巻、岩波書店、一九九五年所収、一六五―六頁。

（6）福澤手沢本をも含む福澤署名本あるいは蔵書本については、「福澤宗家寄贈洋書目録」（『近代日本研究』第八巻、一九九一年）、一―一三頁のち、『福澤一太郎蔵書目録（付福澤宗家寄贈洋書）』（慶應義塾福沢研究センター資料(7)、慶應義塾福沢研究センター、一九九八年所収）参照。

（7）伊藤正雄『「学問のすゝめ」講説』、風間書房、一九六八年、三七八―八〇、五一五―一六頁参照。

（8）同上書、三七九頁参照。

（9）同上書、五一五―一六頁参照。

（10）本署名本にはさらに青の色鉛筆ないし、青の不審紙貼付らしきもの、さらに何らかの印しと思われるものがある。これらが印刷上によるものか、福澤自身によるものかは判断しかねる。しかし福澤の学びうる思想と符合する所が大きいのでその箇所の邦訳文を以下に記しておく。番号をそのまま続ける。なお、明確にノートが分かるものについてはその旨末尾に記した。本文におけるミルからの要約や引用、および以下の引用はすべて大内兵衛と大内節子共訳の岩波文庫による。

二四「日常のことについていえば、立証の責任は自由に対して反対する方にあるといえる」（38（三）・3・262　頁数は同じく岩波文庫版・署名本・ミル著作集版の順である）。

二五「古代においてはすべての女性はもちろんのこと、多数の男性も奴隷であった。それは以来多くの時代がすぎて、その中には非常に文化の高い時代もあったけれども識者のうち誰一人として勇敢にこの二様の奴隷制度の正当性とその社会的必要の絶対性とに異議をとなえるものはなかった」（43（五）・9・264）。なお**一**参照。

二六「そして実にこのこと［他のいまわしい源から発しているほかの種々の制度があとを絶ち男女の不平等制度のみが残

ったこと」が、男女間の権利の不平等な関係は、ほかならぬ強者の法則に由来するものであるという主張をいかにもいぶかしいことのように、普通人の耳に響かせる原因となるのである」(43〜44(五)・10・264)なお一参照。

二七 「強者に権利をもたせる制度は、その生命力や持続力が非常に強いものであるということも、彼等は理解しない。また彼等はいかに強力にその制度を墨守するか、そして権力者の悪い性癖や感情のみならず、よい性向までもが一致して、そのような制度をいかに維持しようとするか、彼等「人々」はそういうことにも気がつかない」(44(六)・11・265)。なおこれは二六の不審紙貼付の反映の可能性あり。

二八 「最初実力をもっていたために法律上の力をえたものは、その実力が彼の反対者の手に移るまではけっしてみずから進んでこれを棄てはしないものであるということをも、彼等「人々」は解しえないのである」(45(六)・11・265)。

二九 「古代の共和国は、最初からある種の相互契約にもとづいて建設せられ、その結果、そこにおいては、力によるのではなく、法による秩序ある人間関係の最初の実例が、わずかながらみられた」(46〜47(七)・13・266)。

三〇 「被征服者や奴隷は、ある点では女性よりもずっと暴力的な圧制をうけたかもしれない、しかし、同時に彼等のうちの何ものかは、その鉄蹄のため蹂躙されないで、ふつうそのままに放任されていた、そしてこれに発達の自由があたえられると、それはその本来の法則にしたがって発展してきたのである」(68(一八)・39・276)。

三一 「私は女性の能力についていっているのではない、能力の発揮される機会はほとんどなかったから、何人も、女性自身ですら、それを知らないのである。だから私は、女性がげんに有する思想と感情とについていっているのである」(71〜72(二一)・43・278)。

三二 「極悪非道の悪人も、自分にしばりつけられているあわれな妻はもっている。彼は、彼女を殺しさえしなければどんな残酷なことをしてもいい、そして相当の注意を怠らなければ彼女を殺しても法律上の刑罰をうける危険はない。他の方面で攻勢にでれば反撃をうけるためにそういう点では法律的にいって悪人となるまでのことはしないが、その不幸な妻にたいしてはつねに過度の暴力行為をくりかえしているもののなんと多いことであろうか」(88〜89(三)・63・287)。

三三 「(前文の続き――引用者)そのあわれな妻のみが、すくなくとも大人のなかでは彼女ただ一人が、夫の蛮行に抵抗することも逃げかくれすることもできないのである」(89(三)・63・287)。

三四 「たんなる女性の嬌態は、個々の場合には大きな効果をもつものであるが、右にのべた境遇[家庭内における夫の我儘」の一般的傾向を和らげるにはあまり効果をもたない」(93(五)・68・289)。

三五　「家庭は専制主義の学校であり、そこでは専制主義の美徳が、むろん悪徳とともに、大いに培われている」(103（一二)・81・295)。

三六　「自分が専制的に支配する人々にもっとも近い親しみをもつ人もいるが、そのような人間のうちに存する自由の感情は、それがいかなるものであっても、自由への真の愛でもなければ、キリスト教的な自由への愛でもない、それはむしろ古代的中世的自由への愛である――それは自己の人格の尊厳と重要性とを尊ぶ感情である」(104（三)・82・295)。不審紙貼付跡ではなく墨点、これは福澤の自由観念を研究するうえで重要である。福澤は「自由」が無限則に濫りに使用されているのをみて、J・ロックの三位一体的人権観念の成分としての liberty の意味を伝えるのに「栄誉」を以ってした。それを用いる一つのヒントをここから得ている。むろん、ミルと異なって近代的意味あいにおいてである。なお拙著『福沢諭吉と西欧思想』二五五―八五、及び特に中世的自由と自己の人格の尊厳性と重要性については、ギゾーとの関連において、本書第一章参照。

三七　「既婚者が、二人を結びつけているきずなの法律的状態を一年に一度も頭に浮べたことがないという理由により、また彼等があらゆる点で法律的に対等者であるかのように生活もし感じもしているという理由により、夫が名うての悪漢でもないかぎり、自分以外の既婚者もすべて自分達と同じだと想像するのは、大きな誤りであろう」(105（一三)・83・295)。不審紙貼付跡ではなく青鉛筆によるチェック。

三八　「解剖学者の説によると、人間の脳髄の大きさは身体の大きさほど、いな頭の大きさほどにも変化のあるものではない、前者の大きさは後者の大きさからは全然推測されえないそうである」(134（一三)・119・311)。

三九　「脳髄は思考と感情との中枢器官である以上、その器官の大小がその作用と全然無関係であったり、また器官の大きさが増してもそこから発現する力が増加しなかったりするならば、それこそ、生命と組織とについてわれわれの知っている一般法則に矛盾し、その例外となるであろうことは、私も承認する」(134〜135（一三)・120・311)。

四〇　「すべて自然の作用は微妙であるが――なかでも生物の作用がもっとも微妙であり、さらに神経系統のそれはとりわけ微妙であるが――その効果の相違は、肉体的機関の大きさにもよるけれども、また同様にその質の差にもよるのである」(135（一二)・120・311)。

四一　「イギリス人が人間の性質を知らないのは、それを観察する機会がなかったからである。フランス人は一般にそれをよく知っているが、時としてそれを見誤る、これは迷わされ歪められた考えをもってそれを見るからである」(138（一四)・125・313)。不審紙貼付跡ではなくて線。

四二「まず第一に、現実に認められる相違[男女の]が何に原因するか、それはいちばん思索しやすい問題のようである。それで私は、目的に達する唯一の道によって――すなわち外界が精神におよぼす影響を研究することによって――この問題に近づこうと思う」(139(一五)・125・313)。**四三**の反映の可能性あり。

四三「非常にまれな例外は別として、女性がその才能を哲学や科学および芸術の方面に試みようとするようになったのは、わずか二、三世代以来のことであり、しかもその数がふえてきたのはようやく当代である。いな、英仏二国を除いては、現在でもなおその数はきわめて少いといわなければならない」(140(一七)・126・314)。

四四「個人の独立の価値をもって、幸福の要素として正しく評価しようとする人は、まず彼自身が、自分の幸福の要素としてそれをどれほど尊重しているか、それを考えるべきである」(184(二〇)・179・336〜337)。

第一章　「独一個人の気象」考
——福澤とギゾー、そしてミル——

一　はじめに

その古典的名著である『文明論之概略』（一八七五年）を繙くまでもなく、福澤諭吉は論説を始めとするいくつかの著述において、そこで使用するキーワードに対して注意深い配慮をしている。(1) とりわけ西洋における基本的観念がわが国の歴史を顧みて理解困難な場合は、なおさらである。その文明論における一例を挙げれば「国体を論ずるはこの章の趣意にあらざれども」と断りながらも、第三章で論ずるように当時流布し、その後の日本に特別の意味を持つに至った国体観念を批判ないし修正を意図して、それにまつわる主要な要素を「国体」・「政統」・「血統」に三分し、それぞれJ・S・ミルの「ナショナリチ」（CWM 19 : 546 訳三七四）、F・P・G・ギゾーの「ポリチカル・レジチメーション」(2)（GG : 63 訳四六）、それにH・T・バックルの「ライン」(3)（BH1 : 568）を充てて、歴史的な検証をしている（④二六―三六）。

ところで福澤はまた割ルビとも言うべき註記を付している。文明論では例えば、「理論家の説」に「ヒロソヒイ」、「政治家の事」に「ポリチカルマタ」と註記し（④六二―三）、儒教的な政教一致論を批判して、前に挙げた国体観念の再定義とその意図において共通する試みを行っている。また「有様」に「コンヂーション」、「権義」に「ライト」と註記し（④一四七）、『学問のすゝめ』におけるF・ウェイランドの援用（③三七、四二）[4]を再度行ない、「権力の偏重」という日本のネガ像を描くのにそれらのルビを有効に使っている。さらに「日本には政府ありて国民なし」と述べている「国民」に「ネーション」と註記し（④一五四）、『学問のすゝめ』における主張（③五二）を再確認しているが、改めて「ネーション」というルビを付したのは、「国民」が「ネーション」の意味を充分伝えていないことに対する反省があったことを示す。また「精神の奴隷」における「メンタルスレーヴ」（④一六三）と、「独一個人の気象」における「インヂヴヰヂュアリチ」（④一六六）とは、ともに福澤の人間像を探求する上できわめて興味深い註記である。これら原音をもって註記していることは、いずれもそれに相当するものが日本の伝統的観念にないがために翻訳困難と認識している福澤の試行錯誤の一端を物語っていよう。

本章の目的は、福澤の人間像を見る上で一つの重要な鍵となる用語である「独一個人の気象」あるいは「独一個人の気象」、すなわち「インヂヴヰヂュアリチ」の問題を、ギゾー、ミル、さらにミルに影響を及ぼしたとされるA・d・トクヴィルやW・v・フンボルトにも触れながら、追求することにある。

二　ギゾーにおける“individuality”

福澤が「独一個人の気象」に「インヂヴヰヂュアリチ」と割註を施していることは、「精神の奴隷」における「メンタルスレーヴ」と同様、ミル『自由論』（*On Liberty*, 1859）に由来すると言われる。確かにそれを繙けば、そこに“mental slavery”があり（CWM 18 : 243）、さらに福澤も参照したと思われる、その最初の邦訳である中村敬宇訳『自由之理』（一八七二年）を閲覧するならば、そこには「心中ノ奴隷」にルビが施され「メンタルスレーブ」とされている。[5] そうして「独一個人の気象」に「インヂヴヰヂュアリチ」を充てたのも、「メンタルスレーブ」と関連して『自由之理』があり、その第三章のインディヴィデュアリティ論すなわち個性論にヒントを得た、とされる。しかもミルが使用した"individuality"は英語らしい用語ではなく、むしろそれはミルが学び摂ったフンボルトのいわゆる『イデーエン』すなわち『国家活動の限界を定めようとする試みのための考察』(*Ideen zu einem Versuch, die Grenzen der Wirksamkeit des Staates zu bestimmen*, 1792)における"Individualität"に由来し、その根拠としてミルがフンボルトの説に当時のイギリスでは馴染みのないことを言明していることが挙げられている。ただし福澤は個人の自立性というほどの意味でそれを使用し、フンボルト＝ミル問題の介在はそこになかったと想定されている。(6) このことはしかしながら福澤にとってミル『自由論』が単なる用語の借用上の存在ということを意味するのではない。またそれには『文明論之概略』において『自由論』以上に意味を持つギゾー『ヨーロッパ文明史概略』も考慮されなければならない。なぜならば福澤が文明論で日本文明や中国文明を描き出すに当たって比較の対象とし、なおかつ一つの規準としたヨーロッパ像を、あるいは「独一個の気象」の具体像を植え付けたのは、他ならぬギゾーだからである。(7) それゆえまずギゾーが活写した「独一個の気象」をヨーロッパ中世初頭における「蛮族」(les barbares)についての叙述を見て問題に接近しよう。

ギゾーが蛮族の後世のヨーロッパ文明にもたらした遺産について論じるのは、ゲルマン族の大移動の発端といわれる、ゴート族がドナウ南岸のローマ領に入り暴徒化した三七五年以降の、二世紀に亙る期間の叙述においてである。ローマの都市制度とキリスト教会についての理解は容易だが、こと蛮族、すなわちゲルマン族についての理解は、史料不足もあって、その歴史的叙述が不可能なため、社会状態についての一般的理解をギゾーは紹介する。まず蛮族の支配的感情と精神的欲求としての「個人的独立に対する喜び」を、そして「世界と人生のもろもろの機会の中にあって己の力と自由によって戯れる喜び」を――ヘンリー脚註本はこれを「個人的独立に対する喜び」の説明として、「力(force)と自由に満ち、さまざまな運命の浮き沈みにあって、その全ての力(power)を楽しむ喜び」としているが、原文及びハズリット英訳版では並列である――、次いで「労働なき活動への愛好」や「進取の精神と冒険への愛好」を挙げる（GH : 53. GG : 56. GHH : 43-44. 訳三九―四〇）。こうした「個人の独立」を求めて止まない背後には、粗野にして物質的、あるいは凶暴的にして熱狂的、さらには無頓着性にもかかわらず、「少しばかりの高貴にして道徳的な性質」があり、それへの力として「道徳的本性に由来する」ものがある。それは「自己自身を一個の人と感ずる喜びであり、人間としての存在の心情であり、限りなき成長が許される状態の下での人間的な自発性の心情」（the pleasure of feeling one's self a man; the sentiment of personality; of human spontaneity in its unrestricted development）である。そうしてここに福澤は「自カラ人ト思フハ愉快ナリ」と書き込み（GG : 57）、文明論において'a man'の「人」が「男子」となって「豪気慓悍にして人情を知らず、其無識暗愚なること殆ど禽獣に近き者の如し。然りと雖ども今一歩を進めて、其内情に就き細に砕て之を吟味すれば、此暗愚慓悍の内に自から豪邁慷慨の気を存して不羈独立の風あり。蓋し此気風は人類の本心より来りしものにて、即ち自から認めて独一個の男子と思ひ、自から愉快を覚るの心なり、大丈夫の志しなり、心志の発生留めんとして留む可らざるの勇気なり」（④一三五）と導入する。「個人の独立」、すなわち「不羈独立」の心情は蛮族であるゲルマン族がヨーロッパ文明にもたらしたものであり、これはローマの世界にも、キリスト教会にも、さらには古代文明にも知られていなかったものである。むろん政治的自由や市民としての自由はあった。しかしこれらはキリスト教会におけると同じく一つの団体に帰属し、それに献身する類のものである。「個人の独立の心情、結果を顧みることなく自身の満足以上の他のいかなる目的をもほとんど持つことなく、個人の独立の心情それ自体を発揮する真の自由への愛好」は他ならぬゲルマンの蛮族に由来するものである。そしてこれがヨーロッパ文明に多大な役割を果たし、有益な結果をもたらし、その根本的原理の一つになった（GG : 57）、とギゾーは述べる。福澤はここに「バルバリアンノ功徳」と書き込み、「一個の不羈独立を主張して一個の志を逞ふせんとするの気風は、日耳曼の生蕃に於て始て其元素あるを見たり」として、「後世欧羅巴の文明に於て、一種無二の金玉として今日に至るまでも貴重とする所の自由独立の気風は之を日耳曼の賜と云はざるを得ず（自由独立の気風は日耳曼の野蛮に胚胎せり）」（④一三五―三六）と紹介する。(8)

ところで移動の生活から定住のそれへと時代が推移するにつれて、人と人とのパーソナルな関係から人と領地といった物件的関係に移行する状況をみるにいたる。そうして「個性」（l'individualité, individualism, individuality）が絶対的に優位して、己のことしか考えることなく、己の考え以上のものを求めようとしない社会は存在の余地がなくなり、その意味では「パーソナルな自由、人間的な個人主義の強烈な意識」（«le sentiment énergique de la liberté individuelle, de l'individualité humaine» GH : 72. "the powerful sentiment of personal liberty, of human individualism" GG : 73. "an energetic sentiment of individual liberty, of human individuality" GHH : 56）を持ったゲルマン族も、文明に接触し、それに憧れ、人間が自分以外の何物かのために作られ、別の運命があることに気づき、秩序と進歩を好み、正義、先見性、そして進歩を要求する精神に揺さぶられ、改革への途を歩み始めたのである。これらの叙述の三ヶ所に福澤は不審紙を貼付して着眼している。ついでキリスト教会と大人物の出現によって蛮族は五世紀から九世紀にかけてその蛮族性から脱け出し、法律の編纂を経て封建制を築き上げていったのである。

ギゾーの描く封建制のイメージは領主と民、それに僧侶によって構成され、そこに王権と都市は除かれている。この小社会においてギゾーが第一に注意を引くものとして指摘しているのが、領地の所有者の自他ともに認める重みである。「パーソナルな影響力の、個人の自由（individual liberty）の心境は蛮族の性質の支配的な特徴でした。しかしながらここでの心境は異なったものでありました。もはや単に一人の、武人の自由ではありませんでした。それは地主の、家長の、支配者の重みでした」（GG : 88–89. GH : 91–92. GHH : 69–70）。ここから他の文明システムとははなはだ異なっている「優位」（superiority）という観念が生まれる。なぜなら他の文明においては神の代弁者であったり、神の使節であったり、元老院の一員という資格においての優位であり、これらは結局、貰い物ないしは借り物を背後に持つ。したがってそこにおける優位性は、地位なり団体なりに帰属しており、個人に帰属しているものではない。ところが封建制にみられる領主のそれは純粋に彼自身に帰属しているものであって、その権利、その権力の一切は彼自身に集中している。そこには己の力の限界と危険の遭遇以外に何ら束縛されるものを持っていない。このようなギゾーの封建制の叙述に対して、福澤は先に引用した箇所に「封建ノ自由ハ一人ノ自由ニ非ス」と書き込み、「暗黒の時代に在ては、世の自由なるもの一身一己の上に行はれたりと雖ども封建の世に至ては大に其趣を異にし、自由の権は土地人民の主たる貴族一人の身に属し、之を制するに一般の国法なく、之を間然するに人民の議論もなく、一城の内に在ては至尊の君と云はざるを得ず、唯其専制を妨るものは敵国外患に非ざれば自力の不足のみ」(④一三六)とギゾーの説を要約して紹介する。

ところでギゾーは封建制の叙述を終えるに当たって、二つの帰結を提示する。一つは個人の知的発展に対する有益な影響であり、これは精神における高邁な思想と感性、道徳的欲求、品性や情緒の気高い発達である。二つは恐るべき非社会的権利であったが、封建制の名誉としての政治的権利、すなわち個人的抵抗権を残したことである。福澤は、政治的保障としての個人の絶対的な意志と力、そうでなければ個人的な意志や力を押さえ、敬意を払わせる公の意志と力との必要性を説いている箇所に不審紙を貼付して着眼し(GG:96)、また個人的抵抗権についても「国王ニ叛ク㆑易シ」と書き込み(GG:96)、「国王あるを知らず」(④一三六)の根拠にしている。ギゾーは結論として、こうした封建制の果たした役割とそれが同時に果たすべきものとして、「個性の発達」(le développment de l'individualité)を挙げる。「個人主義(Individualism)、パーソナルな存在としてのエネルギーは、ローマ世界の征服者たちの間にあって支配的な原理でした。そして個としての人間(the individual man)、その精神と能力の発達は、とりわけ彼らによって、また彼らのために建てられた社会システムの結果として、当然もたらされました」(GG:102)。要するにギゾーは封建制の最大の遺産は「個性の発達」である、と結論づけているのである。これは福澤手沢本のヘンリー脚注本では'the develpment of the individual man'であるが、ハズリット英訳では"the development of individuality"となっている。また前に引用したヘンリー脚註本での"individualism"もハズリット訳では"individuality"になっている(GHH:81)。しかも"individuality"は一口で言えば「人間の内的にしてパーソナルなエネルギー」であって、ハズリット訳の索引註によれば、これこそが中世を導いた特質なのであった。[10] そうしてこれは次節で述べるように、ミルがやはり着眼してその"individuality"の一つの参考に供したものでもあったと思われる。(9)

三　ミルにおける"individuality"

ミルはギゾーの文明史講義録が一八二八年に刊行されると、J・B・ホワイトに書評を執筆させ、自ら加筆して実質的な主筆をしていた『ロンドン・レヴュー』一八三六年一月号にそれを掲載させた。そこでミルがホワイトに注文を付け、追加させたのは、正に「第四講の封建制度についてのすばらしい分析」[11](一八三五年十月二十一日、ホワイト宛書簡〈CWM 20:280.〉)であった。そうしてこれに物足りないと思ったのか、ミル自身『エディンバラ・レヴュー』一八四五年十月号にギゾーについての書評論文を発表したのであった。この書評紙はすでに一八三八年の第六七巻第一三六号においてギゾーの文明史を取り上げているので、ミルによるものは二度目のそれとなる。ミルはそこで、ギゾー史観の特徴を「整合性と一貫性、それに総合性、ドイツ人なら多面性(many-sidedness)と言いそうなものがある」(CWM 20:259 訳八〇)と述べ、ビルディングスロマンすなわち教養小説の代表的作品であるゲーテの『ヴィルヘルム・マイステルの徒弟時代』——カーライルによる英訳は一八二四年に刊行——において典型的に描かれた「多面性」(Vielseitigkeit, many-sidedness)——これは後に福澤も繙いた可能性のあるミル『自伝』(一八七三年）に引用される[12]（CWM 1 : 171 訳一四六）――に通じる思想をそこに読み取っているのである。ミルがそれを学んでいるのは、『自伝』で「我が精神の一危機」と回想している一八二六年から三二年にかけての時期であるが、ギゾー論を公表した四五年においてもこれは持続的に保持されていたと思われる。

ミルは、ギゾーが近代ヨーロッパにあって異なった方向を志向している対抗的な諸々の勢力間における共存的行動の長期にわたる持続性の要因を進歩の精神（the spirit of improvement）に求めているとして、ギゾーに同意してこれを高く評価する。そしてギゾーが講ずることのなかった中国における教育の問題を念頭におきながら、すなわちもし中国のように中央の機関に集められて訓練を受けた学問と教養ある身分集団が政府を形成したら、そこにギゾーの言う近代ヨーロッパ文明に特徴的な多元的勢力の拮抗がなくなる。このため進歩に対立する「暗黒の専制」の到来がヨーロッパにおいても可能性としてあり得た、とミルは説く。さらにアメリカにおける「数の力」、すなわち大衆の意見と本能の力が社会の絶対的支持を得て、これに反対する意見を沈黙させるならば、人間性はやはり中国と同じく停滞し、低水準化する可能性についてミルは説くのである（CWM 20 : 281 訳九一）。これは『自由論』やさらにすでに一八三六年に著している「文明論」の叙述を想起させるが、とりわけミルが感銘をうけたのは、近代の自由の精神が個人の独立への愛であり、それが社会の必要と両立する限りにおいて、個人の良心以外のいかなる権威からも少しばかりの干渉しか受けない行動の自由という点であった。しかもそれが蛮族の要素に由来することに対してミルは正鵠を射たものであると評価する。そうしてギゾーによる封建性の評価が、その思索の中でも最も興味深く、全般的にみて、最も満足しうるものであるとミルは述べ（CWM 20 : 281 訳一〇三）、自由の問題に言及していく。ミルの読みはしかしギゾー自身の主張や福澤の読みと微妙な相違を露呈する。ミルは「人間と戦士の自由、人格と個人的独立の感情は、未開人の生活に支配的なものであった。しかし今やこれに主人、すなわち土地所有者や家長の重要性が付け加えられた」（CWM 20 : 282 訳一〇四）と紹介している。すでに見たように福澤はギゾーの論を「封建ノ自由ハ一人ノ自由ニ非ス」と正確に要約してその文明論にも導入していたが（④一三六）、ミルはフランス語原文を意図的に誤訳したのか、あるいは"n'est plus"を「もはや……でない」と読まなくて、「……ばかりでなく、また」と把握し――原文に誤植が無ければ――、個人的自由の裾野がより広く拡大されたと理解しているのである。いずれにせよミルはギゾーの指摘する「自由の精神」が「個人的独立への愛」であり、しかも封土の所有者の「威光」（grandeur）が神でも権威でもなく、「純粋に個人」（purely personal: the individual）に帰属するものであったとの主張に共鳴をもって把握しているのである。ミルはギゾーが講ずる「個性、人間の内的にしてパーソナルなエネルギー」（Individuality, the inward and personal energy of man）の中世における意義をさらに引用しながら（CWM 20 : 286 訳一〇九）、イギリスの読者に政治家ギゾーではなく、歴史家ギゾーを紹介したのであるが（CWM 20 : 307）、その評価の中核を"individuality"に見いだしていることはすでに想像に難くない。

ミルの個性への着眼はさらに、ギゾーに、あるいはギゾー文明史講義に出席したトクヴィルの『アメリカのデモクラシー』などに触発されて執筆した「文明論」（civilization, 1836）においてみることができる。そこでミルは文明の進展の結果は"individuals"の重要性が減少し"masses"の重要性が増大することにあり（CWM 18 : 121 訳一八四）――福澤署名本にはサイドラインがある（MDD : 163）――、したがって「個人の精力」（individual energy）が減退するか、あるいはあっても、それが個人的な金儲けの追求に集中されるかのいずれかである[13]――福澤署名本にはサイドラインと、後者にはアンダーラインもある（MDD : 177）――と論じる（CWM 18 : 129 訳一九六）。ミルにとってマスの登場と個の衰退は、「多数者の専制」とともに、文明の進展に伴う負の遺産であるが、それはトクヴィルの問題でもあった。トクヴィルはそのデモクラシー論の第一巻（一八三五年）――一八七三年英訳版福澤読了[14]――で、福澤も頁を折り曲げて注目しているように、「多数者」（majority）の世論に及ぼす権力について論じ、さらにそれが社会の一切の権力を己の手中に収めると言う（四三）。また福澤もサイドラインを引いて、「肉体ノ変化ヨク人ノ心事ヲ変ス」と書き込んだ和紙を貼付し着眼しているように、アメリカ人を動かしているのは政治的なものではなく商業的情熱であり、その取引をむしろ政治の世界にアメリカ人はもちこんでいるのである。彼らは理論よりも実践を重んじ、財産を築く。そうしてアメリカ人の間にあっては物質的繁栄（「肉体」）が見識（「心事」）に対して影響力を揮っているのである（五一）。しかもやはり福澤も不審紙を貼付して注意しているが、多数者の専制に伴う商業的精神に満ちた権力は、往古の絶対的権力とは異なっているがゆえに、能力ある人間の自由からの逃走は危険である（五九）。なるほど貴族的栄誉が個人的抵抗を――ギゾーが描いたように――行使させたかもしれないが、すべての身分が破壊され、個人が群衆の中に消え失せることをそれは意味する。そこに権力の要求と弱者の卑屈は停まることをしらない事態が生じる（六〇）。しかも平等の時代は人々が共通性を備えているがゆえに相互に信頼しているかというと、そうではなく、それが公衆の判断を無制限に信頼させることになるのであって、これは真理は数について回ると多数者は思っているからである（七六）。この最後のところは第二巻の叙述で、ミルが「文明論」を著した時には未だ刊行されていない。しかし、第二巻が一八四〇年に出版されるやミルは改めて『エディンバラ・レヴュー』に書評を寄稿しているので、このトクヴィル問題には福澤と同じく着眼していたに相違ない。ミルにとって多数者の専制からいかに個性を救出するかは、まさに自由の問題とともに切実であったのである。

それでは個性はいかに、平等の時代において確保できるのか。それに最も強力な援護をしてくれたのが、ミル自ら告白しているように、「人類の多種多様な発展」を謳ったフンボルトの『イデーエン』であった。しかしながら個性尊重の主張は一九世紀初頭のドイツのある思想グループによって熱心に主張されたものであり、フンボルトのみに帰せられるものではない。またそれはイギリスにも影響を及ぼしたが、これらの思潮のなかでもミルが『自伝』で触れておく必要があると思ったのは、『自由論』のモットーの句を提供してくれたフンボルトのみであった(CWM 1: 260-61 訳二二二―二二三)。それではミルが「個性に対してこれほど高い価値の与えられているのを見ることは、人々にとって驚くべきことであるにしても、それにもかかわらず、われわれは、この問題が程度の問題であるに過ぎないことを思わねばならない」（CWM 18 : 262 訳一一七）とした“individuality”の出典先を、「人格の総体性」（Totalität des Charakters）の要求が国家思想を考察し評価するための基準にして原理になっている『イデーエン』[15]に求めて、両者を対比してみよう。[16]

ミルがフンボルトの影響を受けたとされるのはJ・コールサード（Joseph Coulthard）による『イデーエン』の英訳 *The Sphere and Duties of Government*（London: Chapman, 1854）であるが、ドイツ語原文と英訳書のそれぞれの該当箇所を対照すれば明らかなように、ミルが強調して止まない“individuality”は、興味深いことに原文ではむしろ»Individualität«よりも»Eigentümlichkeit«であるということである。（HI : 25. CS : 13）ただフンボルトも»die Entwicklung der Individualität«を二ヶ所使用しており[17]（HI : 53, 56）、それは英訳で文字通り“the development of individuality”（CS : 35, 37）となっているので、ミルが“the devevopment of his individuality”（CWM 18 : 266）を使うのにその箇所をヒントにしたとしても不思議ではない（HI : 15–16, CS : 7）。

それではミルがフンボルトを援用しているところを紹介しよう。第一は多数者の専制が社会の名によって、「心」（soul）そのものをも奴隷化し、政治的圧政よりも恐るべき社会的暴虐を行使する、と論じているところである。この問題に関してミルは、トクヴィルとともにフンボルトの古代と近代における自由と専制についての議論からも影響を受けている。フンボルトもまた法律以上に個性を拘束するものとして社会に支配的な特定の思想を挙げ、それが美徳ある行為や高度にして多様な文化に不可欠なエネルギーを妨害すると述べる。フンボルトは古代人が人間人間としての力と発展（英訳では個人としての人間の調和ある発展）を志向していたと指摘し、美徳よりも幸福を志向する現代に対して古代の意義を説く。しかし古代にあっては人間存在の個性をつくる精神の内面生活に直接関与するものは共同体に必要な限りの「単一性」（Einseitigkeit）であったことを指摘する。個人の活発な行為を称賛したとしてもそれはあげて共同体、具体的にはポリスにおけるそれであったのである（CWM 18 : 220. HI : 15-16. CS : 7 訳一五）。

第二は、ミルがフンボルトの名を提示している有名な箇所である。すなわち人間の理性の真の目的は、「人間の能力を完全にして矛盾のない全体へと、最高度にまた最も調和的に発展させること」である。したがって人間の努力目標として、また同胞に影響を及ぼそうとする人間が決して目をそらしてならないことは「能力と自己発展との個性」（ミル引用文“the individuality of power and development”, 英訳版はイタリック、原文は強調体 »Eigentümlichkeit der Kraft und der Bildung«）であり、それには「自由と状況の多様性」（of freedom, and variety of situation）が必要であり、これが「個性の活力と様々な相違」（ミル引用文“individual vigour and manifold diversity”, 原文 »Kraft der Individuen, und eine Verschiedenheit«）を生じ、「独創力」（originality, 英訳版はイタリック、原文は強調体 Originalität）になるのである。そうしてミルはこの説が馴染みあるものではなく、そうした個性への高い価値をみると驚くべきことであるが、しかしそれは程度問題であるという（CWM 18 : 261. HI : 25. CS:13 訳一一六―一一七）。

第三は、各人の個性の成長が価値あることは同時に他の個性にとっても価値あるものになるという個性論である。それは他人の権利と利益とによって課せられる限度内で個性的なものを開発して喚起することであるが、これこそが高貴で美しい注目すべき対象であるとミルはいう。しかもそれは人間の生活が豊かで多彩で生気溌剌としたものとなり、高い思想と崇高な感情に対して豊かな栄養を与え、個人が属している種族との紐帯を強固にするというのである（CWM 18 : 266. HI : 55. CS : 36 訳一二七）。

これらミルが学び摂ったフンボルトの議論は、しかしながらシラーの雑誌 *Neue Thalia*（1792）に掲載していることから、シラーとも共有するが、[18] 同時に「理想的な多面性を求める高貴な努力」（ein edles Streben nach idealisher Vielseitigkeit）として位置づけられるゲーテとその世界、すなわちフンボルトにとってのドイツに由来し、純粋かつ自由な普遍人間的なものに己を高めるものであった。[19] 確かにミルにとってゲーテは、その個性と多面性と調和について描写する詩人である。あるいは自己発展の権利と義務の説を唱える思想家である。そこにはギゾーが描きだしたヨーロッパ文明の特徴と共通する「多面性」があった。そうしてこのことはまたゲーテがギゾーの文明史を称賛していることからゲーテ自身のものでもあったのである。[20] ところがミルがゲーテではなくフンボルトをその『自由論』で取り上げ、『自伝』においてゲーテに留保を示したのは、恐らく「程度問題」に求めることができよう。すなわち個々人の個性的かつ創造的生は、ゲーテにとってその形而上的平等性と結合していないのであり、一種の限りない差別が個々人の生の強度を分かち、その存在の意味を区別するからである。[21]

ところで個性のさらなる強調はカーライルではないが英雄崇拝論へと導きかねない。カーライルのいう英雄が「至誠の人」(sincerity) であろうと、カーライル自ら後に権力の思想に近づいていったように、文字通りの英雄崇拝へと導きかねない。[22] ミルはフンボルトを読む以前の「文明論」で、「偉大な人物」(great minds) の養成を大学教育に求めて、多数者の専制や習慣の圧政から、あるいは無気力と卑屈がはびこる大衆社会的状況から、「英雄的」(the heroic) なるものの必要性を論じている。それはミルによれば、福澤署名本にもサイドライン、さらに"the heroic"にはアンダーラインも引かれて着眼されているが (MDD: 180)、価値ある目的のために何かを行い、何かを耐え忍ぼうとすることであり、特に苦痛で不快なことを行おうとすることであるとして――福澤の言う「士族一般先天遺伝の教育」すなわち「出来難き事を好んでこれを勤むるの心」の養成 (⑩五五五) ――、これなくして「大人物」(a great character) は生まれないという (CWM 18: 131. 訳一九九)。しかもミルはすべての人々の能力が利用され、最も有能な人々が最高の仕事を委ねられるので、それは進歩となるばかりか通常においては損をする人々はいないとし (CWM 18: 137 訳二〇七)、それこそ財産と知性とともに文明に不可欠なそれこそ個性を活かしての協業能力、その一環として英雄の位置を求めている。ギゾーの文明史で「大人物」(a great man) の役割が中世社会のエポックメイカーとして登場し（GG: 75）、福澤が「腕力」あるいは「才力」の機能としてさりげなく触れているのに（④一三四、一四七）、あるいはギゾー自身、「計り知れない摂理」(the secret of Providence) でもってその出現を指摘しているのに、[23] ミルはここで教育による大人物の養成を訴えているのである。中産階級の勃興による世論なり慣習なりの圧政は、中国停滞論と重なり、ミルを悩ますことになっていたが、その一つの解決法が大人物の養成であり、フンボルトやギゾーの個性論であった。それではこうした個性論を表現するのに福澤が使用した「独一個人の気象」あるいは「独一個の気象」は、東アジア文化圏においていかなる「伝統的用法」に由来しているのであろうか。

四　「独一個」と「気象」

福澤は文明論のなかで、徳義を定義して次のように述べている。「徳義は一人の心の内に在るものにて他に示すための働に非ず。修身と云ひ慎独と云ひ、皆外物に関係なきものなり」（④八九）。ここに「慎独」という名辞が使われていることに注意されたい。ここでの意味はもちろん、その出典となっている『大学』なり『中庸』なり、あるいは『礼器』を想定しての徳義の意味づけであったろう。そうして「徳義とは一切外物の変化に拘はらず、世間の譏誉を顧ることなく、威武も屈すること能はず、貧賤も奪ふこと能はず、確乎不抜、内に存するものを云ふなり」（④八九）という。福澤の註釈は「智恵」との対比があるためもっぱら外的契機を含まない意味づけであるが、内的契機への意欲はその言葉の調子から一見するより強い。これは「君子は其の独を慎む」（『中庸』第一段第一節）の荻生徂徠の解釈に近い。すなわち「独」に対して鄭玄は衆人環視に対する独居の意味に解し、朱子は「人の知らざる所にして、己の独り知る所の地なり」（『大学章句』伝六章）と註しているのであるが、徂徠は「慎独なる者は、徳を己に成すを務むるを謂ふなり」として「「独」なる者は人に対するの名、「慎」なる者は心を留むるの謂ひなり。言ふこころは道は外に在りといへども、然れどもまさに心を我に在る者に留めて、我の徳を成さんことを務むべし。これ「独りを慎む」の義なり」(『弁名』一七七一年)(24)と解釈し、鄭玄は言うに及ばず朱子に比しても能動的意味を付与している。(25)

また「独」にまつわる観念に対する高い評価は道家にみられ、例えば「物あり混成し、天地に先って生ず、寂たり寥たり、独立して改まらず、周行して殆《あやふ》からず、以て天下の母となすべし」(『老子』道経上、第二五)とあって、万物の根源は唯一絶対としての「独立」であるという。これは儒家にも影響を与え、『易経』に「沢の木を滅《つく》すは大過なり。君子もって独立して懼れず、世を遯《のが》れて悶《うれ》うることなし」(「大過」象伝)とあって、人の到達する境地としての自主独立の意味で「独立」が使用されている。また『管子』に「人の職とする所のものは精なり、欲を去れば宣《の》ぶ。宣ぶれば、則ち静かなり。静かなれば、則ち独立す。独なれば、則ち明らかなり。明らかなれば、則ち神なり。神は至貴なり」(「心術上編」)とあり、私欲を去って心中精妙になって人は自主独立の尊貴の明智を得ると言う。これもしかし静的な到達点にある境地を述べたもので、個人の自主の真価、あるいは自我の尊厳を意図する『中庸』における「独」とは異なり、超越者ないしまったく個人的な精神的自由を意味するものである。(26)

ところで「独」なるものが、朱子学でいう「本然の性」を前提とした上でのそれであるならば、そこに普遍的人間像と個性的人間像は、矛盾することなく結びつき得る。しかし「本然の性」の発露が「気質の性」との関係において把握されると、そこには差別相をもった身分的人間像がその人間論として正当化され得る。したがってそこに「独」なるものは静態的、そうでなくても異端的ないし孤立的たらざるを得ない。しかし人の徳は「みな性を以て殊《こと》なり」と断じて、気質不変化を説いた荻生徂徠の視点から「独」を見るならば、その「徳なる者は得なり。人《ひとびと》おのおの道に得《う》る所あるを謂ふなり」(『弁名』)、あるいは「学んでむしろ諸子百家曲芸の士となるも、道学先生たることを願はず」(『学則』一七二七年)、さらに「人各々資稟に随ひて以て材を達し徳を成し、諸を国家に用ゆ」(同上、「附録先生書五道」)など、朱子学を批判しながら主張していることから察して、ここに普遍的人間像でなくても個性的人間像の正当化を思わせるものが提示され、[27]なお「各其自《みづから》の役をのみいたし候へ共。相互《たがひ》に助けあひて。一色かけ候ても国土は立不申候。されば人はもろすぎなる物にて。はなれ〳〵に別なる物にては無之候へば。満世界の人こと〴〵く人君の民の父母となり給ふを助け候役人に候」(『徂來先生答問書』上、一七二七年)との主張は、なるほど身分的差別をもった国家総動員体制への契機があるとしても、ミルではないが個性と協業へのそれをも持ち併せているであろう。

それでは「個」の意味は、ということになるが、これは相い遇することのない片方だけのものを言うのであって、「个」とも「箇」とも共通であり、ここから数量的意味での単位になったと思われる。したがって「一個」という表示が使用される。これが分割できないものとしての“individuel”というオランダ語の訳語となったのも頷けよう。「一個」あるいは「一人」と常に「一」を伴っていたのは未だ具体的存在としての個体を意味していたからであるが、それが経験的主体を越えた自由かつ平等な抽象的人格を表すにいたって「一」がとれたのは一八八〇年代前半という。[28]

次に「気象」であるが、「氣」は「客におくる芻米」(『説文解字』)で、人馬に送る食料を意味していた。それが「天に六気あり」とか「六気とは陰陽風雨晦明をいふなり」(『春秋左氏伝』昭公元年)と気象の意味で使用され、それが自然の呼吸なり、万物変遷の働きなり、さらに「気は身の充なり」(『管子』「心術」)となって、人間に宿るものの意味が付け加わり、「浩然の気」(『孟子』)となり、さらに兵書に至っては「勇気」の意味で「気」が使われた。それがさらに展開して「気は力なり」(『呂氏春秋』)との註からも分かるように、生気に満ちている意味となり、まさに活力を意味する用法になっていった。これは『淮南子』においても「気は生の充なり」とあり、身体の活動する力、すなわちエネルギーの意味において使用されている。また「気象」は自然の力によって造られた形象でもっぱら自然の形象を意味する。自然現象にせよ、人間の生命力にせよ、「気」は実体のないものであるが、それを「形象」として「気象」としたのはおそらく自然現象は相対的にみれば、社会事象に比して可視的であるからであろう。しかし人間について「気風」でも「気性」でも「気力」ですらなく、「気象」が広く使われていることは、福澤の例のみならず山路愛山などにも例えば「信長は……全く上方の金持の気象あり」[29]などの用例があることから分かる。福澤は活動力なりエネルギーが内面に留まっている意味を付与しておそらく「気象」という本来、自然現象を表現する用法を念頭に置いていたと考えられる。[30]

ここでギゾーの"individuality"の意味を思い起こしてみよう。ギゾーはそれを説明して「人間の内的にしてパーソナルなエネルギー」、あるいは「パーソナルな存在としてのエネルギー」とした。だとするとこれは正しく「気象」であり、それが個人単位のものであるかぎり「独一個の気象」、あるいは「独一個人の気象」であろう。そうしてそれは宗教的権威にも政治的権威にも依存しない正に個人そのものに属するものであった。福澤はギゾーの描いたゲルマン的個人を想起して、自身の経験知のみならず、新井白石『読史余論』(一七一二年)ないし頼山陽『日本外史』(一八二七年)、あるいは『太平記』(一三七一年?)、さらには『大日本史』(一六五七年以降)などによって得た武士像を勘案して分析する。すなわち日本では構造的に「権力の偏重」があるので、ゲルマン的様相を呈し得た戦国時代にあっても、武人の存在理由は主君に代々仕えている譜代型武士はいうに及ばず、より独立志向の強い豪傑型武士にあっても、先祖・家名・君・父・身分という「外物」に、そうでなくとも「故さらに其名義を作て口実に用る」ことに見いだしていたのである。「如何なる英雄豪傑にして有力有智の者と雖ども、其智力のみを恃て事を為さんと企たる者あるを聞かず」(④一六四)というのが福澤の診断した武士の有様であった。これは文明論に先駆けて刊行した『学問のすゝめ』第三、四編で説いた「人々自から一個の働を逞ふすること能はざる」ことによって「専制抑圧の気風」に制せられ悪事を行う要因でもあったのである（③四六―四七、五〇―五一）。

むろん福澤はしかしながら、このように武士像を描いたとしても、福澤が荻生徂徠の学説を汲む白石照山の下で興味を覚え、かつ学んだ中国古典には、すでにふれた『老子』や『易経』には「独立」に対する高い評価があった。さらに福澤も晩年「一身の独立」を説くのに挙げた仏教用語「天上天下唯我独尊」もある（⑥四三五）。また父百助の桃李に己を準えての俗吏と学者との葛藤を詠った「独立精神第一流」があり、[31] さらには幕末維新期に広く詠まれていた佐藤一斎『言志四録』（一八二四年）には、「士は独立自信を貴ぶ。熱に依り炎に附くの念、起すべからず[32]」があった。しかし、これらは精神的自由の境地を述べたものであって、必ずしもそれ以上のものではなかった。否、そうではなかったとしても、福澤が「独一個の栄辱を重んずる勇力」（④八〇―八一）を日本の歴史の中から、この時、見出したのは、「一分の武篇をしかと我心に極置」いて、あるいは「一分の分別にて地盤をすへ」て「御家は我一人して抱留《だきとめ》申」との山本常朝述・田代陣基筆録『葉隠』（一七一六年頃）にみられる[33]ような武士道の復活状況の下にあっての尊皇志士たちではなく、恐らく自らをも含めた江戸期の蘭学者たちであった。「事を為すに外物を目的として名にする所あるものは独立の事に非ず。独立の事に非ざれば永遠に持続して其功徳を後世に遺すに足らず」として「名の為に非ず、利の為に非ず、正に独一個人の精神を発達せんが為に勉強刻苦する者にして、始めて之を不羈独立の士と称す可きなり」と断じ、前野良沢、杉田玄白、大槻磐水ら、洋学者の先人に、それこそミルやフンボルトにも通ずる“individuality”すなわち個性を見出しているのである。彼らは「唯自己の精神を発達するを以て無上の快楽と為し、人心最高の部分を養ふの外余念なき者」であって、正に「独一個の精神」、「一個独立の精神」をもった模範となるのであった（④四〇七―〇九）。

五　おわりに

福澤が「独一個人の気象」に「インヂヴヰヂュアリチ」と註記した意義は以上の拙い叙述で不充分ながら確認されたと思われるが、福澤が"individual"ではなく"individuality"を記したのは、彼の語学的センスが抜群であったことを示そう。それはギゾーのあと一つの英訳、すなわちハズリット訳を手元に置いていたとしてもである。ヘンリー脚註本ではギゾーの意図を充分に言い表せていないと知るや、福澤はおそらくミルの『自由論』のみならずハズリット訳文明史をも参照して、ヨーロッパ文明の神髄の一つである"individuality"を「独一個人の気象」と邦訳し、なお充分意を伝えることができないので「インヂヴヰヂュアリチ」と註記したと思われる。

福澤にとって「独一個人の気象」は、ギゾーやミルの"individuality"を踏まえたものであるにせよ、それに類する用語としては前には「独立の気力」（③四三―四七）、後には「金玉《きんぎょく》の一身」としての「自主独立」（⑤三六三）、あるいは「ヂグニチー」としての「自信自重の気象」（⑤六二二、⑥二七一）や「独立の根気」（⑥三九七―九九）、さらに「自尊自重独立の本心」（⑥四〇四）ないし「独立自尊の本心」（⑥四〇五）などがある。これらの相互連関についての考察には、普遍的理性が内在することを強調する平等志向の個と、他の何人にも変え難い個人の尊厳を希求する自由志向の個との両立の問題がたちはだかっている。それは個人と社会の問題に通ずるが、福澤におけるその解決策については後日に譲る。[34]

註

（1）　こうした問題は、文化接触の問題と密接に関係するが、福澤がそれに如何に対処していたかについては不充分ながら拙著『福沢諭吉と西欧思想―自然法・功利主義・進化論―』（名古屋大学出版会、一九九五年）参照。

（2）福澤手沢本である英訳ヘンリー脚註本が依拠したイギリス版の初版は一八三七年刊行で、その二版は翌年に出版され、版元はOxford: D. A. Talboysであるが、英訳者は匿名である。同時期に日本に入り、より正確な英訳で今日でも利用されているのは“The History of Civilization in Europe” in *The History of Civilization, From the Fall of the Roman Empire to the French Revolution*. Translated by William Hazlitt. Vol. I., London: George Bell and Sons, 1890.（初版はLondon: David Bogue, 1846）である。以下の引用参照は主としてヘンリー脚註本による。原文との相違点は必要に応じて触れるが、（　）での挿入は原文、ヘンリー脚註本、ハズリット訳の順である。福澤が読んだギゾー英訳本については拙稿「ギゾー『ヨーロッパ文明史』英訳者考」（『福澤手帖』74）参照。またヘンリー脚註英訳本の福澤書き込みと『文明論之概略』との関連については、さしあたり小沢栄一『近代日本史学史の研究　明治編』（吉川弘文館、一九六八年）一六九―七六頁参照。

（3）ただし、これはミルやギゾーの援用のように明確な対応があるわけではなく、フランスのルイ十四世の支配の正統性が長期に亙る皇帝たちの「血統」（line）に求められているところを福澤が「皇統連綿」を考える上で参考にしたという意味においてである。『文明論之概略』とそれの依拠した文献については、さしあたり丸山真男『「文明論之概略」を読む』上・中・下（岩波新書、一九八六年、のち松沢弘陽・植手通有編『丸山眞男集』第一三巻、第一四巻、岩波書店、一九九六年所収）、及び『文明論之概略』松沢弘陽校注（岩波文庫、一九九五年）参照。

（4）この点、伊藤正雄『福澤諭吉論考』（吉川弘文館、一九六九年）15-20頁参照。

（5）明治文化研究会編『明治文化全集』第二巻「自由民権篇」日本評論社、一九六七年、二九頁。また、中村敬宇訳との関係で大久保健晴「明治エンライトメントと中村敬宇―『自由之理』と「西學一斑」の間―（一・完）」（『東京都立大学法学会雑誌』第三九巻第二号）五〇六―〇八頁参照。

（6）O.E.D.によれば“individuality”は、すでに一七世紀初頭には使用されており、ミルの用法に近いものもすでに一七世紀中葉には使用されていたことが確認できる。類語の“individual”となると中世ラテン語的用法を除けば、分割できないものとしてのそれは一六〇〇年まで溯ることができる。日本での“individual”の導入の意味については福澤の最初のベストセラー作品である『西洋事情』外編（一八六七年）に訳出されたChambers's *Political Economy* (1852) の一節における福澤の訳語を見ることによって、察することができる。それは通常「人」と結びつけて訳されている。“individuality”については、中村敬宇が『自由之理』を翻訳出版したのが一八七二年であることを勘案するならば、福澤は“individuality”を「人民ニ独自一箇ナルモノ」、あるいは「独自一己ノ面目」など、中村の訳によって理解していたと考えられる。しかし福澤は文明論では、「独一個人の気象」となっており、これはメドゥースト『英華字典』（一八四七―四八年）による"individual"の項目「a single person, 単身独形、独一個人、人家、my individual self 本身, individuality、独者、独一者」のうち「独一個人」の用例を参照したとの見解もある（柳父章『翻訳語成立事情』岩波新書、一九八二年、二五頁参照）。福澤における"individual"のわが国への理解導入の困難性とその工夫については、同上、二三―四二頁参照。この説をとるならば"individuality"との抽象名詞は"individual"の意味に「気象」を付け加えたことになる。またドイツ語の»individualität«についていえば、グリム兄弟の独語辞典（Jacob Grimm und Wilhelm Grimm, *Deutsches Wörter Buch*, Vierten Bandes Zweite Abtheilung, Leipzig: Verlag von S. Hirzel, 1877）に該当する語句は掲載されていない。ただし、Richard Müller-Freienfels, *Philosophie der Individualität*, Leipzig: Felix Meiner, 1923 にドイツ語圏の"Individualität"についての概念整理をみることができる。

（7）丸山前掲書下、一五一―四頁、松沢前掲註、三五六頁参照。

（8）「個人」については作田啓一『個人』（三省堂、一九九六年）参照。ただしここにある「西欧個人主義の起源と展開」では、ギゾーの指摘している古ゲルマン族の「個人」の歴史的役割については触れられていない。

（9）Guizot, *op. cit.*, Vol. III, p. 16.

（10）Guizot, *Ibid.*, p. 487.

（11）山下重一「はしがき」同訳「ギゾーの歴史論」所収、『国学院法学』第二三巻第三号、七七頁参照。

（12）なおゲーテ『ヴィルヘルム・マイステル』を「多数の世界から成る一つの世界」として、その先駆的作品を例のラファエル「アテナイ人の学堂」に求めて、ゲーテの個性観を分析したジムメル『ゲーテ』木村謹治訳（桜井書店、一九四三年）二四三―四四頁参照。ミルが引用している"many-sidedness"は Sarah Austin, *Characteritics of Goethe*, Vol. I, pp. 12–13 からによる。これは Johann Daniel Falk, *Goethe aus näherm persönlichen Umgange dargestellt* (Leipzig: Brockhaus, 1832), S. 8. にある»Vielsetigkeit（Objectivität）«である。CWM 1: 171n. 参照。

（13）なお、この指摘はすでに『文明論之概略』におけるＪ・Ｓ・ミル『経済学原理』（*Principles of Political Economy with Some of their Applications to Social Philosophy*, London: John W. Parker and Son, 1848）の第四編第六章の叙述（末永茂喜訳（四）、岩波文庫、一九六一年、一一〇頁。*Ibid.* pp. 318–19, *Collected Works of John Stuart Mill*, Volume III, Edited by J. M. Robson, Toronto: The University of Toronto Press, 1965, p. 754）の援用においても確認できる（④四八）。福澤がミル

「文明論」を『文明論之概略』執筆時に参考にしたかは、発行年から考えて、無理と思われる。

(14) この点、本書第四章及び参考史料参照。

(15) Ernst Cassirer, *Freiheit und Form Studien zur Deutschen Geistesgeschichte*, Darmstadt: Wissenschaftliche Buchgesellschaft, 1961, S. 399. E・カッシーラー著、中埜肇訳『自由と形式』（ミネルヴァ書房、一九七二年）二八〇頁参照。

(16) 使用したテキストは『イデーエン』原著が復刻版と思われるWilhelm von Humboldt, *Ideen zu einem Versuch die Grenzen der Wirksamkeit des Staats zu bestimmen*. Leipzig: Verlag von Felix Meiner, 1920（以下HIと略）で、ミルが読んだ英訳が *The Sphere and Duties of Government*. Translated from the German of Baron Wilhelm von Humboldt, by Joseph Coulthard, Jun., London: John Chapman, 1854（以下CSと略）で、また改訳 *The Limits of State Action*, Edited by J. W. Burrow, Indianapolis: Liberty Fund, 1993（Cambridge: Cambridge University Press, 1969）も参照した。これには付録として『自由論』との照合表があり（*Ibid*. 158–61）、以下参照した。

(17) ただし、草稿段階では一箇所（S. 56）のみであるが（Coulthard, 'Preface' CS, vi）、ミルが読んだ英訳本は補訂版を使用しており、三箇所で使われている。なお、定本と思われる *Wilhelm von Humboldt*, Herausgegeben von Andreas Flitner und Klaus Giel, Werke I, Stuttgart: J. G. Cotta'sche Buchhandlung, 1960, SS. 56–233は、弟フンボルトによって出版された草稿段階のものを掲載しており、第三章の4と5の冒頭分は欠落している。また後世の思想史家もフンボルトがギリシア世界に求めたものとして「人間」（Menschen）を挙げ、それを「完全なる個性的にして美わしき人間」としているが、これは „ganze und volle, individualle und schöne Menschen" である。また「個性の養成」も „die Pflege des Eigentümlichen" で "Indivualität" はそこに見当らない。Theobald Ziegler, *Die geistigen und sozialen strömungen des neunzehnten Jahrhunderts*, Berlin: Georg Bondi, 1911, SS. 21, 38, 51 参照。

(18) J. W. Burrow, "Editor's Introduction" in *The Limits of State Action*, p. xvii, *Ibid*., p. 10n. 参照。フンボルトは『イデーエン』を一七九一―九二年にかけて執筆し、一八三五年に死去し、注目されたのはやっと一八五〇年代である。*Ibid*., p. xvii 参照。したがって、ミルはすでに一八四五年のギゾー論で "individuality" を使用していることから、フンボルトの英訳本（一八五四年）を読む以前にその用語を使用していたことが分かる。

(19) Friedrich Meinecke, *Weltbürgertum und Nationalstaat*, Herausgegeben und eingeleitet von Hans Herzfeld, München: R. Oldenbourg, 1962, SS. 52–53. F・マイネッケ著・矢田俊隆訳『世界市民主義と国民国家』I、岩波書店、一九六八年、

五七頁参照。

(20) Douglas Johnson, *Guizot Aspects of French History 1787-1874*, Westport: Greenwood, 1975, p. 320 参照。

(21) ジンメル前掲書、二三二頁参照。人間にその唯一性の要点を探し求めるゲルマン的個人主義からゲーテがイタリア旅行をへて古典とイタリア芸術の影響で普遍性の中に個性の意義と価値を見出した点について、ジンメル著・居安正他訳『橋と扉』(『ジンメル著作集』12、白水社、一九九四年、所収)二九九―三〇三頁参照。ゲーテの他者志向やシラーにおけるフンボルト的自由主義の定式化については小野紀明『美と政治―ロマン主義からポストモダニズムへ―』岩波書店、一九九九年、九七―一四四頁参照。

(22) カーライル『英雄崇拝論』老田三郎訳、岩波文庫、一九四九年、六七―六八頁参照。フンボルトの個性論がこうした契機を免れているのは、「普遍的な心」(allgemeinen Sin) を志向していたからであるという。Ziegler, *op. cit.*, S. 38, 53-54.

(23) ギゾー自身も、それほど重要視していないことは、"Lectures on European Civilisation," in *Edinburgh Review*, Vol. 67, 1838, p. 365n. 参照。なお、ギゾーの摂理史観と進歩史観とについては、田中治男『フランス自由主義の生成と展開』東京大学出版会、一九七〇年、七九―九六頁参照。

(24) 西田太一郎校注『日本思想大系36　荻生徂徠』岩波書店、一九七三年、九八頁。

(25) 赤塚忠著『新釈漢文大系2　大学　中庸』明治書院、一九六七年、一二八、一六七―六九、二〇一―〇二頁参照。

(26) 赤塚同上書一六八、二〇二頁参照。

(27) 前掲『日本思想大系36　荻生徂徠』四八、一九七頁、島田虔次編『荻生徂徠全集』第一巻、みすず書房、一九七三年、八二、八七、四三〇頁参照。

(28) 作田前掲書、六頁参照。

(29) 山路愛山『豊臣秀吉』上、岩波文庫、一九九六年、二七三頁。

(30) 以上、「気象」の人間性における用法の例は指摘されていないが、主として佐藤喜代治『気』(三省堂、一九九六年)を参照した。

(31) 福澤百助『杲育堂詩稿』慶應義塾福沢研究センター蔵、参照。

(32) 相良亨・溝口雄三校注『日本思想大系46　佐藤一斎　大塩中斎』岩波書店、一九八〇年、三〇頁参照。なお一斎の独立自信の精神については相良亨「『言志四録』と『洗心洞箚記』」七一〇―一三頁(同上書)参照。

(33) 相良亨・佐藤正英校注『日本思想大系26　三河物語　葉隠』岩波書店、一九七四年、二五二、二六七、二九四頁参照。なお幕末期における葉隠的武士道の再現については、飯田泰三編『丸山眞男講義録〔第五冊〕日本政治思想史一九六五』東京大学出版会、一九九九年、二四八―五〇頁参照。

(34) 前掲拙著三九九―四〇五頁で、ミル『功利主義論』やスペンサー『社会学研究』への福澤の書き込みからこの問題について一応の解釈を示しておいた。また「人力」への高い評価の書き込み(同上、四〇八―一七頁参照)も「独一個人の気象」を考察する場合、参照されて然るべきであろう。なお、士魂との関係で西村稔『福澤諭吉　国家理性と文明の道徳』、名古屋大学出版会、二〇〇六年、一〇四―三九頁参照。

第二章　国民（ネーション）の構想

――ギゾー『ヨーロッパ文明史』福澤手沢本再読――

政治の論は未だ一科の学と為す可き定法なし。

――チェンバーズ版『政治経済読本』

新しい世界には政治についての新しい学問が不可欠である。

――A・d・トクヴィル『アメリカのデモクラシー』

一　はじめに

福澤諭吉は『学問のすゝめ』第四編（一八七四年）において、「日本には唯政府ありて未だ国民あらずと云ふも可なり」（③五二）と断じた。またこれをうけて『文明論之概略』（一八七五年）では、「日本には政府ありて国民（ネーション）なし」（④一五四）と再説した。前者において福澤は、学問の効用が儒教的思惟に拘束されていることからくる「政府の上に立つの術」と化しての官吏登用にありとする時の風潮を批判し、「政府の下に居るの道」を知る「独立の丹心」を活かす人間の不在を嘆き、「卑屈の気風」に制せられて、その気風に雷同し、国民一人ひとりの固有の能力を伸ばし得ない状況を指摘している。また後者では前者を念頭におきつつも、「日本の人民は国事に関せず」との文言が続くことから容易に推測されるように、政治における例外状況ともいえる対外戦争に我関せずの見物人を決め込む人々の政治的無関心状況を嘆いている。

したがって、「日本は古来未だ国を成さずと云ふも可なり」（④一五四）という福澤の断言的ともいうべき主張は、官の世界と民の世界とが判然と区別され、両者の関係が対等でなく、その間に移動はあり得ても、その役割の優劣が自明と認識されていることに由来する。こうした状況を踏まえて福澤は「国民の力と政府の力と互に相平均し、以て全国の独立を維持すべき」（③五三―五四）目的を自ら課しているのである。

ところで福澤が「ネーション」を意識するのは、遅くとも「唐人往来」を執筆した慶応元（一八六五）年頃であろう。なぜなら福澤はそれより数年前より蘭学から英学に転じ、咸臨丸にて渡米し、帰朝しては徳川政権の外国方に雇われて外交文書の翻訳に従事し、さらに遣欧使節の随員としてヨーロッパ世界を経験し、再度の渡米をなした後も引き続き外交文書を翻訳し、加えて英字新聞の翻訳にも携わっており、そこに単なる翻訳家以上の問題意識を、その後の彼の思想なり活動によって知ることができるからである。すでに文久元（一八六一）年七月七日の外交文書の共訳には、「真に異人に讐敵を為す者は、悉く大名及び其従者の内に在て、一般の衆人に非ず」（⑳五〇九）とあり、「西欧の衝撃」に応えているのが武士身分に限定されているのをオールコック文書を通して認識している。そしてこれは「中世よりこのかた、喪乱之際、節に臨み義を思ひ、力を竭し死を致すは、たゞ武人のみなり」[1]との新井白石『読史余論』（一七一二年）における認識を踏まえ、「我が国の人民は外国交際に付き、内外の権力、果たして平均するや否やを知らず、我に曲を蒙りたるや否を知らず、利害を知らず、得失を知らず、恬として他国の事を見るが如し」と、構造的に一般化して確認することになる（④二〇二）。

国民一人ひとりがその固有の能力を充分に活かし、自らの問題として国の有り様について考える「国民」についての考察は、日本人の伝統的思考様式を見据え、西洋との比較の視点を有しつつ行われているが、本章はヘンリー脚註英訳ギゾー『ヨーロッパ文明史概略』福澤手沢本（一八七〇年）を中心に据え、福澤における国民構想過程の一端を考察しようとするものである。むろん福澤とギゾーとの関係は、「国民」をめぐってもすでに優れた研究がある[2]。したがって本章が、それらの研究の補註ないし再考という意義を担い得れば幸いである。

二 「人民」と「国民」——その伝統的用法——

「国民」はともかく「人民」については、現在、ある種のイデオロギー的色彩が纏わり付いているためか、一定の注意が要求される。しかし歴史を溯れば溯る程、そうした注意を要すること自体が正に近代以降の日本の学問史の産物であることが分かる。事実、「人民」は「にんみん」・「じんみん」、そして「ひとくさ」・「おほみたから」、あるいは「たみ」と訓じるか否かの問題は残るとしても、すでに『古事記』（七一二年）や『日本書紀』（七二〇年）に見え、中国古典ではさらに溯ること古く、『周礼』や『孟子』、『史記』などにおいて確認することができる。これらの用法の共通の意味は、国や社会を構成する官位を持たない被治者を一般に指す[3]。

それに比して「国民」は、やはり「くにたみ」あるいは「こくみん」と訓じるか否かの問題はあるにしても、それまでの「国人」が「くにひと」と訓じることから、後嵯峨院の諱《いみな》である邦仁と同訓になり、それに代わって使用されたと言われる（『夏山雑談』一七四六年）。また国司の支配下にある民や地方の土民（『古事談』一二一二—一五年頃）、それに中世では地侍（『上杉家文書』）を「国民」と、さらに大和国春日社・興福寺領内の地侍にして末社の神主であったものを、僧兵である衆徒と合わせて「衆徒《しゅと》国民《こくみん》」と呼んだ例がある（『保元物語』一二二〇年頃）。「くにたみ」も「くにひと」も、あるいは中国古典に見られる「国民」（『春秋左氏伝』）も主として行政地域の住民を意味することに変わりはない[4]。

それでは直接間接にしろ福澤が参照に供した二、三の文献にあたってみよう。まず中世の代表的史論の一つ北畠親房『神皇正統記』（一三四三年）。ここには天竺の説として、紛争解決手段に人々が相談して「平等王」[5]を立て、これを「民主王」と名付け、その王が「正法」を行って国を治めたので、「人民《にんみん》是を敬愛す」とある。また「人民のやすからぬ」、あるいは「日本国の人民」などの用例がある[6]。その他、「民」とか「衆」とか、単に「人」（「天下の人」をも含む）という類語や「国々の民」はあっても「国民」の用例はない[7]。

次に儒者にして政治の衝に当った新井白石の『読史余論』。これには「民」の用例が一番多いが、『古事談』からの引用として「州民」があり[8]、「下民」とか「万民」、あるいは「土民」は登場するが[9]、そこに「国民」なる語はない。「人民」はと言えば、先の『神皇正統記』からの引用として「日本国の人民」があり[10]、その他に「人民の叛きまゐらせ」[11]との用例がある。

さらに徳川期の代表的儒者である荻生徂徠の『政談』（一七二六年）を見ると、類語として「官人」に対する「庶人」[12]との語が見られ、また単なる住民の意味で「人民」も散見できるが[13]、「国郡の民」はあっても[14]、「国民」はない。やはり儒者である頼山陽の『日本外史』（一八四八年）――維新期から明治にかけて多くの読者をもった――を繙いてみると、付け加える類語として「民庶」[15]や地侍を指す「国人」[16]、さらに「村民」[17]はあるが、「人民」の用語は見当たらない。ただ「国民」については、豊臣秀吉の言葉として「国民を擾《みだ》すなかれ」[18]との用例がある。

このように「人民」も「国民」も用例があるにはある。しかし、さほど重要な用語でなかったことは、福澤自身、「日本国の歴史はなくして、日本政府の歴史あるのみ。学者の不注意にして、国の一大欠点といふべし」（④一五二）という状況認識を見れば理解できよう。もっぱら支配の対象ないし納税負担者としての「民」の意味の用法はあっても、それ以上の注意を払う用語として「人民」も「国民」もなかったのである。

それでは、維新期に「人民」や「国民」を訳としてあてた“people”や“nation”はどうであろうか。語源的にはローマの元老院に服する“populus”に“people”は由来すると言われる。しかしフランス革命時に“peuple”が固有の意味を有し、しかも修辞的用法と化したため、政府に対する貧しい被支配層を指すようになった。しかしその後、身分・階級、あるいは現実的な富や力とは無関係に服する人々一般を意味し、現状に満足する人々をも含意するに至った。「人民の政府」とか「人民主権」あるいは「人民民主主義」などが唱えられ、支配の正統性根拠として使用されるようになった点はその逆説的用法である。元皇太子妃の死にさいして"people's princess"が他ならぬ一国の首相によって唱えられたのは、その意味で象徴的である。また単に集合的同一性を強調する場合にも"people"は使用される。(19)

これに対して"nation"は中世ラテン語に発する法的用語"natio"に由来しよう。それは当初、血縁グループの意味で使用され、中世の大学においてクラス分けに使われ、共通の地域からの出身者を意味するようになった。これがまた意見の共同体の意味となり、教会会議ではある種のエリート集団を指すに至った。英語圏では共通の先祖なり習慣を有する者同士が他と区別するためにすでに一五世紀にそれは用いられているが、政治的用語と化したのは一七世紀に反王党派であるミルトンやクロムウェルが祈願の意味合いを込めて"nation"を使用したからである。一八世紀にはフランスで王と議会派がそれぞれ権威を正統化すべく政治的論争用語としてそれは浮上することになる。A・シェイエスが法的意図を込めて、あらゆるものに先立つものとして"nation"を使用したことはあまりに有名である。権威の源泉としてより根本的なものが要求され、それが"nation"に求められたわけである。こうしてそれは国民主権論と結びつき、また異国やその住民にも適用されて比類なき共同体、あるいはその構成員の意味となり、さらに共通の地域・先祖・習慣によって統合された人民という観念に、共通の機能というそれが加わって現在の"nation"が誕生したのである。(20)"nation"も"people"も、このように近代になって、政治用語としての重みを増していったということが言える。

かくして正当にも「人民」や「国民」が日本において頻繁に使用されるのは西欧近代文明の導入とともにである

ことが理解できよう。それを図ろうとした知識人たちは、正に西欧近代文明が日本に比して“people”や“nation”の一国における位置づけの高いことを認識したからである。福澤もすでに『西洋事情』初編（一八六七年）において、ナポレオンの手になる国民皆兵制度の紹介を通し、単に「被治者」の身に甘んじ、傍観者であることを止め、一人ひとりが自らの問題として国の問題を考え、その一国に占める地位高き「国民」を認識しているのである（①三〇一）。

さらにチェンバーズ社『政治経済読本』の“free nations”なる用語に接して（CP : 15）、福澤はこれを「人民の互いに自由を許して不羈独立の政府を設くる」（①四〇八）と訳し、政府の主体としての自由なる「人民」をそこに見いだしている。またウェーランド『政治経済学の基礎』の一節に“the people are the fountain of power, and are competent to govern themselves”とあるが（WP : 394）、福澤はこれを「国民を以て国権の基と為し、人々身自から其の身を支配するを以て大綱領と為すもの」（①五一〇）と訳し、「国民」の「国民」たる所以の一端を紹介している。これらには“nation”や“people”についての福澤の翻訳に纏わる観念がすでに看て取れよう。そうして“nation”なり“people”なる語が、一国の有り様の問題にきわめて重要な意味を有することを認識している福澤の姿を見ることができるであろう。[21] 維新以降の文献にとりわけ「人民」が度々登場する所以である。

ただ「国民」については、『学問のすゝめ』をみても、問題の第四編を除けば「人民」に比して使用頻度は少ない。そうであるがゆえに福澤は「国民」を特に意味ある用語として使用していると思われる。もちろん『学問のすゝめ』を例にとれば、対外関係を考慮する場合は「国民」（③五八）を使い、また「国の民」の意味で「国人」と同義で「国民」を用いたりしているが（③三二）、対内関係の場合は「国民」の意味で「人民」とし（③六二）、また二編で「人民」としていたもの（③四〇）を、「国民」に独自の意味を付与させるために六編の同じ文脈では「国民」とし（③六三）、七編では明らかに両者の区別を意識して契約説を説いている。また文明論でも「人民」とすべきところを「国民」にしている例がある（④一六九）。

このように修辞的使い分けを考慮する必要はあるが、福澤が「ネーション」と割ルビを付し、「国民」に独自の意義づけをしている以上、「国民」と「人民」とを区別して読むべきところは読むべきであろう。その意味で文明論の執筆と同時期に下した「人民」の定義は、福澤が不注意に「国民」と「人民」とを使用していないことを意図する思いが込められているように思われる。曰く、「人民とは政府に対したる名称にして、政府の外は悉皆人民に非ざるはなし。……官員を除くの外は之を人民と云ふ可し。……知愚強弱を打ち交へて、町人も百姓も、富豪も、学者も、官に在らざるは人民と云はざるを得ず」(⑲五二六)。「政府」に対峙するのが「人民」であり、「官」の有無が「人民」か否かの規準である。

三　「国民」の発見——ギゾー文明史を通して——

1　「人民」と「政府」——平準化と集権化——

福澤がそれまでの「社会契約説」ないし「啓蒙書」に加えるに、より洗練化された形で歴史的に「国民」を発見しているのは、主としてギゾー文明史第八講以降の読書においてである。[22] 福澤はヨーロッパ文明の歴史的画期の一般的見解についてのギゾーの第八講における要約に、「文明ノ順序」と書き込む(GG:176 訳一五一—五二)。これは一つには「文明」過程を福澤も改めて整理し、ギゾーが説き進む論旨を念頭に置く気持ちが働いたからであろう。

その第一は起源・形成の時期である。社会の異なった要素が混沌から解き放されて存在感を示し、固有の形態を伴って現れた時代で、ほぼ一二世紀まで続く。第二は異なった要素が相互に結合し共鳴したりする試行錯誤の時代である。全体的ないし規則的なもの、あるいは永続的なものは何も生みださなかった時代で、一六世紀まで続く。

第三は発展の時代である。ヨーロッパ社会が明確な形を伴い、確固とした方向性を持ち、急速にしかも全体としての動きを伴って、確かな目的に向かって進行している時代で、これは一六世紀に始まり、目下その過程にある(GG: 176-77)。

こうした進歩史観は、スコットランド啓蒙史観の野蛮・半開・文明という発展段階説、すなわち「文明の齢」(④一七)とは直接合致しない。しかしギゾーはその説に接しており[23]、何らかの形でその文明史観にそれを反映させているであろう。問題は西洋文明国にとっても、文明化が国民化の問題である、との認識を福澤はここから得ているように思われることである。

それではまず第八講におけるギゾー的問題、すなわち「人民」と「政府」という平準化と集権化の問題を追ってみよう。ギゾーは五世紀から一二世紀にかけて、王・俗人貴族・聖職者・市民・農夫・市民的及び宗教的権威(kings, a lay aristocracy, a clergy, citizens, husbandmen, civil and religious authorities; des rois, une aristocratie laïque, un clergé, des bourgeois, des colons, les pouvoirs religieux, civil)という「国民」(a nation)――ギゾーは"nation"と"peuple"を使い分けるが、英訳書各種は、訳者の意図によって"peuple"を"nation"、"nation"を"people"と訳してもいる。福澤は、仮令英訳文が"nation"でも、福澤の意図する意味を有しない場合は"people"と同じく「人民」と、また"people"でも福澤的用法の"nation"を意味する場合は「国民」と邦訳している――とか「政府」(a government)を形造る要素は存在していたが、そこに「国民」とか「政府」は存在しなかったという(GG: 175, GH: 196-97 訳一五〇)。

福澤はそこに「諸元素ハ紀元四百年代ヨリ備ハルト雖ヒ未タネーションナシ」と書き込み(GG: 175 訳一五〇)――福澤は世紀の観念になじまなかったのか、あるいは定訳がなかったのか、ノートは文明論におけると同様、世紀を西暦年代に直している――、ヨーロッパにおける「ネーション」の契機を「人間《じんかん》の交際」(society)に必要な

「諸件」として「寺院」「立君」「貴族」「民庶」を挙げ、これらを「合して一と為し、一国を造り、一政府を建つるの時節に至らず」と、文明論に紹介する（④一三九）。そして福澤が「いまだ全体なるものを知らざるなり」と断言した箇所は、ギゾーのいう“nothing general, nothing public, nothing politdcal, in short, like real nationality”で「全体なるもの」は端的にいえば“real nationality”すなわち「真の国民性」を意味しよう（GG : 175 訳一五〇）。

これはミルのいう“nationality”にリンクして福澤の国体観念に通じる。つまり福澤が「国体の存亡はその国人の政権を失ふと失わざるとにあるものなり」（④二八）と断ずるとき、そこに「統治の問題は被統治者によって決定されるべきである」（CWM 19 : 547 訳三七六）とのミルの一節を念頭に置いているにしろ、ギゾーのいう「政府」と「人民」との二大要素の対立的統一[24]としての「全体なるもの」（general）、すなわち「真の国民性」をも喚起させるからである。しかしそれに至るには文明の第二段階である一三世紀から一六世紀にかけて遂行された十字軍による政治社会の変貌を待たねばならない。

十字軍については福澤も「千二百年ヨリ千四百年マテノ形勢実ニ怪ムニ堪タリ」（GG : 176 訳一五一）と書き込み、その歴史的意義を認識する。それは普遍性を有していたがゆえに同一の感情、同一の理由によって行動するという点、ヨーロッパにヨーロッパとしての自覚をもたらし、しかも国民的事件にもなった。すなわち諸国民の精神的統一がヨーロッパの統一と同時に出現したのである（GG : 177 訳一五三）。福澤は、十字軍は「欧羅巴の人民をして欧羅巴あるを知らしめ、各国の人民をして各国あるを知らしめた」（④一三九）と、“nation”を「国民」ではなく「各国の人民」と訳し、しかもその結果として「東西相対して内外の別を知り」、先の“real nationality”、すなわち「自から国体を定めたる」（④一四〇）ことになったと紹介する。十字軍はさらに大規模な商業活動をもたらし、それまで都市に居住を構えていたブルジョアジーが横断的な階級としての意識を持つようになり、その力を増大させていったが、その事態を「通商之便」と福澤はノートし（GG : 187 訳一六二）、英国のそれ（GG : 271 訳二三六）とともに確認する。

こうして十字軍によってより多くの「個人的自由」すなわち「人間の不羈独立」と、より強力な「政治的統一」すなわち「社会の集権化」(the centralization of society) がもたらされ (GG : 188 訳一六三)、「諸々の政府」と「諸国民」への形成にヨーロッパは着手したのである。そうしてギゾーは同時期に同じくこの結果に与って大であった制度の一つとして近代国家の誕生から一三世紀に至るまでの君主政についての歴史に触れる。興味深いことには、この叙述のある第九講は福澤のギゾー文明史手沢本中着眼の形跡が最も見られないところであって、唯一青の不審紙貼付があるのみである (GG : 198 訳一七〇)。しかしながら着眼形跡がないからといって、そこを福澤研究にとって無視できるかというと、そうではない。それは、「学問のすゝめの評」や文明論第三章におけるその引用を見るだけで充分である (GG : 194–95 訳一六七、①四六―四七、④四二)。なるほどその箇所は「あまり珍らしき説にも非ず」(①四七) と述べ、まさに彼我に共通する側面にあまり注意を払っていないこと[25]の立証にはなる。しかし同時に「此の言真に然り」(④四二) と力強く福澤は同意してもいるのである。とりわけ福澤の皇学者流の歴史観や国体論の批判を分析するうえで、第一三講に見られる「神説ハ妄誕ナルヲ知ラサルニ非サレトモ止ムヲ得スシテ之ヲ唱フ」とのノート (GG : 276 訳二四一) の解釈とともに第九講は重要であるが、この点は福澤の国体観念を扱う次章にて論ずることにしたい。

さて福澤は次いでいわゆる絶対主義の確立過程について、第一〇講の議論から学ぶ。すなわち貴族勢力の減退と国王権力の増大についてである。古い社会的要素が「政府」(the goverment: le gouvernement) と「人民」(the people: le peuple) という二つに還元され、多様性と独立性が破壊されることなく多様性が止み、類似性が合一され始めた時期である。福澤はここに指示線を引き「合シテ一ト為ル」とノートし (GG : 210 訳一八一)、同一の政府の下で「一つの国」(one state)、「一つの国の体」(one national body)、つまり主権的国民国家形成の契機を確認して、「国勢合一」過程を紹介する（④一四一―四二）。

まず「千百ヨリ千五百マデ」と書き込んで（GG : 212 訳一八三―八四）、福澤は一二世紀から一六世紀までの政治制度に二つの動きがあることを認識する。第一は社会的要素の一つである聖職者・封建貴族・自由都市が他の一切を従属させ、各々自らが統一の推進力になろうとする試みであり、第二はそれぞれの異なった社会に自由を委ね、その持ち分を保障し、相互に影響させ、ともに活動させせようとする試みである。

最初に聖職者の政治への関与に伴う神政的制度の試みをギゾーは挙げる。福澤は「寺院ノ権ヨク君主ヲ制ス」と書き込んで（GG : 214 訳一八五）、「君主」（sovereigns）が自らその支配を自衛できなかった事実に着眼するが、キリスト教自体の精神的動機や内部闘争、封建貴族が教会に抗したことに由来する神政的制度化の障碍についての叙述にはノートしない。しかし独身からなる聖職者の団体精神が、俗界から人員を補充するため、それに忍従する要因と化し、神政的制度の障碍になったとの説明には福澤もラインを引いて着眼している（GG : 215 訳一八六）。五世紀以来、神政的制度に対する障碍は看取されるが、数世紀の間は神政的制度の進展が見られ、一二世紀から一三世紀中葉に至る期間はその華々しい時代であった。福澤はそこに「寺院最盛ナルハ千百年ヨリ千二百年代ニ在リ」と書き込み（GG : 217 訳一八八）、文明論に宗教の強盛の時期と記す（④一三六）。ところが以後、教会勢力は守勢に回り、聖職者の神政的制度化の失敗が一四世紀には明らかになる。福澤はここに「千三百年ノ後ハ宗教権ナシ」と書き込み（GG : 218 訳一八八）、神政的制度化の失敗の歴史に留意する。それに代って勢を増したのが自由都市、具体的にはイタリアの共和国に見られる共和政的制度への試みである。福澤は「千年ヨリ千四百年マテイタリノレパブリック」と書き込み（GG : 220 訳一九〇）、すでに紹介した「（民政の元素）」（④一三九）の発展したものをそこに確認していると思われるが、「千四百年ノ初マデハ諸説ヲ合シテ一ト為スヲ得ズ」とまとめて書き込んでいるように（GG : 228 訳一九七）、共和政的制度化も神政的制度化と同様の運命を辿ったことに注意する。

しかしイングランドは第二の試み、すなわち議会において社会の種々の構成要素を接近させることに成功し、それらを合一させて唯一の政治体、真の国を形成するのに成功したのである[26]——福澤はすでに「上下同議の政治」としての英国政治を認識していた（②四九二）——。こうしてイングランドを除いて、教会にしろ都市にしろ、あるいはここで触れることの無かった王権と都市との狭間にあって統一力になり得なかった貴族にしろ[27]、それぞれの政治制度を一般化することに失敗したゆえ、社会の統一は一四世紀末葉及び一五世紀初頭まで無かったことになる。

さてギゾーの講ずる「近代社会」（modern society）が実際に始まるのは文明の第三段階の開始期である一六世紀であり、その特徴は「人民」（nations; des peuples）と「政府」（governments; des gouvernements）の創出に成功したことにある。福澤は「今ノ文明ハ千五百年代ヨリ始ル」と書き込み（GG : 229 訳一九九）、さらにその特徴のところを括弧で括り、「政府ト人民トニ分レタル ハ千五六百年ノ代ナリ」と記し（GG : 230, GH : 264 訳二〇〇）、近代社会の成立が、「今ノ文明」の特徴としての「政府」と「人民」という集権化と原子化ないし平準化[28]にあることを認識し、「千五、六百年の際に至ては、封建の貴族も次第に跡を絶ち、宗旨の争論も未だ平治せずと雖ども稍や其方向を定め、国の形勢は唯人民と政府との二つに帰したるが如し」（④一四二）と導入する。

福澤が複数単数の問題はあるにしろ英訳者の“nations”を「国民」と訳さないで、ギゾーの意を汲んで原語“des peuples”の意味と考えて「人民」とノートし、文明論に紹介していることは、福澤の「人民」と「国民」との関係を知る上で興味深い。つまり「国民」は諸々の身分や階級の解体合一としての単なる原子化ないし平準化の帰結ではない。その段階は福澤に言わせればどこまでも未だ「国民」ではなく「人民」なのである。

次いでギゾーは「人民」及び「政府」の形成過程を、大国を例に挙げて論ずる。フランスを見ると、一四世紀後半、一五世紀前半はイングランドに対する大戦争の時代であり、これは封建貴族・市民（the citizens; les bourgeois——英訳者は“bourgeois”を時にそのまま“burghers”と英訳しているので福澤はそれと“citizen”とを勘案して「市民」と訳したと思われる――）・農夫が愛国心に燃えて戦ったから挙国的であった。かつて「報国尽忠の大義」を唱えたと紹介した（①五六四）ジャンヌ・ダルクの出現がまさにこの時代の民衆的精神を、その戦争の意味を象徴しているのである。つまりそれは民衆的性質を帯び、国全体がその精神で交戦し、「フランスの国民性」（the nationality of France; la nationalité française）の開始を意味するのである（GG: 231-32 訳二〇一―〇二, GH: 265-66）。

こうして封建的性格に代わって所謂フランスの歴史が始まる。貴族・市民・農民がフランスという名及び名誉、共通の祖国への侵略者に打ち勝とうとする「精神的紐帯」（moral tie）によってフランスは統一されたのである。ギゾーはそこに真の政治的精神、政府と制度なりの統一構想を見出すことは危険であるとしながらも、イングランドに対する抗争が「フランスの国民」（the French nation）を形成し統一を促進したと講ずる。福澤はそこに「1328初テ仏蘭西國ヲ成ス」と書き込み（GG: 232 訳二〇二）、フィリップ六世の即位の年をフランスの国の始まりと確認する。この点は対仏戦争が「国内一致」をもたらし、「初めて大英一国の風儀を成し」た英国に対する認識（①三五九）と同様である。

また福澤はこの時、ミルの「人民」をもイメージしたであろう。すなわち代議政治よりも責任を問われない君主政治の方が政治的単位としての意味ある群衆を「一つの人民」（a people）に統合できる。これは政治的真理として提示されてもよい。ただし征服や侵略に対して自ら防衛するにたる充分な力、共通の団結精神を持ち、社会的政治的英知を広げ、多様で重要と考えられる問題を引き受けることがその条件である（CWM 19: 418 訳一〇九）。これは「人民」としての統合が「国民」への契機になるとの指摘である。

次に「政府」の問題を考えてみよう。一四六一年、シャルル七世の末期に権力が強固になり、課税権・軍隊・司法機関が創設された。これら政府の主要なものが一五世紀のフランスにおいて統一性・規則性・永続性という性質を得て、その所持者としての国家権力が封建権力にとって代った。福澤はそこに「政府権ヲ得テ貴族勢ヲ失フ」と書き込み（GG: 234 訳二〇三）、さらに別の重要な変化についてのルイ十一世の統治手段に着眼する。つまり彼以前の統治手段が力や物的手段に依拠していたのに、彼は精神に訴える手段によって統治したからである。虚偽や狡計であるが同時に術策であり深慮でもある「策略」（policy）によったのである。彼は物的手段に代えるに知的手段を、封建的策略に代えるにイタリア的策略でもって統治したと言うわけである。福澤はルイ十一世の紹介（①五六四）を思い起こし、改めて「ロイス十一世始テ権謀術数ヲ用ユ」と書き込み（GG: 234 訳二〇四）、彼が武から文へのエポックメイカーであったことを文明論に導入する（④一四〇）。こうした例はスペインにも見られ、福澤も「西班牙モ亦然リ」と書き込み（GG: 235 訳二〇四）、ドイツやイングランドとともに、君主による集権化の事例としてスペインをも挙げる（④一四〇）。

ところでギゾーはヨーロッパ政治史上の別の重要な事実を指摘する。すなわち「勢力均衡体制」（the system of balance of power）の問題である。一五世紀に始まる政府相互間の交渉の頻繁性・規則性・永続性は、戦争と同時に平和のために同盟という手段に訴えての大連合ができた。ここに「外交」が始まる。福澤はそこに「バランス」と書き込み（GG: 238 訳二〇七）、その勢力均衡の意味を認識する。しかしながら対外関係・外交は生まれながらにして王の手中にあり、自由な「国民」（the nation）ですら口出しできず、それは確固たる原理ないしコモンローの原則であった。イングランドにおいてすら、宣戦と講和、通商関係、対外問題は国王大権に属していたのである。一六世紀以降のヨーロッパ史が本質的に外交史であっただけに、「人民」は大権に抵抗する術をもつことなく苦しめられた。「人民の運命」（the destines of nations; la destinée des peuples）はあげて国王大権に、国の中央権力に大部分を委ねていたのである（GG: 239, GH: 274-75 訳二〇七―〇八）。

福澤はこの説明に括弧をして、さらに「人民」がこの種の問題に有利に口を出し得るには、文明の進歩を必要とし、先に触れたミルの言う社会的政治的英知の拡大（CWM 19: 418 訳一〇九）ではないが、知性と政治的習慣が「人民」に充分行き渡らなければならない、との説に「人民開化セサレハ國事ニ関ル可ラズ」と書き込み（GG : 239 訳二〇八）、「外交」における文明の度合いの問題に留意する。ギゾーはジェームズ一世時代の大陸の失地回復をめぐる議会の無知無責任な対応の例を引いて、その点を説明しているが、福澤は「議事ノ無勤之定」と書き込み（GG : 240 訳二〇九）、そうした歴史的事実に着眼する。国事に関係する「人民」、すなわち「国民」つまり「ネーション」の形成は、したがって外交関係においてはヨーロッパにおいてですら未解決の問題として、一六世紀から一八世紀にかけて存在していたことを福澤は認識しているのである。

ギゾーはまたこの時期、思想的にも中央集権や統一、それに全体の利益と公的権力の形成と優位への傾向をみることができると言う。そこで福澤はまず「戦ヒ古學ヲ傳フ」とノートし（GG : 245 訳二一四）、一四五三年の東ローマ帝国の崩壊に伴うギリシャ人のイタリアへの逃亡が古代文明研究の媒介となったことに留意する。そして精神界における教会自身の改革、民衆の宗教改革、それに自由思想家たちによる知的革命がおき、しかもこれらは政治的大転換の渦中である封建的諸身分の「人民」（the people）への平準化と封建的諸勢力の「政府」（the government）への集権化の過程でおきた、とギゾーは講ずる。さらにこの時代は人間の肉体的活動が最も顕著な時代でもあった。福澤はここに「physical reform」と書き込み（GG : 246 訳二一五）、精神のみならず肉体の改革時代であった点にも着眼する。

こうしてなかでも宗教改革の歴史的意義についてギゾーは特に詳細に触れる。ギゾーはカトリックに囲まれた新教徒であったため、それだけその意義を繰り返し論ずるが、そのさい歴史的事件の因果関係の連鎖に基づく「一般化」（generalization）を求める必要を説くと同時に、それが性急さのあまり不完全な「一般化」には注意を払う必要があるとし、結論以前に事実研究の慎重さの必要性を説く。福澤はそこに「粗忽之害」と書き込み（GG : 253 訳二二一）着眼する。[29] そうしてバックルの方法論やそのテーゼとも言うべき「スタチスク」や懐疑精神と結びつけて文明論に導入する（④五六、一四一）。ギゾーがそうした手続を経て宗教改革に見たものは「探求の自由」の精神の普及の問題である。それはまた「人民」をして「国民」となす要因と福澤が見なすものでもある。

2 「探求の自由」と「国民」——主権的国民の構想——

ギゾーは宗教改革を改革ではなく革命として位置づけ、その画期性について論じるが、福澤はその起源である一五二〇年のルターのヴィッテンベルクでのレオ十世の教書を焼却した叙述に「1520 ルーゼルノ新説」と書き込み（GG : 249 訳二一七）、文明論に導入する（④一四一）。またギゾーがその期間を一六四八年のウェストファリア条約締結までとの説明箇所にやはり福澤はチェックして注意する（GG : 249 訳二一八）。そうして宗教改革の余波が哲学の世界にも広がりを見せ、福澤も「二学者」と書き込んで注意し確認しているように（GG : 252 訳二二〇）、ベーコンとデカルトの出現の歴史的意味をギゾーは講ずる。

またこの時期は文学の隆盛期でもあったことなどをギゾーは論ずるが、精神界が宗教世界に代表される以上、宗教改革の意義が最も重要であると主張する。むろん人間精神がその攻撃者に寛容であったならば、教会政府は人間精神を放置していたであろう。しかし政府がその影響力や権力を失い、比較的無害と化すや否やそれは攻撃にさらされ、病を患っているライオンのように、その権力が絶頂であった時代と自ら錯覚して抵抗するが、しかし政府は何事もなかったように倒され得る。教会政府といえども政府である以上同様である。福澤はそこに「寺　病獅ノ犯サルヽカ如シ」と書き込み（GG : 257 訳二二四）、「羅馬もまた病める獅子の如く」とその比喩を巧みに活かして文明論に導入する（④一四一）。

そうしてギゾーは宗教改革が人間精神の自由の飛躍であり人間知性の反抗である以上、宗教改革の主張を精神界の権力者が同意して認めるにしろ、それは起こったと述べる。自由の要求は根本的に革命であったからである。福澤は「チョルチ若シレフヲルマルノ言ニ従ハヾ可ラン［ママ］カ之ニ承伏ス可キ哉」、すなわち教会が改革者の主張を受け入れることがあり得るならばどうであろうか、これを承認し従うであろうか、と書き込み（GG : 257 訳二二五）、「結局この宗旨論の眼目を尋れば、双方共に教の正邪を主張するには非ずして、唯人心の自由を許すと許さゞるとを争ふものなり」（④一四一）と、その「人心の自由」の歴史的意義をとりわけ強調する。さらにキリスト教社会の歴史を概観し、聖俗両社会が同一の変遷を辿り、同一の革命を蒙ることをギゾーは論じるが、違いは宗教界が「探求の自由」（freedom of inquiry; le libre examen）を先取りしたため、常に先んじただけであると言う（GG : 265, GH : 307 訳二三二）。

　福澤は「宗教ト政治ト共ニ同一ノ変革ヲ経タリト雖ドモ宗教ハ常ニ政治ニ先テ其事ヲ成ス」と書き込み（GG : 265 訳二三二）、文明論に「（宗教の改革文明の徴候）」、つまり「宗教の改革」は「文明の徴候」である、と結論付け（④一四一）、さらに「昔年は羅馬に敵して宗旨の改革あり。今日は王室に敵して政治の改革あらんとするの勢に至り、其事柄は教と俗との別あれども、自主自由の気風を外に洩して文明の徴候たるは同一なり」と導入する（④一四二）。「探求の自由」は「人心の自由」、あるいは「自主自由の気風」として福澤の脳裏に刻印されているのである。

　こうしてギゾーは近代社会史の偉大な事実の一つである「探求の自由」ないし「人間精神の自由」と政治的集権化の結果である純粋君主制、すなわち絶対君主制の遭遇について講ずることになる。福澤は一三講の冒頭部にチェックをしてその事実を確認する（GG : 269 訳二三四）。すなわち宗教社会における「自由探求の権利」（the right of free examination）と俗社会における「権力の集権化」、つまり人間精神の解放と絶対君主制が同時に勝利した事実に対してである。

　ところが両者、すなわち聖界の絶対的権力の敗北と俗界の絶対的権力の勝利との、あるいは教会君主制の崩壊と封建的及び自治的自由の没落との間に矛盾がある以上、そこに闘争が生まれるのは必然である。その最初の遭遇がギゾーによればイングランド革命に見られると言う。すなわち宗教改革の果実である「自由探求の権利」が「純粋君主制」の標的と化している政治的自由の抑圧に対する闘争として生起しているからである(GG: 269-70 訳二三五)。福澤はしかしこれに触れることなく、「人民」と「政府」に二分化した結果として、有権者の通癖である権をもっぱらにするのに抗しての争いの先駆けとしてイギリスを挙げ、「王室に敵しての政治の改革あらんとするの勢」を引き続き論じる(④一四二)。

ギゾーにとってはしかしながら一六世紀のイングランドにおきたあと一つの俗界における出来事、すなわち自由への要望はそれこそそれまで知られることなく、あるいは弱々しいものであった政治的自由へのそれであるからとりわけ重要である。この時代、イングランドの商業的富は急速に隆盛し、多くの領土的富や莫大な財産はその所有者を変えた。一七世紀初頭には庶民院の富は貴族院の富に等しいどころかその三倍にも達していたのであった(30)。産業的富の増大と土地所有の大転換が起き、加えてそれに精神の新しい動きが加わり、知性の進歩が喜びとなったのである。ここに自由への欲望が誕生し、程なく国をその対象とするに至る(GG: 271-72 訳二三六)。福澤は「商賣繁昌シテ王權ヲ制ス」と書き込み(GG: 271 訳二三六)、この点についての経緯を文明論に導入する(④一四二)。中産階級の英国政治に占める意味を福澤は認識しているわけである。

イングランド革命の意義は、ギゾーの講ずるところ政治的自由と信仰の自由を、俗界と聖界における絶対的権力である王との闘争のために宗派と党派とが連携して、手段として、あるいは目的として獲得することにあった(GG: 274 訳二三九)。これは生まれと同時に富と教育による開かれた、ないし自然な貴族制の創出をも意味し、大陸と異なって集権化された封建制が逆に完全な集権化を妨げ、自治を防衛することになり、フランスの正理論派の共感するところとなったのである(31)。しかしこの点についての問題は、この講義に興味をもち後に出席するトクヴィル(32)やこの講義録の書評を著わしたミル(33)を待たなければならない。

さてギゾーは最終講においてフランス革命の歴史的意義について触れるが、冒頭においてイングランド革命の意義について再度触れ、福澤も確認の意味で「フリーインクワリトモナルキノ争」と書き込む（GG：287 訳二五二）。つまり原ヨーロッパのすべての文明が一六世紀中に帰着した二つの巨大な事実である君主制と自由探求の最初の衝突をイングランドにおいて見ることができることの意味についての確認である。

ギゾーによればヨーロッパ文明の一般的特徴はイングランド文明の一般的特徴でもあったからである。ただ大陸においてはイングランドと相違して社会の諸要素は同時的にではなく相次いで発展したのであり、それぞれは順番を待っていたというのである。福澤はしかしギゾーの議論をも踏まえながら、ミルを通して英国と大陸との相違についてさらに突っ込んだ認識をしていると思われる。ミルは、自身の独立よりも他人に権力を行使し支配したい情念なり意欲を持つタイプと、己に権力を行使されたくない気持ちを抱き他人に権力を行使したいと思わないタイプに、人間ないし人間集団を二分する。前者では平等のみが探求され自由は顧みられない。政党間の争いもある階級に属するか否かの、あるいは一握りの政治家に属するか否かの争いに過ぎない。民主政治もすべて競争による官職の開放を意味するに過ぎず、これが行政肥大を生み出す。大陸、ことにフランス人がその具体例である。後者はイングランド人の特徴である。すなわち自身より高い階級に支配されることに躊躇しないが、個人的服従を伴うことは僅かである。またそれが限度を越えると抵抗を好み、自分たちの好む方法でしか統治されないことを統治者に記憶させる決意を抱いている国民である。したがってイングランドでは立身出世の観念も大陸と違い実業や知的活動に向けられ、官職をめぐる闘争を、あるいはその増加を嫌う。これは官僚政治に支配されている大陸との官職の魅力の有無にもなっている（CWM 19：420-21 訳一一四―一一七）。

このミルの認識をも踏まえて福澤は英国をして「人民自由の国柄」（⑧一四五）と認識させ、自身の政治的自由（「政権」）よりも市民的自由（「人権」）を重視する（①六四）一根拠にしたであろう。このことはギゾーさらにトクヴィルとは、明確には断定できないけれども、別の流れのフランスの政治思想を主たる理論的根拠としている自由民権運動家の思想と行動と重なり、福澤が断固、市民的自由に固執する一要因になったと考えられる。

さて福澤が次いで着眼するのは、フランスの内政である。福澤手沢本には絶対君主としてのルイ十四世の行政と立法の特徴が論じられている冒頭部の頁に不審紙を貼付した跡を確認できる（GG：298 訳二六三）。なかでも福澤は、行政の目的と特徴は中央の決定を迅速かつ確実に社会の隅々まで伝達するべく、社会の資力を中央に同じ条件で提供するための手段の組み合わせであり、これがその治世に行われていたが、彼以前は中央の決定を社会の隅々まで行き渡らせることほど、また社会によって保持されている資力を中央に集めることほど難しいことはなかった、との説に注目して「國力ヲ用ルヿ難シ」と書き込む（GG：298 訳二六三―六四）。

しかし文明論にはルイ太陽王の栄華の極点に触れる叙述はあっても、その面からの紹介はない。福澤はむしろルイ十四世治下のフランスに最も欠けていたものは自体独立して存在し、抵抗でき得る自発的行動が可能な制度、あるいは政治権力であるとの指摘に着眼する。つまりルイ十四世は古い制度を破壊はしたが新たな制度を創出することなく、中央の意志と指令がこの時代のすべてであった点についてである。確かにその治世は偉大であり力強く、しかも華々しい。しかしそれは砂の上に建てられたのも同然であった。なぜか。自由な制度は統治の知恵であるのみならず安定の保障でもある。また制度による以上に持続するいかなるシステムも存在しない。にもかかわらずルイ太陽王の政治にはそれがなかったからである。福澤はチェックしながら「ロイ十四ノ政府ハ美ナリト雖ヒ砂ノ上ノ家ノ如シ」と書き込むが（GG：301 訳二六六）、文明論にはしかし、引き続き論じられているルイ十四世個人の老化と弱体化と絶対権力全体の疲労についての箇所（GG：301 訳二六六―六七）の紹介があるのみである（④一四三）。福澤は制度の有無の画期性については着眼しつつも文明論にはそれを紹介していないのである。その問題は残るとしても福澤はしかし、「国会の前途」（一八九二年）において「立君専制の政体」と「立憲の政体」との相違を論ずるさい、前者が「万民恰も僥倖の間に生々するもの」であり、後者が「政治運動の平均」を得るとし、明確にギゾーの意図を活かしている（⑥三六）。

ギゾーはこうして一八世紀の特徴を「人間精神の昂揚」と「自由探求の精神」にありとする。第一に政府は鳴りを潜め、「人間精神の昂揚」が唯一の役者として登場し、第二に「自由探求の精神」があらゆる領域に広まるなど、普遍性を有するに至ったからである。宗教・政治学・純粋哲学・人間と社会・道徳学と物理学などが研究と懐疑と体系の対象となり、古い学問の破壊と新しい学問の飛躍が起こったというのである。この特徴は世界史の他のいずれにも存在せず、しかも知的衝動は外的事件に波及する必然性を有し、大胆さをも備えており、これがイングランドに遅れて一八世紀フランスに革命を呼び起こし、「自由探求の精神」と「純粋君主制」との闘争が時期を隔てて劇的に起きた所以である。確かに英仏両国間の差異は大きく、結果においても差異が生じたであろう。しかし決定的な事件は同一の意味を持つのであるとギゾーは講ずる（GG : 302-4 訳二六七―六九）。福澤はその間の推移をギゾーに沿って要約しながら文明論に導入するのであった（④一四三）。

さてギゾーが見たヨーロッパ文明の基本的特徴が「政府」と「人民」という集権化と平準化を伴っていたとしても、その多元的要素の他を排しない共存的競争の自由観は、その淵源を彼自ら仏訳校註したギボン『ローマ帝国衰亡史』に求めるにしろ、ミルに受け継がれ『自由論』の一根拠となった[34]し、英国的民主政治の論理を描いた『代議政治論』にも連なる。福澤はこれらをもギゾー文明史と同時進行的に繙くことによって、「国民」の構想を練っていたと思われる。むろん集権化である政治的集中が平準化である「人民」の社会的活動の多様な分野での発揮を保障しなければ、そこに停滞と腐敗が生まれる[35]。それはミルがヒュームを援用しているにしろ中国停滞論の一根拠にしていることであり[36]、またフランスの集権的官僚制化に伴う弊害をそこに見出していることにもなろう（CWM 19 : 420-21 訳一一三―一七）。

顧みて「治者」と「被治者」が判然と区別されて「被治者」の権限が認められてこなかった日本にあって、たんなる「政府」（藩閥寡人政府）と「人民」（四民平等）への分極化は、「国民」なるものへの契機を伴わない旧体制からの連続として福澤には映ろう。「国民」は「自由探求」の精神が普遍化して初めて誕生するからである。言い換えれば「自主自由の気風」が政治に対して「積極の部分」、または「消極の部分」であるにせよ（⑧一二七）――積極的自由と消極的自由の論者とは用法が異なる[37]――、あるいは政治的自由（「政権」）であるにせよ市民的自由（「人権」）であるにせよ、福澤の意味する「国民」は後者を重視しつつも前者への関与なくしてあり得ないことが、ギゾー文明史を通して歴史的に検証されていると言ってよい。

四　おわりに

福澤は『西洋事情』外編を執筆するさい、チェンバーズ社の『政治経済読本』の一節を読む過程で、政治の学問が学としての客観性を有しないがゆえに現実の政治はその時々の思考や経験に照らして法なり制度なりを制定せざるを得ず、その意味で政治学が役立っていないことを認識した（①四二二、CP: 27）[38]。それは慶応三年、すなわち一八六八年の維新革命の前夜のことであった。

その後、明治十（一八七七）年六月二十四日、福澤はトクヴィルの『アメリカのデモクラシー』を読み始める。そこで福澤は自身と同じく旧体制と革命を経験した、このフランス貴族の新しい世界には政治についての新しい学問が必要であるとの一節を恐らくは共感を持ちながら読み、不審紙を貼付する（四）。日本の政治学といえば儒学に由来するものしかなく、それは「徳を語れば必ず政を言はざるを得ず、政を談ずれば必ず徳に論及せざるを得ず」という類であり、学というよりは思想であった。いな学としても道徳学と政治学とを混同したものであった（⑨二六八―二七一）。

維新政府が新しい制度なり法なりを制定していく過程には、そうした儒学思想の有している一側面の政策の進行もあった。また一方、集権化が一層すすむと、福澤はトクヴィルを読み解くことによって文明化が分権化と矛盾しないことを知り、新しい政治学の試みの一環として『分権論』を著す。他方、「士農工商四民の位を一様にする」（③三二）平準化が人民のマス化を促進し、「文明の精神たる人民独立の気力は日に退歩に赴けり」との見通しをたて（③五九）、しかも政治は被治者の智徳のレベルの関数として把握する福澤にあっては（③三三―三四）、当面は是が非にも「国民」の創出をはからなければならなかった。それには「自由探求の精神」を具えた「人民」の政治思想の円熟以外にない。明治三十（一八九七）年九月十日「福澤全集緒言」を終えるにあたっての文言はそのことを如実に示していよう。すなわち「人民もまた深く文明の教育に志して政治思想を養ひ、政府と相対して譲る所なく、共に国事を分担して国運万歳ならんことを祈るのみ」（①六四）。

註

（1）新井白石著・村岡典嗣校訂『読史余論』岩波文庫、一九七六年、二三五頁。

（2）丸山真男『「文明論之概略」を読む』上・中・下、岩波新書、一九八六年、後、松沢弘陽他編『丸山眞男集』第一四、一五巻、岩波書店、一九九六年。福澤諭吉著・松沢弘陽校注解説『文明論之概略』岩波文庫、一九九五年。また、松沢弘陽「社会契約から文明史へ―福澤諭吉の初期国民国家形成構想・試論―」（『福澤諭吉年鑑』18、一九九一年、一八五―二一七頁）。

（3）日本国語大辞典編集委員会編『日本国語大辞典』第二巻、小学館、一九七四年、二五六頁。及び諸橋轍次『大漢和辞典』第一巻、大修館書店、一九八六年、五六七―六八頁。

（4）前掲『日本国語大辞典』第八巻、三六頁、及び諸橋前掲、第三巻、一九八六年、八六頁。

（5）岩佐正他校注『日本古典文学大系87　神皇正統記　増鏡』岩波書店、一九六五年、四六頁。

（6）同上書、一五六、一六三頁。

（7）同上書、八四頁。

（8）新井前掲書、三六頁。
（9）同上書、五三、八九頁。
（10）同上書、九三、一二九、一七六頁。
（11）同上書、一一二頁。
（12）辻達也校注『日本思想大系36　荻生徂徠』岩波書店、一九七三年、三四七頁。
（13）同上書、二七九、三一八頁。
（14）同上書、二七八頁。
（15）頼山陽著・頼成一、頼勤訳『日本外史』上巻、岩波文庫、一九七六年、二二三頁。
（16）同上書、中巻、一九七七年、一八二、一九〇頁。
（17）同上書、二三三頁。
（18）同上書、下巻、一九八一年、五五頁。
（19）Roger Scruton, ed. *A Dictionary of Political Thougrt*, London: Macmillan, 1996, pp. 411–12.
（20）David Miller, *On Nationality*, Oxford: Clarendon Press, 1995, pp. 28–29, Liah Greenfeld, "Types of European Nationalism" in *Nationalism*, Edited by J. Hutchison & A. D. Smith, Oxford: Oxford University Press, 1994, pp. 167–68.
（21）その他、シンモン・ベルヘンテの講義、アメリカの「独立宣言」なり憲法、ブラックストン『イングランド法註解』第一巻（一七六五年）、さらにはウェイランド『道徳科学の基礎』（一八三五年）などにおける政治社会の存在理由の説明、あるいは西洋諸国の政治なり歴史なりの紹介を通して"people"なり"nation"のもつ重みの認識がある。この点、「自由」との関連において検討しておいた（拙著『福澤諭吉と西欧思想—自然法・功利主義・進化論—』名古屋大学出版会、一九九五年、二三〇—三〇一頁）。
（22）筆者が利用した原本は、一八二八年にパリで刊行されたその都度の講義録を纏めたものである。必要に応じて福澤手沢本Henry脚註英訳とともにフランス語原語を（　）内に記す。なお、最近出版された英訳書において訳者ハズリットが高名なエッセイストWilliam Hazlitと同名の子息であることが編者であるL・シーデントップによって指摘されている(GHH : i)。この点、拙稿「ギゾー『ヨーロッパ文明史』英訳者考」(『福澤手帖』74、福澤諭吉協会、一九九二年、二一頁)におけるハズリット訳が最初の英訳であるとの指摘（GHH : xxxix）は誤りである。ただし、ハズリット訳の初版が出た一八四六年には、すでに福澤手沢本の原拠本である英訳の第一版が一八三七年（訳者序では同年三月八日）にオックスフォードのD. T. Talboys社から出版されているのである。また同じ年に少し遅れてロンドンのJohn Macroneから臨場感がこもったPriscilla Maria Beckwithによる英訳が出版されている（訳者序では同年六月三〇日）。さらにエディンバラのチェンバーズ社からも一八三九年により正確さを期した英訳が出版されており、管見によればハズリット訳は英訳として四番目である。ただし、福澤手沢本と同じ英訳書をハズリット訳としてハズリット訳「フランス文明史」とともにアップルトン社から『ヨーロッパ文明史』四巻本が刊行されている（F. P. Guizot, *The History of Civilization from the Fall of the Roman Empire to the French Revolution*, Translated by William Hazlitt, New York: D. Appleton, 1872）。これを信用するならば匿名英訳者はハズリットであるが、英国刊三巻本（London: D. Bogue, 1846）の第一巻に収録されているハズリット訳と相違しているので、アプルトン社の第一巻の表示はにわかには信じがたい。

(23) Larry Siedentop, "Introduction". (GHH : xxi) 参照。

(24) 丸山前掲書、下巻、一〇九頁、前掲『丸山眞男集』第一四巻、一六〇頁参照。

(25) 同上書、二四頁、同上集、八四頁参照。

(26) イングランドではノルマン・コンクェスト以来、集権化された封建制であったがために、異なった階級の同盟や議会の要求が国王と主権を共有した、との認識は一八二〇年代の正理論派のライトモチーフであったという（Siedentop, "Note". GHH : 254）。

(27) F. Guizot, *History of the Origin of Representative Government in Europe*, Translated by H. R. Scoble, London: Henry G. Bohn, 1861, p. 15 参照。

(28) 封建制の崩壊を社会のアトム化と表現したのはロイヤル・コラールの一八二二年の議会での有名な演説である。ギゾーは、それを「人民」の誕生と表現しているのである（Siedentop, "Introduction" GHH : xvi）。ただしアトム化を文字通り原子化と訳すと多元的勢力の他を排しない統合の意味が薄れ——パスカルの多数に依存しないすべての統一は圧政である、との権力分立を論ずるにあたってギゾーが引用し（Guizot, *Ibid.*, p. 265）、福澤署名本にも着眼があるように（第四章参照）——、むしろその後トクヴィルやミルが一層問題視するマス化にストレートに結びつき、適切な表現とは思われない。ただコラールが当時、意図したことを考慮すると原子化が相応しいが、ギゾーの意を汲むと平準化の方が適切である。

(29) 前掲拙著、一六四—一六五頁参照。

（30） F. P. G. Guizot, *History of English Revolution*, Translated. by W. Hazlitt, London: David Bogue 1846, p. 7.

（31） L. Siedentop, *op. cit.* GHH : xvii.

（32） George Wilson Pierson, *Tocqueville in America*, Baltimore: The Johns Hopkins University Press, 1996, p. 23n.

（33） John Stuart Mill, "Guizot's Essays and Lectures on History" in *Edinburgh Review*, LXXXII, Oct., 1845, pp. 381–421. CWM 20 : 257–94

（34） John Burrow, et al, "Epilogue" in *Edward Gibbon and Empire*. Ed. by R. Mckitterick and R. Quinault, Cambridge: Cambridge University Press 1997, p. 341

（35） 丸山前掲書、六六頁、丸山前掲集、一二二頁参照。

（36） David Hume, *Essays Moral, Political, and Literary*. Ed. by E. Miller, Indianapolis: Liberty Fund 1985, pp. 122, 204、本書第一章三参照。

（37） Isaiah Berlin, *The Proper Study of Mankind*, London: Chatto & Windus, 1997, pp. 194, 206 参照。

（38） 冒頭に記した訳は福澤の訳を一部修正したものである。

第三章　国体観念の転回
――国体・政統・血統――

一　はじめに

明治七（一七八四）年十一月十六日、福澤諭吉は様々な知識人からなる明六社において、去る十月三十一日、北京にて台湾問題について日清両国の間で互換条款が調印され、日本側が償金五〇万テールを得るなどによって和議がなったことを取り上げ、演説をした。そこで福澤は、両国の台湾をめぐる紛争が日本と中国との二つの国の問題ではなく、その間にあって経済的勝利を得た西洋諸国のそれでもあるから「三方の関係」であるとし、西洋諸国の動向にも注意すべきことを説き、「今の我が困難は外国交際に在り。今の我が勁敵は陰に西洋諸国に在り。然かも其の敵は兵馬の敵に非ずして商売の敵なり。武力の敵に非ずして智力の敵なり。此の智戦の勝敗は今後我が人民の勉強如何に在るのみ」と結んだ（⑲五三九―四二）。

戦争ないし紛争にかかわる第三国の経済的利害関心を知力と関連させて明六社同人に喚起させていることに、福澤の演説の趣旨があることは言うまでもない。しかし同時に福澤は、戦争が「国の栄辱」の問題であり、「国権の由て盛衰を致す所」であるがゆえに「一概に銭の損得のみ」を言うのではないとし、中国の「積年陰に奴隷視したる日本国」に対する敗北が、言い換えれば「独立国の体面を全うした」日本の中国に対する勝利が、「我が国民の気風を一変し、始めて内外の別を明らかにして「ナショナリチ」国体の基を固くし、此の国権の余力を以て西洋諸国との交際上に及ぼし」、不平等条約に対しても「公明正大なる談判」をせよ、とも論じている（⑲五四一―四二）。

福澤の主要な意図をなす、漁夫の利を得る西洋諸国の死の商人の存在に注意を促していることも充分、考察に値する問題である。しかしながら、それに劣らず注目すべき問題は、台湾を巡って中国と事を構えたことが日本の国民のエートスを一変させ、日本の国民をして初めて国内と国外との相違について目醒めさせ、日本の「ナショナリチ」の基礎を固めたとの福澤の認識であり、その「ナショナリチ」に福澤が「国体」と註を加えたことである。この「国体」はすでに横井小楠の「国体」の用例[1]にみられるように、『西洋事情』二編（明治三・一八七〇年）に記した「仏人は其の君を失へども其の国体を失はず、力を併せて敵を防ぎ、逐に辱を受ることなし」（①五六六）にある、国の体面すなわち国の独立を意味する「国体」の用例と同様であろう。

この明治七年の正月十七日、副島種臣、後藤象二郎、江藤新平、それに板垣退助ら八名が民撰議院設立建白書を左院に提出したこと、さらに大久保利通および大隈重信が台湾蕃地処分要略を閣議に提出して台湾征討を二月に決定し、内外ともに緊張が高まったことなどもあってか、国体を巡る著述が七年から八年にかけて多数出版された[2]。福澤自身もこの年、内外の文献にあたりながら『学問のすゝめ』の続編や『文明論之概略』の執筆に勤しんでおり、正に福澤が「ナショナリチ」を「国体」と言い換えたのは、こうした政治および世論の動向に加えて内外の著作を念頭に置きつつのそれであったことが分かる。

本稿の目的は後に絶対的固有名詞と化し、タブー化するに至る国体観念を福澤が如何に転回させようとしたのかについて、国体についての自身の定義を試みた『文明論之概略』（明治八・一八七五年）を中心に据えて、考察することにある。

二　維新前後の「国体」

福澤はその最初の論説とも言うべき「唐人往来」（慶応元・一八六五年）において、「日本一国に限り自ら神国など〻唱へ世間の交際を嫌ひ独り鎖籠《とぢこも》りて外国人を追払はんとするは如何にも不都合ならずや」（①一四）と、排他的にして独善的な神国論者を批判しているが、これは日本を神の国とする尊王攘夷論を理論的に提供している国体論が流通していたことを示していよう。

こうした日本神国論の体系的イデオロギーとしては、伊勢神道の大成者である度会家行《わたらいいえゆき》に学んだ北畠親房の説が第一に挙げられよう。すなわち神（天照大神）と皇（天皇）との一体であることの道理と事実とを論じたとされる[3]彼の『神皇正統記』（興国四・一三四三年）の冒頭にある「大日本者神国也。天祖はじめて基をひらき、日神ながく統を伝ふ。我国のみ此事あり。異朝には其たぐひなし。此故に神国と云也」[4]がその嚆矢とされる。これは後醍醐天皇の建武中興、すなわち天皇親政を目的とする王政復古と皇位継承を問題とする吉野朝の正統性の両面を、皇位継承の標識である三種の神器に道徳的象徴的意義を求めながら、歴史的かつ規範的に説いたものである。その背景には平安期における国意識の喪失や藤原氏の専横、院政、あるいは神器なき即位、承久の乱にみられる下剋上と鎌倉政権の皇位継承に対する干渉、さらには持明院と大覚寺の両統の迭立、加えて弘安の役以来発揚を見た神国意識などが挙げられる[5]。

しかしながら福澤がこのとき念頭に置いているのは、同じ明六社同人であった西周と同じく、幕末以降、イデオロギーとして力を持っていた水戸学と国学の国体論であろう[6]。これらはいずれも何らかのかたちで、徳川思想史上、特異な地位を占める山崎闇斎の学派、いわゆる崎門学派および闇斎自身の打ち立てた「垂加神道」において強調された国体論にその源をもつと思われる。すなわちそれは中国に対する日本の主体性を自覚して、中国から中華観念を解き放すことによって「日本中華論」を唱え、その説明の一環として神勅に基づく万世一系の天皇統治の正統性を根拠とし、しかもそれを徳治として捉え、易姓革命ないし禅譲放伐思想を否定する論理である。これはさらに後期水戸学においてきわめて強烈な政治的イデオロギーとして発展し、倒幕論の思想的原動力となった。また荷田春満が皇国学《みくにまなび》、本居宣長が「皇国の学」(『うひ山ぶみ』寛政十・一七九八年)と称している国学のイデオロギー的側面を強くおしだした平田篤胤の流れを汲む国体論も無視できないであろう。これは徳治という儒教的観念を払拭したものであって、『新真公法論』(慶応三・一八六七年)を著わした大国隆正などに引き継がれる。水戸学的国体論が国内政治に影響力を発揮したのに対して、国学的国体論はむしろ国際認識においてその力を発揮したといわれる。(7)

後期水戸学における国体観念も元々は徳川斉昭「弘道館記」(天保九・一八三八年)に見られるように国の姿なり国風と言い換えられる名辞であるゆえ、(8)相対的普通名詞としての観念であったろう。ところがそこに描かれている「国体」の尊厳理由は、それを実質的に著し解説している藤田東湖の「弘道館記述義」(弘化四・一八四七年)によれば、「上の人は生を好み民を愛するを以て徳となし、下の人は一意上に奉ずるを以て心となす。その勇武に至つては、すなわち皆これを天性に根ざず。これ国体の尊厳なる所以なり」(9)、あるいは「蒼生安寧、ここを以て宝祚無窮なり。宝祚無窮、ここを以て国体尊厳なり。国体尊厳、ここを以て蛮夷戎狄率服す」(10)、さらに徳川斉昭の「告志編」における、「抑日本は神聖の国にして、天祖天孫統を垂、極を建給ひしよりこのかた、明徳の遠き太陽とゝもに照臨ましゝ、宝祚の隆なる天壌とゝもに窮りなく、君臣父子の常道より衣食住の日用に至るまで、皆これ天祖の恩賚にして、万民永く飢寒の患を免れ、天下敢て非望の念を萌さず、難有と申も恐多き御事なり」(11)とあるように、天皇の仁愛と人民の忠誠、それに勇武、さらには皇位の無窮を意味する。しかもそれに由来する「国体」は尊厳なるがために周辺諸国は帰服するという論理がそこに看て取れる。(12)また易姓革命ないし禅譲放伐思想は天皇の徳治ゆえに日本では無縁であるとして否定される。[13] さらに会沢正志斎は、「祭は以て政となり、政は以て教となり、教と政とは、未だ嘗て分ちて二となさず」[14]に明らかなように、祭政一致ないし政教一致をも国体観念に求めている。ここに「武」を踏まえつつも儒教的徳治主義、並びに華夷思想を導入しての日本独特の国体論が展開されていることが理解されよう。

むろん水戸学の本意は、藤田幽谷の「正名論」（寛政三・一七九一年）にある、「幕府、皇室を尊べば、すなわち諸侯、幕府を崇び、諸侯、幕府を崇べば、すなわち卿・大夫、諸侯を敬す。夫れ然る後に上下相保ち、万邦協和す」[15]に明らかなように、位階的忠君観念の普及にあり、そこには尊王論を頂点に据えているといえども徳川将軍家を一層強固ならしめる意図はあっても、討幕観念は微塵もなかったであろう。また儒教的徳治主義を導入していることは、なるほど易姓革命なり禅譲放伐思想を拒否するものであっても、君主に君主に相応しい資質――例えば仁愛――を要求していることからも分かる。さらにこの徳治思想が維新以降にも生き延びていることは、例えば岩倉具視が明治八（一八七五）年に上書案として提出した文書に、天智天皇や嵯峨天皇の勅語を引き合いに出して、君主の人民に対するあるべき姿を訴えていることにおいて確認できよう。[16]

次いで平田派国学の国体論であるが、これは皇学者流のそれとして流布していたと思われる。その源流の第一人者である本居宣長の国体論は、古代意識の賜である『古事記』に依拠して儒教や仏教の影響以前の日本人の精神的素地について客観的にして本質的様相を解明しようとした研究の所産であって、第一に天照大神の本国としての神国、第二に皇統連綿の国、第三に万国に本つ国、第四に天皇の無条件的尊貴と絶対的尊王主義、第五に単純簡素を旨とする価値を重んずる国民性にその特徴を見ることができる。[17] このイデオロギーが平田派国学に流れ、大衆的信仰の対象としていわゆる草莽の国学を生み出していったのであるが、[18] その嫡子ともいうべき大国隆正は、例えば「日本国を基とし我が天皇を人間世界の大本と仰ぎ奉るとき、上帝造物者の初めよりのみこゝろざしにかなひて、まことに正しかるべきなり。これを真の公法といふべし」[19]、と日本を中心にした国際関係の観念を樹立しようとしたのであった。さらに「政事」とは「奉仕事」であると解釈した本居宣長から、「政事」は「祭事」であると解釈した平田篤胤への思想的転回をも、国体論の一側面としての祭政一致主義を見るうえで見のがすことはできないであろう[20]。

ところで新政府は、明治元（一八六八）年三月十三日の太政官布達を見れば分かるように、王政復古神武創業の始めに基づき、祭政一致の制度を回復する意図の下、太政官とともに神祇官を置き、人民の敬神尊皇と同時に天皇の敬神愛民を旨とする親政を謳った。しかしながら福澤も後年「時勢」に反する実証として「明治の初年に政祭一途論の如きも暫時行はれんとしたけれども……忽ち跡を収めて其流の人は早く既に屏息したり」（⑤一四一）と回顧して指摘しているように、近代国家が到底、古代王政の祭政一致のイデオロギーをそのまま具体化した制度で運営できる訳ではないと悟るや否や、新政府は明治四（一八七一）年、神祇官を神祇省に格下げ改編し、さらに翌年にはこれも廃止とし、教部省をおき、神祇祭祀は太政官式部寮に移される憂き目に会うことになるのである。

このように明治七年ごろまでの国体観念は、必ずしも明確な定義をもつことは無かった[21]。しかし相対的普通名詞としての用法である国柄とか国の有様、さらに政治制度といった意味を除けば、「日本の国体」ないし「国体」という特殊固有名詞として流布していた観念に共通する特徴をあえて挙げれば、第一に尚武的価値を有した神国思想であり、第二に神との連続性をもった皇位継承の絶える事なき天皇の君臨であり、第三に祭政一致を内包する思想であった、と要約できよう。

三　「ナショナリチ」としての「国体」

それでは福澤の国体観念について見てみよう。福澤自身が明六社での演説や文明論執筆以前においても「国体」を使用していたことは、さきに挙げた『西洋事情』二編において確認したところであるが、やはりその初編（慶応二・一八六六年）においても、「政治以て国体の得失を明にし」（①二八五）とあるように「国体」が使用されている。これは政治形態なり政治制度を意味しており、その意味では会沢正志斎の『新論』における「国体」の意味転換を図ったと思われる加藤弘之の『国体新論』（明治七・一八七四年）における用法と共通していよう。

福澤の国体論の画期的意義はむろん、その『文明論之概略』第二章においてみられる。すなわち「国体とは、一種族の人民相集て憂楽を共にし、他国人に対して自他の別を作り、自から互に視ること他国人を視るよりも厚くし、自から互に力を尽すこと他国人の為にするよりも勉め、一政府の下に居て自から支配し他の政府の制御を受るを好まず、禍福共に自から担当して独立する者を云ふなり」として「西洋の語に「ナショナリチ」と名るもの是なり」と論じて、絶対条件ではないけれども、その最大要因を「一種の人民、共に世態の沿革を経て懐古の情を同ふする者、即是なり」、と明確に「国体」について定義を下しているところである（④二七）。

これは、「国体」と「文明」とは並立できないとの主張をも含めて、先に紹介した世上の国体観念を批判ないし是正するために福澤が一言述べたもの[22]であって、そこで依拠したものは国民的独立の真の性質と限界とをこれよりも巧みに説いたものはかつていないと言われているJ・S・ミル『代議政治論』(*Considerations on Representative Government*, 1861) 第一六章冒頭部にある"nationality"の観念である[23]（CWM 19: 546 訳三七四）。

このミルのナショナリティーの観念は、しばしばアクトン卿のそれと比較されるが[24]、福澤の眼に触れた可能性のあるミル「コールリッジ論」(Coleridge, 1840)[25]における、政治的社会を安定させる三つの条件、すなわち自制的訓練を構成要素とする生涯教育制度、及び恭順または忠節の感情とともに挙げられている「国民的感情という強力で活発な原理」と関係する。ミルはここでは共感（sympathy）と結合（union）の原理、それに同じ政府の下で生活し、自然的ないし歴史的な境界の中にある共通の利益（common interest）の感情が、国民的感情の原理であるというのである（CWM 10: 135-35 訳四九―五三）[26]。

さらにこれと同時期に著し、やはり福澤署名本として残っている『論理学体系』（*System of Logic: Ratiocinative and Inductive, being a Connected View of the Principles of Evidence and the Methods of Scientific*, 1843）[27]には「国民的性格（あるいは集団的）の法則」（the laws of national (or collective) character）についての議論があり、そこには人々の意見や感情、それに習慣の多くは、先行する社会状態の産物であると同時に後続する社会状態の原因でもあり、しかも法律や習慣などの人為的なものを形成する力である、とある（CWM 8: 905）――これが西周の「国民気風論」の契機になったであろうことは、西がそれに「ナシオナルケレクトル」とルビを付し[28]、しかもその議論の論理を見れば、ミルのそれを日本の事例に求めていることから明らかである――。

このようにミルのナショナリティー論の特徴は、さまざまな共感に依拠する結合であって、しかも過去から引き継いでいるものではあるが将来の根拠にもなり、制度なり習慣を形作るものとしていることに求めることができる。なかでも『代議政治論』で、ナショナリティーの結合原理で最も強力なものを政治的沿革の同一性（identity of political antecedents）に求めていることは重要である。それはナショナルな歴史、その結果としての回想の共同体、つまり過去の共通の出来事と結びついた集団的な誇りや屈辱、さらに喜びと悔恨をもつことである（CWM 19: 546 訳三七四）。福澤はこの箇所を「一種の人民共に世態の沿革を経て懐古の情を同じうする者」と導入する。したがって政治的なというよりは、福澤にあってはより広い意味をもつ社会的な世の有り様の沿革である「世態の沿革」を踏まえてのナショナルな歴史に由来する回想、すなわち「懐古の情」が、「国体」の構成要素のすべてではないにしろ最大要素ということになる。

しかし福澤にとって「国体」の「国体」たる所以は、そうした構成要素もさることながら、やはりミルが引き続き『代議政治論』で論じている、統治の問題は被統治者によって決定されるべきである、あるいは国民自身によるその国民の統治は意味を持ち現実性を持つが、一国民の他国民による統治は存在しないし存在しえない(M 19: 547, 599 訳三七六、四二三)、という箇所であろう。福澤はここから根本的に学びとって「結局、国体の存亡はその国人の政権を失ふと失はざるとにあるものなり」(④二八)と明確に援用利用して断定する。福澤にあってはこのミルの言説には正に視るべきものありと確信を抱かせるのに充分なものであったのである。そうして「人民政治の権を失ふて他国人の制御を受けるときは即ちこれを名て国体を断絶したるものと云ふ」(④二七)と述べ、「国体の存亡」が「其国人の政権を失ふと失はざるとに在る」と断言した福澤は、『西洋事情』で使用した、あるいは幕末期に流布していた水戸学ないし国学の、さらには普通名詞的な様々な国体観念を踏まえて、なおかつそれらを整理した上での自身の国体論の核心的テーゼを提示したのである。

ところでミルのナショナリティーの観念に福澤が国体を以てしたことは、先に触れた明六社での演説ばかりでなく、やはり同時期の明治七(一八七四)年十二月に出版された『学問のすゝめ』第一二編「演説の法を勧むるの説」においても使用されている。福澤はそこで「印度の国体旧ならざるに非ず、其の文物の開けたるは西洋紀元の前数千年にありて理論の精密にして玄妙なるは恐らく今の西洋諸国の理学に比して恥じるなきもの多かる可し」(③一〇七)と論じているが、ここでの「国体」は一見すると単なる国柄の意味と解することが妥当のように思われ、事実それで終わる可能性が高い(29)。

しかし「土耳古の政府」と並列して論じていることを勘案し、なおかつ「印度は既に英国の所領に帰して其の人民は英政府の奴隷に異ならず、今の印度人の業は唯阿片を作りて支那人を毒殺し、独り英商をして其の間に毒薬売買の利を得せしむるのみ」(③一〇七)を読めば、その国体観念が文明論と同じ「ナショナリチ」を意味していることは容易に察せよう。トルコに対して福澤が「政府」を使用しているのは、仮令「商売の権」が「英仏の人」に占有され、名ばかりの「国体」であったとしても、政府自体は英仏の制御を受けることなく一応は独立しており、その意味では「国体」を維持していたからである。[30]

もちろんミルには同時に、ある国民の他国民に対する統治を容認する議論もある。すなわち高度に文明化され洗練化された国民の、より劣等にして後れている国民に対する支配の正当化の論理である。つまり文明国の未開国の統合を良しとする論理である（M 19 : 549 訳三八一）。[31] 福澤がこの箇所を、あるいは引き続き展開されるそうした論理をめぐるミルの思想をどのように読み、かつ念頭に置いたかは、その後の福澤のアジア認識をも考慮して、とりわけ小さなエッセーではあるが著名になっている「脱亜論」の論理と併せ考える必要があるが、この点については別の機会に論じたい。

さて福澤のナショナリティー論を考察する場合には、さらにギゾー文明史のナショナリティー論にも触れないわけにはいかないであろう。なぜならば福澤はヘンリーの脚註になる英訳ギゾー『ヨーロッパ文明史概略』（*General History of Civilization in Europe from the Fall of the Roman Empire to the French Revolution*, 1870）を読むことによってもナショナリティーという観念に接し、それと不可分の「モラルタイ」に着眼し、文明論に導入しているからである。[32] そこから窺えることは、封建的要素が「政府」と「人民」に二極分解化し、その両者の対立的統一としてナショナリティーが生まれ、しかもフランスに見られるようにイングランドに対する戦争がフランスという名や名誉、それに祖国への精神的ないし道徳的紐帯をもたらし、これがナショナリティーの基盤となった、という点である。「モラルタイ」の有意味性は、同じギゾーの『フランス文明史』（*History of Civilization in France*, 1846）においてより明確に、ネイションが外的な見えるものではなく、同一の社会的要素、すなわち共通の制度なり思考様式なり感情なり言語といった結合の形態よりも、精神的結合を第一に考えていると記されていることからも、察することができる。[33] ギゾー、そうして福澤にとって、真のナショナリティーの誕生には人民と政府との分極化が必要であっても、あるいはミルがさまざまな構成要件を述べたとしても、道徳的ないし精神的絆がないところに真のナショナリティーは誕生しないということである（GG : 175 訳一五〇）。

ところでミルは、国民感情の強烈さ、その反発的エネルギー、さらにはそれが憎しみを伴う点などについては過小評価しており――この点はフランスやドイツなどから思想的糧を得、自身スコットランド出身の父をもっているミルには、国民感情をそれだけ相対化することができえたのであろう――その後、中央ヨーロッパや東プロイセン、それにフランスやアイルランドで起こった問題が彼の予測をはるかに越えるものであったこと、[34]あるいはその個性論、すなわちインディビデュアリティー論とナショナリティー論との関係如何など、ミルのナショナリティー観を分析する上で避けて通れないであろう。[35]

しかしながら福澤がミル（及びギゾー）の議論を自家薬籠中のものとして国体観念を修正ないし批判しようとした背景には、すでに論じた当時流布していた国体観念を転回させようとの意図があったことは明らかである。かくて福澤は「国体」を「ナショナリチ」に限定し、次いで既存の国体観念にまつわる他の構成要素について検証する。すなわち「政統」と「血統」の問題である。まず前者から検討しよう。

四 「ポリチカル・レジチメーション」としての「政統」

福澤は国体観念を転回させるために、まず「国体」をミルの『代議政治論』の一節を援用して「ナショナリチ」とした。そうして次いで第二として、「国に「ポリチカル・レジチメーション」と云ふことあり。「ポリチカル」とは政の義なり。「レジチメーション」とは正統又は本筋の義なり。今仮に之を政統と訳す。即ち其の国に行はれて普く人民の許す政治の本筋と云ふことなり」と定義し、「世界中の国柄と時代とに従って政統は一様なる可らず」

（④二八）と論ずる。これは周知の如くギゾー『ヨーロッパ文明史概略』第三講義の一節に依拠している。

この講義が開かれたのは明治維新を溯ること四十年の一八二八年五月二日である。ギゾーの講義はV・カズン（Victor Cousin）の哲学、それにヴィルマン（Villwmain）の一八世紀フランス文学とセットで受け持たれ、第一回講義が同年の四月十八日に行われ、以後、七月十八日まで毎週、都合一四回、総説としてのヨーロッパ文明の歴史が講じられた。オールド・ソルボンヌの満員の教室においてギゾーは熱弁を揮ったものと思われるが、しかし教室の外は未だ革命状況下のパリである。政治的熱狂が渦巻いていたであろう。それにもかかわらずその喧噪に遮られることなく彼らの講義は続けられたのである。すでに最も優れた若きドクトリネーレすなわち正理論派としてコンスタンとともに名声を獲得していたギゾーの講義は、その性格において知的であるばかりでなく政治的イベントにもなるものであったし、来るべき議会の選挙に備え、自らの政治的資質を高める目的もそこにはあった。時代が渦巻いている状況の下、聴講者もギゾーの名講義によってフランスがイギリスとともにヨーロッパ文明の最先端にいることに確信をもって耳を傾け、政治社会の制度的方向性を知らされて安堵したといわれる。そうして、この一連の講義に興味をもち、その講義録を取り寄せ、後に列席し、「ギゾーは常に魅力的である」、あるいは「諸観念の分析においても、言葉の的確さの点でも、並外れたものです。それは実に並はずれています」、とその講義を称えた人物こそ、福澤も後に読むことになった『アメリカのデモクラシー』の著者であるA・d・トクヴィルであった。(36)

いやトクヴィルばかりではない。A・コント（Auguste Comte）はギゾーと議論を交わし称賛を得、G・マッツィーニ（Guiseppe Mazzini）はトクヴィルと同様、ギゾーの学生とも言えるのであった。またミシェル（Michelet）は彼の尽力によって偉大なフランスの歴史を執筆することができた。さらに一八四〇年代にひっそりとパリにきていた三人のドイツ人、すなわちH・ハイネ（Heinrich Heine）、R・ワーグナー（Richard Wagner）、そうしてK・マルクス（Karl Marx）にとっても、彼らのパリはギゾーのパリでもあったのである。確かにF・シャトーブリアン

(Fransois R. Chateaubriand) やK・メッテルニヒ (Klemens W. N. L. Metternich) にはギゾーに対する信頼はなかった。しかしJ・ゲーテ (Johann Wolfgang von Goethe) やG・ヘーゲル (Georg W. F. Hegel) の尊敬を彼ギゾーは勝ち得ていたのである。(37)

ギゾーはその講義において、フランス革命を理解すべき道程を、その意味でのヨーロッパにおける進歩の歴史的必然性を確認すべく講義する。そしてヨーロッパ文明の進歩に無視できない役割をなしたものとして政治的正統性の観念 (the idea of political legitimacy) を挙げる (GG: 63 訳四六)。そうして、その性質や形式がいかなるものであれ、暴力が世界中の一切の権威の源を汚している以上 (GG: 64 訳四七)、暴力 (「腕力」) の思想 (the idea of violence) は政治的正統性の基礎をなすものではなく、暴力以外の別の根拠に政治的正統性は依存していることを述べる。すなわち、すべての制度が暴力を否認することは事実として明確である。それは別の正統性、他の一切のものの真の基礎となる「理性の、正義の、権利の正統性」(the legitimacy of reason, of justice, of right) の存在を明らかに示している (GG: 65 訳四八) ——福澤手沢本にはここに赤の不審紙が貼付されている——。そうして制度はこれらに正統性の起源を求めるのであり、古いことに価値を求めるのは、暴力の所産という中傷を制度が感ずるからである。したがって政治的正統性の第一の特徴は権威の源として暴力を拒否し、正義、権利、理性という観念を伴った道徳的ないし精神的な思想や力と結びつくことである。「これこそが政治的正統性の原理が力を生み出して来た根本的要素なのです」(GG: 65 訳四八) ——福澤手沢本にはここに鉛筆によるサイドラインが引かれてある——。歳月とか長く続いた慣行の手助けをうけて、政治的正統性の原理は生まれたのである。

ギゾーはこのように述べて、赤裸々な暴力に起源を有する政府とか社会が、いかに時代によってそのよって立つ原理を変えていったかを歴史的に検討する。しかも社会を構成するのは人間であり、この人間こそがたとえ神の特殊な摂理 (a special law of Providence) があるとしても、秩序、理性、そして正義の観念を持ち、これらを活かそうとするのであり、その生活世界に理性なり道徳、そうして正統性をもたらそうとする、とギゾーは主張するのである。まことに「腕力を悪みて道理を好むは人類の天性なれば、世間の人も政府の処置の理に適するを見てこれを悦び、歳月を経るに従て益これを政治の本筋のものと為し、旧を忘れて今を慕ひ、その一世の事物に付き不平を訴ることなきに至るべし」なのであり、「政統」が云々される所以である（④二八―二九）。ギゾーの事実問題[38]（暴力による政権の樹立）と権利問題（正義・理性などによる政治の正統化）との区別の意味を福澤はここに導入していると言ってよい。

こうして福澤は不審紙を貼付し、サイドラインを引き、ギゾーの支配の正統性の説明をそのように文明論に導入するが、ここはまたギゾーが当時最も独創的なフランスの哲学者といわれたM・d・ビラン（Maine de Biran）の議論を援用したところでもある。すなわちビランは一八世紀の経験論哲学を批判して、人間の意志の行為を強調し、受動モデルよりも能動モデルを提示し、両者の類型を計算に入れて説明する哲学を説いていた。そうしてギゾーはその方法論を文明史に導入しているのであり、福澤が援用している箇所も正にその方法論が活かされているところなのである。[39]福澤は西洋の語として「我より働くにはあらずして物に対して受け身の姿と為り、ただ私心を放解するの一事を以て要領と為すが如し」（④八五）と受動、能動の人間類型についての認識をミル『代議政治論』や『自由論』（CWM 19 : 406–07 訳八五、CWM 18 : 255 訳一〇一）を通して展開していると思われるが、[40]ミルもあるいはギゾーないしビランからそうした人間類型を学び摂っているかもしれないのである。

福澤、ギゾー、それにミルに共通して言えることは能動的人間類型に共鳴していることであろう。そうしてこのことが、特に福澤をしてギゾー文明史英訳原文にある“political legitimacy”を避け、英訳原文にない“political legitimation”と表現させた、あるいは自ら言い換えさせた一つの根拠になったと思われる。それは単に両者の区別ができなかった、あるいは単なるレトリック上の問題ではないことを示していよう。福澤はギゾーの議論の展開を読み、そこに人間の社会への能動的働きを、ギゾーと異なって神の摂理観から解放されている分、同じ革命状況を経験しているとしてもギゾーよりも相対的に力点をおいて強調し得たのであり、それだけに「政治の本筋」に対する人間の働きかけを重視することができたと思われる。そうであればこそ、静態的イメージのある「正統」(legitimacy) よりも、より能動的イメージのある「正統性」(legitimation) の意味を有する「正統」の方が、政治的正統性を表現する場合は、まさに正当なのであって、ダイナミックな政治状況をみるにつけても「政統」は“political legitimacy”ではなく、“political legitimation”でなければならなかったのである。それは眼光紙背に徹するよろしくギゾーの意を汲み、ギゾーの思想に照らしても言えると恐らく福澤は考えたと思われる。

しかしながら、それではなぜ「国体」を「ナショナリティエイション」ではなくて「ナショナリチ」と記したのか、との疑問もでよう。まずもちろん英語に“nationalitiation”なる用語はない。ならば“legitimation”に相応する用語としては“nationalization”があるのではないか。文学的センス抜群の福澤である。「ナショナリゼーション」は歯切れが悪いと、あるいは思ったかもしれない。ならば“nation”である。「ネイション」であれば、「ナショナリゼーション」の意味がある。加えて福澤には日本の人民のあの「ひとくさ」、あるいは「くにのおふみたから」からの脱却を説いた、「日本には唯政府ありて未だ国民あらずと云ふも可なり」(③五二)の「国民」がある。恐らく“nationality”に「国体」を充てた以上、“legitimation”の如き用法としての「国民」には「ネーション」と表現せねばならないと考えたのではあるまいか。『文明論之概略』に改めて『学問のすゝめ』の文句を引き出し「ネーション」とルビを付した所以である(④一五四)[41]。かくして福澤はそれこそ修辞的意味合いもあってか、ここではミルに従って“nationality”を音読表記し、これと区別するべく“nationalization”は“nation”で良しとしたと推定できよう。

さて引き続き福澤はギゾーのいう君主制(「立君の説」)、神政制(寺院、政を為す)、貴族制(「封建割拠の説」)、それに民主制(「民庶会議」)のそれぞれが、自己の支配の正統性を訴えてきたことを紹介し(④二八、GG: 61)、それが

「国体」と関係のないことを、民主制から君主制に変わったオランダ、政治制度を百年の間にいくたびか変更したフランス、あるいは大統領制を導入したアメリカなどの事例を挙げて述べる。「政統の変革は国体の存亡に関係するものに非ず。政治の風は何様に変化し幾度の変化を経るも、自国の人民にて政を施すの間は国体に損することなし」（④二九）なのであり、正に「国体を保つの極度」は「他国の人をして政権を奪はしめざるの一事に在るなり」（④二九）なのである。

「政統」の問題は「国体」ほど重要ではない。けだしそれは政治運営の在り方の正統性を問うことであるからである。むろん、この意味での国体観念も加藤弘之の例のように存在していたし、外ならぬ福澤自身も使用した例がある。しかし福澤にとってより根本的なのは、政治制度を決める主体が同国人であるか否か、という一点にあったのである。そうして福澤は血統の問題に入る。

五　「ライン」としての「血統」

福澤は第三の要素として国体観念の中核とされている「血統」を、「西洋の語にて「ライン」と云ふ。国君の父子相伝へて血筋の絶へざることなり」（④二九）と定義する。「ナショナリチ」や「ポリチカル・レジチメーション」と比較して、定義としての取り上げ方がきわめて簡単である。しかし、これは福澤の君主観と関係し、その他の箇所と併せ読めば、さりげない言及もそうではなくなる。通常の国体論がまさにこの問題を主としているがために、福澤は意図的に、ここでは最小限の定義をくだし、後の議論につなげているのである。

まず君主制（「立君の政」）の問題を血筋のそれとして「血統」、すなわち「ライン」に充てた根拠は何処にあるのであろうか。すでに福澤は『西洋事情』初編において、イギリス政治について「血統の君」、あるいは「血統の君主」と「血統」を使用している（①二八九、三五四、三七〇）。ところがその外編でのチェンバーズ版『政治経済読本』の邦訳紹介を見ると、「国君の起立」の説明として「血統の子孫」と「血統」を充てているが、この原文は"hereditary principle"である（CP : 23）。ギゾー文明史を見ると、もっとも単純にして決定が容易な制度として君主制を挙げているが、それを一族（family）の内部での選挙あるいは世襲によるとして、世襲のそれには"hereditary"――原文は"d'hérédité"――を充てている（GG : 68　GH : 68 訳五二）。またミルはと言えば、必ずしも君主制についてではないが、先に挙げたナショナリティー論のところで、"descent"をそれに充てている（CWM 19 : 546 訳三七四）。福澤はこの"descent"を"race"に含まれうる観念と把握したのか、否むしろ"descent"と「国体」との区別を明確にするべく論理的整合性を考えたのであろう、"race　and　descent"を「人種」とし、「人種と血統」と訳出してはいない（④二七）。

福澤が文明論を著すにあたって、特に参照した洋書であるギゾーとバックルの両文明史、それにミル代議政論のなかで、なんらかの意味で「血統」に"line"を充てているのは唯一Ｈ・Ｔ・バックル『イングランド文明史』(Henry Thomas Buckle, *History of Civilization in England*, Vol. I. II, 1878, 1872）である。バックルはその第一巻第一三章において、フランスの歴史叙述の歴史に触れる。すなわち君主の光輝さに目を眩まされたフランス人の歴史家は、学問上いかにルイ十四世が他の一切の君主に優り、しかも彼が単に「皇帝たちの長期にわたる血統」(a long line of emperors）を受け継いでいるばかりでなく、自ら事実として皇帝たることを感じてきたのである、と論じている。彼ら歴史家には皇帝と教会に対する崇拝と礼拝がその主要な信条としてあるのであって、服従と信仰がその時代の基本的な思想であったのである。バックルはこのようにルイ十四世治下にまつわる歴史家や時代思潮について述べる（BH1 : 568）。福澤が文明論で、「後世の史家諂諛《てんゆ》の筆を運らすも尚よく其罪を庇ふこと能はず」（④六四）、あるいは「都て徳川氏の初、其政権の盛なる時には、世の著述家も其威に圧倒せられて毫も時勢を咎めず、却て幕政に佞するものあり」（④七一）と論じる背景にもそれはなったであろう。

　バックルは、次いで歴史家の盲目的軽信性（a blind credulity）について論じるが、ここは、「一人の精神発達」ではなく「天下衆人の精神発達」を「一体に集めて其の一体の発達を論ずる」とした「衆心発達論」の着想を得る（④三）一つの契機になる、"the individual"ではなく"the dynamics of mass"の歴史的把握[42]とともに、福澤に日本の過去の歴史家の叙述評価に何らかの影響を与えていると思われる箇所である。しかしこの点については福澤の歴史哲学を分析するさい取り上げるとして、ここでは要するにルイ王朝の皇統連綿を記すのに「ライン」という用語が使われており、福澤がそれに固執したであろうということを確認すれば足りる。法的用法といえる"hereditary"にしろ、一般的な「系統」の用法である"descent"にしろ、あるいは家のイメージの強い"family"であるならばなおさら――福澤は西洋諸国には養子制度がないと認識している（①三〇七、⑲二二）――西洋諸国では自明であっても、それらの用語では、あるいは生物的静態的用法のイメージがつきまとう"blood"では、「血筋」ないし「血属」のイメージの強い日本の皇統連綿を正確に表現かつ伝達できないのではないか、と判断したと思われる。あるいは同じ"line"にまつわるより正確なバックルの文明史第一巻第一〇章でも使用されている"lineage"（BH1 : 478）をも念頭におきながら、福澤は簡潔明瞭な表現である"line"を「血統」に充てたのではあるまいか。

　そうして福澤は「血統」が「国体」にも「政統」にも関係なく、まさに「国体と政統と血統とは一々別のもの」であると主張し、「血統」を改めることなく「政統」を改める例、「政統」を改めて「国体」を改めない例、「血統」を改めないで「国体」を改める例を一つひとつ挙げて、その命題を実証する。日本は「国体」を有史以来改めることなく、「国君の血統」も絶えたことがないが、「唯政統に至りては屢〻大いに変革あり」として、日本の政治権力の所在の変遷過程を簡単に記し、「政権一度王室を去てより天子は唯虚位を擁するのみ」と断定する。また「政統」の変遷があっても「国体」を失わなかった理由は、福澤によれば「言語風俗を共にする日本人にて日本の政を行ひ、外国の人へ秋毫の政権をも仮したることなければなり」だからである（④三〇）。

こうして福澤は世上に流布している国体論を転回するべく、国体にまつわる観念を改めて分析し、「ナショナリチ」としての「国体」、「ポリチカル・レジチメーション」としての「政統」、それに「ライン」としての「血統」に三分した。かかる視点から「世間一般の通論」の「国体」を改めて眺めて見ると、「政体」の意味での用法を除けば、国風ないし国柄の意味でのそれとしても、「国体」がもっぱら「血統」にのみ着眼し、「国体と血統とを混同して、其の混同の際には一を重んじて一を軽んずるの弊なきに非ざるの一事なり」と言わざるを得ない状況である。水戸系儒学国体論にしろ、平田系国学国体論にしろ、あるいは「国体」を論ずる多くがもっぱら「血統」にのみ重点を置き、福澤のいう「国体」を軽んじているのを嘆いているのである。あるいはそうした「国体」状況を批判しているのである。そうしてナショナリティーとしての「国体」は身体であって、ラインとしての「血統」である「皇統」は眼である。その眼に心を奪われて点眼薬をさしても、全身が健康体でなければ、その眼の輝きは一時的である。身体が健康であって初めて眼の輝きも増すというわけである。しかもイギリスがアジア諸国をコントロールしているのを見れば分かるように、「文明国」イギリスが「半開国」アジア諸国を支配するにあたっては、身体を殺傷して眼球を生かしているのであり、この種の例は少なくない。「国体」が失われても「血統」を護持することができるのである。そうして歴史的に見ても「血統」を保つことは容易である、と福澤は判定する（④三〇―三一）。

かくして福澤にとって「金甌無欠万国に絶す」は「血統」としての皇統連綿では到底あり得ない。むしろ「開闢以来国体を全ふして外人に政権を奪はれたることなきの一事」こそ、それなのである。まことに福澤にとって「国体は国の本」である。そうであるが故に「此の時に当て日本人の義務は唯この国体を保つの一箇条のみ。国体を保つとは自国の政権を失はざることなり。政権を失はざらんとするには人民の智力を進めざる可らず」と断定するのである（④三二一―三二二）。このテーゼは福澤にあっては、やはりミル『代議政治論』を繙くことによって一層、確信を得たと思われる。すなわち優れた統治の第一条件は国民自身の徳と知性の向上であり（CWM 19 : 390 訳五〇―五一）、それなくしてはより文明度の高い国の手に統治を委ねることになりかねないという論理が、否事実が厳として存在するからである（CWM 19 : 549-50 訳三八一、三八三）。ミルの議論から導き出される知徳の進歩が優れた政治を生み、ひいては一国の独立を全うすることができると認識した以上、知徳論の考察に入らざるを得ないであろう。福澤はしかし、これを各論としてミルというよりはバックルの文明史をフルに援用することによって展開することになる。

ところで福澤はこの時、「血統」の問題をどのように考えていたのであろうか。その「学問のすゝめの評」（明治七・一八七四年）の中で福澤は、「立君の政は人民の階級を墨守すること印度の如き国にも行はる可し、或は真に開化自由の里にも行はる可し、君主は恰も一種珍奇の頭の如く政治風俗は体の如し、同一の頭を以て異種の体に接す可し、君主は恰も一種珍奇の果実の如く、政治風俗は樹の如し、同一の果実よく異種の樹に登る可し」（①四六―七）と論じている。しかしながら福澤は「少しく学問に志す者なれば是等の事は既に了解したる筈なるに」（①四七）と注意書をもしていることから類推すれば、なるほどこの一説が講じられているギゾー文明史第九講の君主制についての箇所に（GG : 194-95 訳一六七）、見事な翻案にもかかわらずノートがないことは理解できる。けれども同じ時期に筆をとっている文明論第三章では同じ箇所を引用して、「この言真に然り」と強く同意している（④四二）ことをも考えれば、問題はそれほど簡単ではない。

また福澤のこの頃の、あるいはその後の君主観を見れば一層そのことが理解可能である。なぜならば、福澤は自らの経験と同時代認識を踏まえ、さらに「将家」すなわち徳川将軍家、あるいは「王室」すなわち天皇家を念頭におき――福澤は固有名詞ないしそれにまつわる事績を除いて、未だ一般に定着していなかったこともあろうが、

「天皇」ないし「皇」との用語を使用することが少なく、一般的な考えを示す場合は「王室」、あるいは「帝室」を使用する。[43] これは徳川将軍家が「政事外の人にして将軍たる者」であったため徳川将軍家を直接名指すことなく、その政府も「関東」ないし「公辺」と称するのと同じ意味合が福澤にあったと考えても（⑤二五一）、「天皇」を世界史的文脈で把握し相対化する意図もあるいはあったかもしれない——、日本とヨーロッパ、さらには中国の、それぞれの君主制を比較しているからである。ただ福澤の君主論を考察するさいには、ギゾー文明史第九講の君主制論、それに第一三講のイングランド革命論は、無視するにはあまりにも重要な論点を含んでいるように思われる。そこでまず福澤手沢本ギゾー文明史第九講の福澤の着眼箇所を追って見たい。

福澤の着眼形跡が見られるところは唯一——青の不審紙貼付——、いかなる制度と見なそうとも、君主制（monarchy）は自体、正統な主権の人格化（the personification of the legitimate sovereignty）として現われた、という箇所である（GG：198 訳一七〇）。そうしてそれはそれに続く具体的論点にも当然着目していることを示す。すなわち神政制（theocracy）の賛同者は王たち（kings）を至上の正義・真理・善の人格化としての地上における神の化身（the image of God upon earth）と、法学者は王（the king）を生ける法として正統な主権及び統治を許されている正義の法の人格化として、また純粋な君主制の下では、君主が社会を合法的に支配し得る唯一の正統な主権及び権力を代表するものとして、国家ないしコモンウエルスの人格化と君主を把握してきた、とギゾーは講ずるのである。なるほどこの神政制をも含む君主制についての議論を福澤は文明論に導入していない。[44] しかしながらこの問題に関連して興味深いことは、福澤にとって、あるいはその後の彼の皇室観を見るうえで一つのポイントとなるギゾーの同じ第九講における封建的君主制の議論である。

ギゾーの君主制論は、彼がヨーロッパの特徴とした多様性の視点が活きており、単純なそれではない。すなわち五世紀に西ローマ帝国が崩壊した後、三つの君主制、すなわち野蛮的君主制（the barbarian monarchy）、帝国的君主制（the imperial monarchy）、それに宗教的君主制（the religious monarchy）が現れ、それらの運命はそれらの原理と同じく異なっていたのであるが、封建制度が優位になるにつれてそれらが消滅して第四の君主制として封建的君主制（the feudal monarchy）が登場すると論じる（GG：204 訳一七六―七八）。そうしてギゾーはそれを複雑で容易に定義しがたいとしながらも、次のようにその議論を展開する。

封建的統治制度下にあっては、王は領主の領主（the *suzerain* over *suzerains*）、貴族の貴族（the lord over lords）である。王は身分から身分へと社会の全体的な機構と堅い絆で結びつけられており、かつ王のまわりには王自身の家臣が招集され、そのときは王の家臣中の家臣、それに他の位階的に構成された家臣を従え、その権威を人民全体に行使し、自らを実際の王であると誇示した。この封建的君主制の理論をギゾーは否定しないとしながら、しかしそれは単なる理論であって決して事実ではない、と断ずる。つまりこの位階的組織による王の影響力、君主制を封建社会全体に結合させているとされる絆は、政論家の夢想（the dreams of speculative politicians）であって、事実はこの時代の封建的首長（the feudal chieftains）の大部分は君主制から完全に独立しており、彼らの多くは王の名前すら知らなかった。それと関係したのはほんのわずかな首長であり、あらゆる種類の主権は地方的なもので独立しており、封建的首長の一人によって冠された王の名は追憶（remembrance）以上の事実性を持っていなかった（GG：206 訳一七八）、というわけである――彼此の相違については別に論ずるとしても、大枠でみるとまるで水戸学的正名論に対する史的分析を聞いているようではないか――。ギゾーのみる一〇世紀から一一世紀にかけての君主制の実態はかくの如きものであったのである。

しかし一二世紀になると事態は新たな君主制の始まりとなる。それは社会の無秩序を秩序たらしめる秩序の回復者としての新たな君主制、すなわち近代的君主制（the modern monarchy）が登場したからである。引き続きギゾーの論を追ってみよう。

封建制の下、秩序をもたらすはずの制度は、社会の度を越した無秩序状態の中にあってはまったく非現実的にして無力と化した。それは何ほどかの秩序ないし正義を確立するほどのものではあり得なかった。したがって無政府状態の下、不正を正し、悪を癒し、何物かを制定するための国も存在しなかった。ここにはしかし王の名が生き残っており、少数ではあるけれども彼らによって承認された権威を保持する首長によって王の名が再生したのであった。王権（the royal power）は忘れ去られるほどではなかったのである。そうして機会あるごとに、すなわち秩序を回復すべく、あるいは長期間に亙って続いた確執を終わらせるべく、公的秩序の擁護者として、また仲裁者として、さらには不正の矯正者として、王は呼び出され、しかもそれらの問題に関与したのであった（GG : 207 訳一七八―一七九）。

ここに王の名前に痕跡を留めていた精神的権威（moral authority）が王に少しずつ強大な権力の継承をもたらすに至ったのである（GG : 207 訳一七九）。そうして公権力（a public power）、さらには偉大な執政官（a great magistracy）という観念が王にまとわりついて人心に行き亘り、王権（the royal power）が行使されるようになった。しかしこの種の君主制は制限された、不完全な、そして偶然的な権力を有しているにすぎなく、ある程度において公の平和の擁護者の首長としての権力にすぎなかったのである（GG : 208 訳一七九）。これが近代的君主制の真の起源であり、必要不可欠な原理であった。こうしてギゾーはヨーロッパ社会を性格づけるすべての社会的要素が政府と人民に還元されていくことの契機をそこに見いだして、彼のいう純粋君主制、すなわち絶対主義への移行を描いていくのである（GG : 209 訳一八〇）。

ギゾーの以上の議論を福澤は、「封建の時代に在ては各国の君主は唯虚位を擁するのみと雖ども、固より平心なるを得べからず」（④一四〇）と簡潔に要約する。君主は虚位に甘んじてはいる。しかも「至尊の君」は王ではなく貴族の城内におけるそれを意味し、「国中の人皆貴族あるを知て国王あるを知らず」（④一三六）である。しかしそれに甘んじて平穏な精神を持していたわけではない。追憶に由来する精神的権威が、ギゾーの先の議論を念頭におけば、わずかではあるが存在するからである。ここは福澤が、「故ニ云リ羅馬ハ帝国ト衆庶会議ノ元素ナリ」と書き込み、赤の不審紙を貼付し、文明論においてローマ帝国の遺産としての「民庶為政の元素」とともに、「既に皇帝陛下の名を忘れざれば、専制独裁の考もこの名と共に存せざるを得ず。後世立君の説もその源はけだしここにあるなり」とした「立君の元素」の（④一三五、GG: 48 訳三三）、あと一つの参照箇所でもあった。けだし「君主を尊て帝と名け、その名称は人民の肺肝に銘して忘るべからず」（④一三五）との語調は、それと相重なるからである。

しかし福澤にとってギゾーの君主制論は、とりわけその文明史との比較で議論されている「日本文明の由来」もさることながら、国体論の箇所と併せ読まれるべき第一〇章「自国の独立を論ず」においてきわめて有効に活かされているように思われる。福澤は「君主を奉尊するに其の奉尊する由縁を政治上の得失に求めずして、これを人民懐古の至情に帰し、その誤るの甚だしきに至りては君主をして虚位を擁せしむるもこれを厭はず、実を忘れて虚を悦ぶの弊なきを得ず」（④一八七）と「皇学」を奉ずる「或る人々」の議論を批判し、「我国の人民は数百年の間、天子あるを知らず、ただこれを口碑に伝うるのみ」と断じ、さらに「人の説」として「王制一新は人民懐古の情に基きしものにて、人情覇府を厭ふて王室を慕ひしことなりと云ふ者あれども、畢竟事実を察せざるの説のみ」と論じる（④一八七）。また「大義名分」を以て王政復古を解釈する説を取り上げ、それを「真実無妄の正理」とする論者に対しても、それを言うならばむしろ「王室を知らざる」七百年にこそ「今の文明」をもたらしたものがあると反証する（④一八八）。これを先のギゾーの議論と比較されたい。「政論家の夢想」を藤田幽谷の「正名論」を念頭において考えれば、彼の正名論における支配の論理と倫理は「天下の人心、武家あるを知て王室あるを知らず、関東あるを知て京師あるを知らざる」（④六五）認識をもつ者にとって、正に夢想であって「実を忘れて虚を悦ぶの弊」となるのである（④一八七）。

しかしながら君主の虚位性、さらに「追憶」(rememberance)ならぬ「人民の懐古の至情」ないし「人民懐古の情」が王政復古に重要な役割を果したとの「皇学者流」ないし「人の説」の議論は、ギゾーのいう近代的君主制は正に虚位が追憶を媒介にして秩序の回復者として復興したものとの説明にきわめて類似してこよう。王政復古を懐古の情に求めている論者を批判している福澤はこのとき、王の名は懐古の情(rememberance)以上の何物でもなく、封建制下、君主の存在は理論上のみで実際は貴族が実権を握り、その追憶の情が次第に強大と化して絶対君主制がもたらされ、これが近代社会への契機となった(GG : 206 訳一七九)、との論を思い起こしていたはずである。

したがって福澤がそこで言う「或る人々」はギゾーの議論と重なって映る「皇学者流」であると考えても不思議ではない。そうであるがゆえに福澤が「西洋文明の由来」で追憶のもつ意味を省略した、ないしせざるを得なかった所以とそれはなろう。あるいは福澤はそのことを念頭におきながら日本と西洋の王政復古論を併せて批判しているとみることもできなくはない。すなわち福澤の眼に映じた王政復古論の説明は、「人民の覇府を厭ふて王室を慕ふ」のでも、「新を忘れて旧を思ふ」のでも、さらに「百千年の間忘却したる大義名分を俄に思出したる」がためでもない。それは「幕府の政」を改めようとする「人心」によるのである(④一八八)。したがって福澤がギゾーの議論の展開を踏まえて、追憶に王政復古の政治的機能を求めるとしても、それはそれ以上のものではなく、まさにその意味では政治上の関係においてのみ意味があったと分析し、維新の原因をそれこそマスのダイナミックな動きならぬ「人心」[45]というバックルに学んだ史論で以て彼福澤は把握するのである。

こうした歴史過程は、「日本の明治十三年は西洋の千何百何十年に当るとて、恰も外題の定りたる西洋の歴史を、無理に今の日本の活世界に附会せんと欲する者の如し。甚しき誤謬ならずや」(⑤一四〇)との認識をもちつつも、王政復古の渦中にあってウルトラ王党派とリベラル王党派(ドクトリネーレ)との争いの渦中から恐らくは生まれたであろうギゾーの認識をして、福澤に維新前後の王政復古過程の理論的整理の一助を、それが反面教師となった側面もあれ、もたらせしめたと考えられる。

ところで福澤の王政復古論を見る上で注目すべきあと一つの君主制論はイングランド革命について講じているギゾー文明史第一三講である。福澤がノートしている箇所を見よう。それは王権の変遷過程や王権指導の宗教革命のところではなく、むしろ一六世紀の政治的自由を見る上で重要な「商賈繁昌シテ王権ヲ制ス」との商業勢力の貴族に対する優位、さらにその新たな土地貴族化、またその経済力を背景とする下院の政治勢力の貴族院のそれに勝るほどの勃興のところである（GG：271 訳二三六）。これは文明論にも導入されるが（④一四二）、ここで注目すべきは王権神授についての解釈への着眼であろう。

すなわち一六四〇年に長期議会が招集され革命が始まったとき、合法的改革の可能性を主張する改革派の動きについての議論に福澤はチェックして注意する（GG：275 訳二四〇）。さらに王権神授（the divine right of the king）と王の絶対的権力（absolute power）への信頼の念があったが、本能的にその考えには嘘偽りの危険性があることを改革派は察知していた。しかし彼らは窮地に追い込まれて王権神授を認め、人間的起源や人間の統制に優越する権力の所有を容認し、必要とあらばそれを擁護した。しかし同時に原則上、絶対的であるけれども、この王権は特定の規則や形式を踏まえて行使されるべきであること、特定の制限を越えることのできないこと、そうしてこれらの規則や形式、さらに制限には大憲章（Magna Charta）や確証法（the confirmative statutes）、それに国の古法や慣例（the ancient laws and usages of the country）に充分に制定され保障されている、と彼ら改革派は信じていた。福澤はかかる叙述にチェックし「神説ハ妄誕ナルヲ知ラサルニ非サレトモ止ムヲ得スシテ之ヲ唱フ」と書き込む（GG：276 訳二四一）。

ここを読みながら福澤は幕末維新期に新しい国家体制を創設しようとした志士、あるいは明治国家創設者たちの思いと、合法的改革派のそれとが二重写しになったと思われる。日本には「王権」を制限する法として禁中並公家諸法度があった。王権神授の説も水戸学や国学に似て非なるものではあったかもしれないが、例えばイギリスでは

「天の後胤」と称する王が君臨し「血統」を伝える制度の存在を福澤が認識している(①三五四)ことを思えば、「堂堂たる神州は、天日之嗣、世神器を奉じ、万方に君臨し、上下・内外の分は、なほ天地の易ふべからざるがごとし」(藤田東湖「弘道館記述義」)との「神説」は、王権神授説と解釈し得よう。

ここで福澤がいまだ徳川家に仕えていた慶応二(一八六六)年に提出した有名な「長州再征に関する建白書」を読んでみよう。そこには「世間にて尊王攘夷抔虚誕の妄説を申唱候」(⑳七)とか、「朝敵と云ひ、勤王と云ひ、名は正しき様に相聞候得共」と論じ――これは新井白石の『読史余論』の議論を想起させる[46]――「兵力の強弱に由り如何様とも相成候もの」(⑳一〇)との認識がある。この時、福澤は明らかに尊王攘夷論のイデオロギー性を指摘し、現実は軍事力の問題であり、「朝敵」にしろ「勤王」にしろ、これらの用語は正統性を付与させるための、あるいはそれこそ「政統」を獲得すべく設けられた名目に過ぎない、と認識しているのである。「尊王攘夷論」の尊王が実は、「禁闕奉護の処、実に大事の事にて、玉を奪われ候ては、実に致し方なき事とはなはだ懸念」に見られる如き扱いを受ける玉としての天皇であった[47]。まことに「勤王はただ事を企てる間の口実にして事成る後の事実にあらず」(④六三)である。改革派というよりは革命派ではあったけれども、彼らが唱える「神説」ならぬ「尊王攘夷」は正に事実に照らせば「虚威に惑溺したる妄誕」(④三四)なのである。

明治維新の政治体制が数百年の古、否「神武創業の古」に復するといっても、「王室と人民との間に至密の交情あるに非ず」が事実であり、仮にあったとしても「其交際は政治上の関係のみ」である。福澤がナショナリティーの最大構成要因とした「共に世態の沿革を経て懐古の情を同ふする者」はしたがって、「交情の疎密」から見るならば、「今の人民」が「鎌倉以来」の「封建の君に牧せられたるもの」である以上、「先祖の由緒」の多くが「王室に対するよりも封建の旧君に対して親密」であるがゆえに、「鎌倉以後の世態に関係するもの」ということになろう(④一八七)。むろん福澤にあっては天下の政権が王室に帰した以上は日本国民として王室を尊敬するのは当然である。けれども、唯それは「政治上の関係のみ」に限定される特殊なそれであって、それこそ「世態」のすべてに亙るものではないのである。

こう見てくると福澤が文明論で国体観念を「国体」・「政統」・「血統」に分解することによって転回させ、既存の国体観念の主要な要素である「血統」をいかに相対化し得たかが分かろう。しかし福澤が「国体」を自国の政権の維持にあるとし、それを最優先に考えるにしろ、それでは政権の権威はいかなるものであろうか。福澤はそれを「政府の実威」と、「血統」をも含む外形的畏服手段に因るものを「理外の威光」としての「政府の虚位」とに区分する（④三四）。後者についてはすでに『西洋事情』において「理外の便利」(dignified historical relation towards the people) として、その効用について認識しているものでもあったが（①四一七、CP: 23）、しかしそれは「愚民」を前提にするものであった。

したがってミルから学んでいる福澤の論理からすれば、それに依拠する愚民化政策は国を滅ぼすことになる。すなわち「虚位を主張せんと欲せば下民を愚にして開闢の初に還らしむるを上策とす。人民愚に還れば政治の力は次第に衰弱を致さん。政治の力、衰弱すれば、国其の国に非ず。国其の国に非ざれば国の体ある可らず。斯の如きは即ち国体を保護せんとして却って自から之を害するものなり。前後の始末不都合なりと云ふ可し」。このように福澤は力説し、イギリスの例を挙げ、王室を保護する上策として、その権威を減少させ、民権を起こし、政治に実の勢力を増さしめる文明を推進することを提案するのである（④三五）。

しかもなお「国体」と「血統」とが日本においては連綿としているがゆえに「君国並立の国体」とも、一歩下がって福澤は議論を投ずる。それも「一種の国体」とみなすのである。それが貴いとすれば日本に固有であるがためよりは、どこまでもそれを維持して、「我が政権を保ち我が文明を進むべきが故に貴きなり」であり、文明に適しないとすれば、それは虚飾惑溺のよくする所であるがゆえに福澤は「その虚飾惑溺のみを除て実の効用を残し、次第に政治の趣を改革して進むことあらば、国体と政統と血統と三者相互に戻らずして今の文明と共に並立すべきなり」と最大限妥協して提言するのである（④三七）。それだけに当時の福澤が、自筆草稿の研究が明らかにしているように、紙の上ではなく文字通り剣の刃を渡るようなものであったと思われる[48]。

さて福澤は繰り返し「文明」と「国体」とが矛盾するものではなく、並立するものとして捉えるが、福澤も認識しているように、当時の国体論には「政祭一途に出るの趣意を以て世間を支配する」という「皇学者流の説」があった（④二一）。祭政一致、ないし政教一致の国体論に対して、それでは福澤はその国体論の提示以外に文明論でどのように対処しているのであろうか。「政治の権は、教門の道と素より其本を同うせず」、とその「教門論」で神政政治批判を行った西周[49]ほど明確な形で現れているわけではないけれども、福澤はそれを儒教の倫理学と政治学との折衷的性格に対する批判、あるいは宗教論に触れることを通して行っている。

ギゾーの一説も念頭にあったのか（GG : 197 訳一七八）、福澤は理論と事実との区別をまず挙げる。すなわち「孔孟の道」が政治に向かないことを指摘し、「理論家の説《ヒロソヒイ》」と「政治家の事《ポリチカルマタル》」とを区別するのである。そして「孔孟の道」に「政治の法を求る勿れ」と提言し、一方、政治の儒教からの解放を主張し（④六二―六三）、他方において「宗旨の本分は人の心の教」を司ることであり、「其の教に変化ある可らざるもの」であるからして「仏法又は神道の輩が数千百年の古を語て今世の人を諭さんとするも尤のこと」であるが、「儒学に至りては宗教に異なり、専ら人間交際の理を論じ、礼楽六芸の事をも説き、半は之を政治上に関する学問と云ふべし」と述べ、儒教の宗教からの分離独立を説く（④一六一―一六二）。また「宗教は一身の私徳に関係するのみ」であるがゆえに「建国独立の精神」とはその「赴く所」が異なるとして、政治と宗教とを明確に区別する（④一九二）。政教一致ないし祭政一致に通ずる儒教の宗教からの解放を訴えると同時に、そこに含まれている政治的なるものの離脱をも図り、政治と宗教との次元の相違を訴えることによって、彼福澤は「政祭一途」ないし政教一致の国体論を批判していると言えよう。そうしてそのイデオロギーは、福澤が後に記しているように、「時勢に反するが故に忽ち跡を収めて其流の人は早く既に屏息したり」(⑤一四一)という状況になっていったのである。

六　おわりに

明治三十(一八九七)年十月五日、福澤は『時事新報』に「開国同化は日本の国体に差し支えなし」と題して社説を発表した。それは福澤の宿願として、学問、教育、政治、法律は言うまでもなく、人情、風俗、衣食住の末にいたるまで「一切万事、事情の許す限り世界多数の仲間入りと覚悟」して「混然同化」を期するものであって、つまるところあらゆる分野における開国、すなわち国際化を勧めるものであった。これに対して「一切万事、世界に同化して国の主権を失ふ、左りとては我が国体を如何せん」と唱える論者がいるとして、福澤はこれに応えるかたちで「論者の云々する国体とは如何なる意味なるや知る可からず」と留保を付けながらも、「我輩の所見を以てすれば即ち立国の大主義にして、世界の表面に国を分つて独立の主権を全うするの意味なる可しと解するものなり」と定義を下し、論者に同意を求める。そうして日本の歴史が中国への「開国同化」であっても、「日本人全体の独立心」を表明している事例を挙げ、「今日の世界」における「疎外孤立」が「寧ろ立国の大主義を誤るもの」であり、「世界同化」が「国体」に影響のないことを、「外国の例」もさることながら、「殊に我が日本人が国を思ふの精神は世界に其の類を見ざる所にして、立国以来幾千年、曾て一度びも外国に屈したることなし」に求めている(⑯一二七―三一)。ちなみにこの同じ月、高山樗牛が「日本主義を賛す」と題して『太陽』に寄稿し、雑誌『日本主義』と呼応して、国粋主義を唱えていくことを明らかにしている。

福澤の国体観念がこの時点においても文明論のそれと同じ趣旨であること、あるいは国体観念が、「国体の精華」

を謳った教育勅語が明治二十三（一八九〇）年に発布されていても、依然として一般に曖昧であったことをもそれは示していよう。改めて国としての「独立の主権」を、言い換えれば自国民の政権を他国民に委ねることのないことが「国体」の保持であることを福澤は表明しているのである。これに対して大日本帝国憲法がすでに明治二十二（一八八九）年に発布されているゆえ、主権は統治権を総覧する天皇にあるとの解釈に立てば、ここでの福澤の国体観念も「血統」にあるのではないか、との反論もでよう。しかし開国をあらゆるレベルで推進しようとする文脈から判断すればその意味はないといってよい。かりにあったとしても、その主体が日本国民にあることは明らかである。(50)

国体観念は近代日本にとって特別の意味を有するが、福澤の用法を見ても、時に「血統」の意味で相手ないし想定する論者の論を取り上げるさいに文明論以降の著述のみならず他ならぬ文明論でも（④一八九、二一一）、さらに皮肉たっぷりな慢言においても、(51)あるいは伝統的用法の一つである国柄の意味で使用することはあった。(52)加えて国体論が誤解されやすいと感じた場合、一歩妥協して、ナショナリティーを「国権」とか「報国心」と言い換えている事例もあった。(53)しかしながら福澤が原則的には文明論において定義したナショナリティーとしての「国体」を固持していたことは、最晩年の上述の議論を見れば納得されるであろう。

ところで時代は少し溯るが、明治国家体制が整備されていくにつれ、文明論で分析した「血統」の問題である「政府の虚位」と「政統」の問題と関係する「政府の実位」が「国体」として統合される契機、あるいは「血統」を持ち出すことによって、「錦の御旗」よろしく有無を言わせない政党の出現など、福澤が恐れた「至尊の位と至強の力とを一に合して人間の交際を支配し深く人心の内部を犯して其の方向を定める」（④二三―二四）傾向が強くなり始めていたのである。福澤は文明論で日本文明をヨーロッパ文明に比して「権力の偏重」と特徴づけたが、しかし中国文明に比しては、鎌倉以降、「至尊必ずしも至強ならず、至強必ずしも至尊ならず」となり、その間に

「一片の道理」が生まれ、「神政尊宗の考と武力圧政の考と之に雑るに道理の考とを以てして、三者各強弱ありと雖も一として其の権力を専らにするを得ず」(④二五)と、「自由の気風」の契機を日本文明に見いだしていた。しかし今やそれこそ「純然たる独裁の一君を仰ぎ、至尊至強と考えを一にして一向の信心に惑溺する者」(④二五)と見た秦の始皇帝以降の中国と同じ体制に日本は赴かんとしているのである。日本文明の「至尊の位」と「至強の力」とが合体するという次元における中国文明化である。あるいは「日本中華論」の明治版であり、「殷鑑遠からず」の現実化である。

福澤はそうした動向に抗する形で、第五章で詳論するように例えば明治十五(一八八二)年、福地源一郎や丸山作楽らが立憲帝政党を結成したのを批判すべく『帝室論』を著し、「政府の虚位」の政治からの超越をはかる。「帝室は政治社外のものなり」との主題の展開である(⑤二六一)。そこには「西洋の一学士、帝王の尊厳威力を論じて之を一国の緩和力と評したるものあり。意味深遠なるが如し。我国の皇学者流も又民権者流もよく此意味を解し得るや否や。我輩は此流の人が反覆推究して、自から心に発明せんことを祈る者なり」(⑤二六五)とあるように、W・バジョット『イギリス憲政論』(Walter Bagehot, *The English Constitution*, Second Edition, 1872)がそこにはあった(CWB:234 訳一〇〇)。福澤は「理外の威光」である「政府の虚位」をバジョットのいう民衆の尊敬の念を呼び起こし保持する「威厳的部分」(the *dignified* parts)、「政府の実位」を憲法によって実際に活動し支配する「機能的部分」(the *efficient* parts)に充てはめて考えているのである(CWB:206 訳六八)。

福澤はやはり明治二十一(一八八八)年、「固有の国体は憲法に由て益々鞏固なることを示すなり」(54)とされた「不磨の大典」、すなわち大日本帝国憲法発布を目前にして、『帝室論』と同様の主題をもった『尊王論』を著す。そこには「人類を目して理を弁ずるの生物と云ひ、今世を称して道理の時代と名くるが如きは、人事の一局部に適用す可き言にして、滔々たる世界無数の人は情界の塵芥に異ならず、其道理に由て運動するものは十中稀に一、二を見る可きのみ」（⑥一五）とあるように、国民の知徳の向上の問題にも問題がある、と福澤は認識していたのである。この点、福澤はミルが理性にその信を置いて合理的原理に依拠する大衆教育と政治体制の改革を図ろうとしたのに対し、理性への信頼の念がミルに比してはるかに薄く、政治教育への思いもミルほどではなかった現実主義者バジョットに学ぶに至っているのである。(55)「政府の実威」は理性の問題で「政府の虚位」は理性外の問題である。人間世界は「情界の塵芥」であり「道理」が通用するのはわずか一、二割である。こうした現状認識をもたざるを得ない以上、あるいはそうした現実に同意する以上、バジョットの君主制論は仮令、「仮装された共和制」の主張であるにしても、否それゆえに、福澤にあってはきわめて意味深遠なのである。人間の感情は強く理性は弱い。そしてこの事実が存続する限り君主制は、多くの感情に訴えるがゆえに強固である。しかし共和制は理性に訴えるがゆえに弱い(56)（CWB：230, 396 訳九五、三〇一）。やはり福澤は最晩年の明治三十（一八九七）年に出版された『福翁百話』に、宗教の進化過程と政治のそれとのパラレルな進歩を、スペンサー『第一原理』（SF：3-7）や『社会学研究』(57)（SS：196）、あるいはギゾー文明史（GG：265 訳二三二）をバジョット憲政論とともに念頭におきつつ記したと思われる、「今の文明国に君主を戴くは国民の智愚を平均して其標準尚ほ未だ高からざるが故なり、其政治上の安心尚ほ低くして公心集合の点を無形の間に観ずること能はざるが故なり」（⑥三六三）とあるのは、その意味で福澤における君主観の本質が、ひいては「血統」の一国に占める位相が、いかなるものであるかを示していよう。

こうして福澤はバジョット問題を活かして日本の中国文明化に対処するのであるが、同時に徳川時代に対して高い評価を逆に下すことによってもそれを行う。憲法発布以来、帝国議会に言及した社説を集め、明治二十五（一八九二）年に出版した『国会の前途』において、「帝室は恰も武門政治の為には一種間接の刺衡物と為り、武門をして絶対君治の事を成さしめざりしものと云ふも可なり」（⑥四〇）と論じて、武士による専制政治の牽制に天皇家の存在を挙げ、そうした政策を行った徳川家康の政治を高く評価する。そこには「平均の妙を得たる」（⑥四二）社会がもたらされていたのであり、「権力平均対峙競争の政策」（⑥四三）が執り行われていたからである。また江戸期は政治の目的が国民の権力を平均にして中庸をとり、大名士族が「主治の政権」を専にして農商の上に立てば農商は「財権」を握って、間接に「主治者」を制していたのである（⑬八二）。福澤は徳川政治の評価を通じて明治国家の体制構想の一環として映る「権力の偏重」化政策を批判していると言って良い。あるいは一歩譲って、よりリベラルな憲法解釈への道を、江戸期の国家構造から学ぶことから提示しているとも言えよう。

ところで明治憲法体制がなってほぼ半世紀の昭和二十（一九四五）年、日本が長期に亙る戦争を終結させるべく、連合軍の提示したポツダム宣言を受諾するかどうかを決定するさい、最後まで問題になったのが「国体護持」であった。その場合、意味する「国体」が米国政治顧問ジョージ・アチソンの言う明治憲法の冒頭四ヶ条、つまり「万世一系ノ天皇」による君臨統治と大日本帝国の元首にして「統帥権ヲ総覧スル」天皇の神聖不可侵性(58)であろうと、あるいは八月十日に日本政府が回答した「天皇ノ国家統治ノ大権」であろうと、天皇制にあったことは自明である。この意味での「国体」は大日本帝国憲法の改正として制定された日本国憲法の公布によって喪失したことになる。

しかしながら国体観念が明確な像を常に有していたか、というと必ずしもそれを首肯することはできないであろう。「国体」は相対的普通名詞から絶対的固有名詞への道を歩んでいったとしても、大正十四（一九二五）年の治安維持法案にあった「国体」をめぐる帝国議会における内閣の答弁の曖昧さ、憲法と勅語のそれぞれにおける国体観念の解釈の異同についての質疑応答の不完全さ、さらに昭和十（一九三五）年の菊地武夫が取り上げることによって起こった美濃部達吉憲法学説の天皇機関説問題から、首相岡田啓介の天皇機関説に対する反駁、美濃部への不敬罪による告発、文部省の国体明徴の訓令、政府の天皇機関説は我が国体に反するとの声明、さらに文部省編纂『国体の本義』の全国の学校や社会教化団体などへの配布、それに伴う国体論にかんする書籍の出版の隆盛へと、これら一連の動きを想起すると、国体観念が固定化された教義というよりは玉虫色をした観念であったことが逆に立証

されているように思われる。(59)

連合国を代表する「文明国」アメリカの「半開国」日本に対する占領が確実になったことを知ったとき、「国体」について学問的かつ良心的に解明しようとした一学者の福澤の国体論を援用しての悲痛な叫びを最後に記すことによって、ひとまずの結びとしたい。「政権はすでに外人に委ねられたのである。国体はすでに、完全には護持せられなかった。今や最後の一線に於いて護持すべくもなかったのである」(60)。

註

(1) 小楠は「支那たとへ英国の好意によつて帝国の号を存するとも国体の隕墜《いんつい》如斯《かくのごとく》なれば後帝号を専らにすることを得べからす」とその「国是三論」で述べて、国の体面をおとす意味で「国体」を使用している（横井時雄篇『小楠遺稿』民友社、一八八九年、六三頁、佐藤昌助・植手通有・山口宗之編校注『日本思想大系55　渡邊崋山　高野長英　佐久間象山　横井小楠　橋本左内』岩波書店、一九七一年、四五〇頁。なお山口校註（同上書、四五〇頁）参照。

(2) 吉野作造「明治政治文献年表」（吉野作造編『明治文化全集』第七巻、政治編、日本評論社、一九二九年）五五四―五六頁、および村岡典嗣『国民性の研究　日本思想史研究　第五巻』創文社、一九七四年、一一九頁参照。

(3) 河野省三『国体観念の史的研究』電通出版部、一九四二年、一八九―九〇頁参照。

(4) 岩佐正校注『日本古典文学大系87　神皇正統記　増鏡』岩波書店、一九六五年、四一頁。「神国」の初出は『日本書紀』の「神功皇后摂政前紀」にある「東に神国有り。日本と謂ふ。亦聖王有り。天皇と謂ふ」（坂本太郎・家永三郎・井上光貞・大野晋校注『日本書紀』（二）岩波文庫、一九九四年、一四八頁）であると言われる。これは新羅王の言葉として叙述されているが、神国→日本→聖王→天皇という、国体観念を特徴づける流出論理の一端がすでに看て取れよう。

(5) 村岡前掲書、一七九―二一二頁参照。村岡は、日本の特色として国体と外国文化の摂取を挙げ、国体を国柄ないし国家の性格の先天的かつ形相的側面として、「万世一系の皇室を中心とした家族的国家」（同上、二六頁）としている。

(6) 松沢弘陽・植手通有編『丸山眞男集』第十三巻、岩波書店、一九九六年、一四八―四九、一五二頁参照。なお、西は「国民気風論」と題して明治八年三月刊行の『明六雑誌』第三十二号に「国民の気風」が「卑屈」である所以を「皇統連綿」と「兵卒政治」という政治体制の問題とともに、「其の一は孔子夫子の春秋一変して黄門公の学派となる者、其の一は浪華の契沖沙黎か三十一文字一変して本居宣長か馭戎慨言となる者なり」と述べて、水戸学と国学の二つの思想に求めている（大久保利謙編『西周全集』第三巻、宗高書房、一九七三年、二六一頁参照）。

（7）平石直昭編『丸山眞男講義録〔第七冊〕日本政治思想史　一九六七』東京大学出版会、一九九八年、二八一—八二、二八八—八九、二九九頁参照。なお、水戸学の会沢正志斎は「退食間話」において「又近来、皇国学と称して、神州の尊き事を称揚し奉るは、卓識共云べき所ありて、大に人心世道のために益となるべき事も少なからず」と論じながらも、「多くは治教の大本を知らず、神聖経綸の道に闇く、人倫の天叙を外にして私智を以、一種の説を設け」として荻生徂徠や新井白石と同じ「此れを捨て彼に従う」論であると国学を批判している（今井宇三郎・瀬谷義彦・尾藤正英校注『日本思想大系53　水戸学』岩波書店、一九七三年、二四三—四四頁参照）。

（8）尾藤正英「頭注」（同上書、二三〇頁）参照。

（9）同上書、二七一頁。

（10）同上書、二七五頁。

（11）同上書、二二〇頁。

（12）また会沢正志斎『新論』（文政八・一八二五年）の冒頭「神州は太陽の出づる所、元気の始まる所にして、天日之嗣、世宸極を御し、終古易らず。固より大地の元首にして、万国の綱紀なり。誠によろしく宇内に照臨し、皇化の曁ぶ所、遠邇あることなかるべし」（同上書、五〇頁）参照。

（13）会沢は『新論』の「国体上」で「夫れすでに自ら血属を重んずれば、たれか敢へて天胤を敬せざらんや。故に一世を挙げて皆天位の犯すべからざるを知る。逆順すでに明らかなれば、すなわち大逆の者は固より世の与せざるところ、まさに天地の容れらるることなからんとす。またいづくんぞ醜類を鳩聚して、以てその姦を逞しくするを得んや。故に国歩の、時に或は艱難ありといへども、天胤の尊きことは自若たり。これを上にすれば、すなはち乗輿の或は播遷するも、未だ嘗て一人も敢へて神器を朶頤するものあらず。これを下にすれば、すなはち陪臣世天下の権を擅にするも、また敢へてその主の位を簒はず」（同上書、五九頁）と述べている。また「迪彝編」（高須芳次郎編『会沢正志集　水戸学全集』第二編、日東書院、一九三三年、三三六頁）参照。

（14）前掲『日本思想大系53　水戸学』五六頁。

（15）同上書、一三頁。

(16) 遠山茂樹編『日本近代思想大系2　天皇と華族』岩波書店、一八九八年、一一九—一二六頁参照。

(17) 村岡前掲、三四七—五二頁参照。

(18) 長尾龍一「法思想における「国体論」」（野田良之・碧海純一編『近代日本思想史大系（7）　近代日本法思想史』有斐閣、一九七九年、二四〇頁参照。

(19) 『日本思想大系50　平田篤胤　伴信友　大国隆正』岩波書店、一九七三年、五〇九頁。

(20) 松本三之介『近世日本の思想像—歴史的考察—』研文出版、一九八四年、九二—九三頁参照。

(21) これは水戸学の国体論についても言えることで、例えば尾藤正英「水戸学の特質」（前掲『日本思想大系53　水戸学』、五七八頁）参照。

(22) J・A・ホブソン著・石沢新二訳『帝国主義論』、改造文庫、一九三〇年、九頁。

(23) 『代議政治論』の初訳は永峰秀樹によるが、ちなみに彼は本書を四章まで四分冊として邦訳し、明治八（一八七五）年に訳したと思われる第一六章の目次の“nationality”を「国風」と訳している（吉野前掲編『明治文化全集7　政治編』、一〇九頁参照。なお、ミルの国民性論が当時にあっても現在にあってもいかに影響力があり重要であるかについては、Georgios Varouxakis, *Mill on Nationality*, London : Routledge, 2002 参照。

(24) John Gray, 'Explanatory Notes' in J. S. Mill, *On Liberty and Other Essays*, Oxford: Oxford University Press, 1991, p. 591. 参照。John E. E. D. Acton, *Selected Writinges of Lord Acton*, Edited by J. Rufus Fears, Volume 1, Indianapolis: Liberty Classics, 1985, pp. 409-33. また山田央子「ブルンチェリと近代日本政治思想——「国民」観念の成立とその受容（上）」（『東京都立大学法学会雑誌』第三六巻、一九九一年）第二章参照。

(25) 福澤署名本にはこのエッセーが収録されているJ. S. Mill, *Dissertations and Discussions: Political, Philosophical, and Historical*, Vol. I. II. III. , 2nd Ed., London: Longmans, 1875, 1867, 1875. がある。これに収録されている若干のエッセーにはアンダーラインや不審紙貼付がある（慶應義塾福沢研究センター編・発行『慶應義塾福沢研究センター資料（7）福澤一太郎蔵書目録（付　福澤宗家寄贈洋書）』一九九八年、六四頁参照）。

(26) ミルは一八四〇年三月の*London and Westminster Review*に掲載した時点では“nationality”を使用しているが、福澤署名本としてある*Dissertations and Disscussions*では「同一の社会または国の成員の間に存在する強力にして活発な結合の」と説明的にして“nationality”を使用していない（CWM 10 : 135 訳五四）。なおミルはまた同論文で“the nationality”を

"national property" と言い換えている（CWM 10: 147–48 訳七八、八一）ので、"nationality" に「国の財産」の意味のあることも注意すべきであろう。

(27) 福澤宗家寄贈本は Longmans and Greens から出版された一八七四年刊行の第八版であるが、読了形跡はない。慶應義塾福沢研究センター前掲、六五頁参照。

(28) 大久保編前掲『西周全集』二六一頁参照。

(29) 福沢諭吉著・伊藤正雄訳『現代語訳　学問のすゝめ』社会思想社（現代教養文庫）、一九七七年、二八頁。

(30) 『学問のすゝめ』及び『文明論之概略』における「国体」の使用頻度については大駒誠一編『慶應義塾福沢研究センター資料（6）『学問のすゝめ・文明論之概略・福翁自伝　総文節索引』慶應義塾福沢研究センター、一九九八年、参照。

(31) この点の問題については David Miller, *On Nationality*, Oxford: Clarendon Press, 1995, pp. 86-87. 及び父ミルの武力による進歩への教化をより巧妙さで干渉政策と自由放任政策を説いた子ミルについては、William Thomas, "Mill" in *Great Political Thinkers*, Oxford: Oxford University Press, 1992 p. 264. W・トマス著・安川隆司・杉山忠平訳『J・S・ミル』雄松堂出版、一九八七年、二四―二五頁参照。

(32) 本書第二章参照。

(33) F. Guizot, "History of Civilization in France" in *The History of Civilization from the Fall of the Roman Empire to the French Revolution*, Translated by W. Hazlitt, London: George Bell and Son, 1890, Vol. III, p. 2.

(34) ミルが『代議政治論』を公刊したのは一八六一年であり、その後一八七三年の死にいたるまでに普墺戦争や普仏戦争、さらにはアイルランド問題など民族を巡る紛争や戦争が生起している。H. B. Acton, "Notes" in *Utilitarianism, On Liberty, Considerations on Representative Government* by John Stuart Mill, London: J. M. Dent & Sons 1991, p. 470. 参照。

(35) 第一章で述べたようにミルの個性観念はW・フンボルトの通称『イデーエン』(Wilhelm von Humboldt, *Ideen zu einem Versuch die Grenzen der Wirksamkeit des Staats zu bestimmen*) に刺激されたものであるが、ミルが学び摂った箇所はドイツ語の "Eigentümlichkeit" であり、それを英訳者である Joseph Coulthard が "individuality" と英訳したものであった（*The Sphere and Duties of Government*, Tanslated from the German of Baron Wilhelm von Humboldt, London: John Chapman, 1854, p. 13.）。コールサードが "Eigentümlichkeit" の英訳に "individuality" を充てたのは Edmund Burke の用例を参考にしたからと思われる。John W. Burrow, *Whigs and Liberals: Continuity and Change in English Political Thought*,

Oxford: Clarendon Press, 1988, p. 82. 参照。ミルの“individuality”については、『自由論』(*On Liberty*, 1859)のみならず『論理学大系』における“the Art of Life”、『功利主義』(*Utilitarianism*, 1861)における“higher pleasure”を加えた三者の関係を把握しなければならないであろう。Alan Ryan, *The Philosophy of J. S. Mill*, Second Edition, Atlantic Highlands: Humanities Press International, 1990, pp. 214-18. John Gray, *Mill on Liberty: Defence*, Second Edition, London: Routledge, 1996, pp. 71-72, 83. 参照。また“individuality”が生来の可能性の展開よりも経験豊かな多様な生活と統一と道理をわきまえた多様な生活設計と関係することについてはMichal Freeden, *Ideologie and Political Theory*, Oxford: Clarendon Press, 1998, p. 148. またフランス語原文にあたっていないが、Benjamin Constantが“liberty”を“the triumph of individuality”(「個性の凱旋」)と論じていることも(G. E. Kelly, *The Humane Comedy: Constant, Tocqueville, and French Liberalism*, Cambridge: Cambridge University Press, 1992, p. 2. 参照)イギリスやドイツに比較してフランスにおける個性観念を考える上で興味深い。ドイツにおける用法については差し当たりRichard Müller=Freienfels, *Philosophie der Individualität*, Zweite Durchgesehene Auflage, Leipzig: Felix Meiner, 1923 参照。

(36) 引き続き一八二九年から三〇年にかけてフランス文明の歴史について三〇回、及び一九回行われている。ギゾーの講義については、Madame de Witt, *Monsieur Guizot in Private Life 1787-1874*, Translated by M. C. M. Simpson, London: Hurst and Blackett, 1880, p. 93. Larry Siedentop, “Introduction” in François Guizot *The History of Civilization in Europe* Translated by William Hazlitt, London: Penguin Books, 1997, GHH: xv. Harvey Mitchell, *Individual Choice and the Structures of History: Alexis de Tocqueville as Historian Reappraised*, Cambridge: Cambridge University Press, 1996, pp. 35, 43, 201. Douglas Johnson, *Guizot: Aspects of French History 1784-1874*, Westport: Greenwood Press, 1963, pp. 118-24. アンドレ・ジャルダン『トクヴィル伝』大津真作訳、晶文社、一九九四年、九七頁参照。

(37) Stanley Mellon, “Introduction” in François Guizot, *Historical Essays and Lectures*, Chicago: The University of Chicago Press, 1972, pp. xix-xxi. Mary Pickering, *Auguste Comte: An Intellectual Biography*, Vol. I, Cambridge: Cambridge University Press, 1993, pp. 445-47. 参照。

(38) 前掲『丸山眞男集』、一五九—六〇頁参照。

(39) この箇所は、一八世紀後半のドイツ哲学や歴史叙述が文化を創造する社会的存在としての人間を強調していることと重要な相似をなすといわれている。しかしビランもいわんやギゾーも、より個人主義的であって、人民ないし民族(Volk)

への思い込みはすくない。Siedentop, *op.cit.*, GHH: xi, 249. 参照。

(40) 松沢弘陽校注・福澤諭吉著『文明論之概略』岩波文庫、一九九五年、三三一頁参照。

(41) この点については本書第二章参照。

(42) Alfred Henry Huth, *The Life and Writings of Henry Thomas Buckle*, Vol. I, London: Sampson Low, 1880, p. 144. 参照。

(43) 文明論における使用頻度については、大駒編前掲資料、九四、一六六頁参照。なお江戸期における「幕府」・「朝廷」・「藩」の呼称の一般的問題については渡辺浩『東アジアの王権と思想』(東京大学出版会、一九九七年)一—一三頁参照。

(44) ギゾーはヨーロッパ文明の要素を君主制的原理、神政的原理、貴族制的原理、それに民主制的原理に求め、論者がそれぞれのヨーロッパ社会の支配の正統性を主張しているが(GG: 61, 63 訳四四—四五)、それらの他を排除しない共存がヨーロッパ文明の特徴であるとして——福澤手沢本のこの箇所にピンクの不審紙の貼付(GG: 37 訳二五)、さらに鉛筆によるチェックがある(GG: 38 訳二七)。また福澤によるこれらの導入は文明論第八章の冒頭部にあきらかである(④一三三)——、神政制を君主制と区別して論じている。ここでのギゾーの神政制はしかしながら教会指導の政治をさしており、したがって神政制下の王を神の化身と見なすとの紹介は同じ神政制であるにせよ、それは帝国的君主制からの過渡期のそれである(GG: 202 訳一七五)。

(45) その他に福澤は「国内の智力」(④七四)、「自由の趣意」への志向(⑲五二八—二九)などの表現を使用して、それらが明治維新をもたらした要因と解釈する。

(46) 新井白石の『読史余論』を繙けば、鎌倉以降、とりわけ足利尊氏以降「朝家はたゞ虚器を擁せられしまゝにて、天下はまつたく武家の代とはなりたる也」(岩波文庫、一九七六年、一四頁)との認識を、さらに「豊臣の太閤の代の初、皇家の威を仮りまいらせて、天下を掌にすべしとおもひて、事ごとに勅詔を称せられしかど、誰かはそれに応ぜしものある。その中かれに靡き従ひしものどもは、たゞその兵力を恐れしが故也。さらに皇家に服せしにはあらず」(同上、一〇六頁)との事実を知らされるであろう。なお徳川政権の正統性根拠(?)と威光と格式に求めたものとして渡辺前掲書一六—六〇頁参照。

(47) 井上勲『王政復古——慶応三年十二月九日の政変』(中公新書)中央公論社、一九九一年、二一七頁引用参照。

(48) 進藤咲子『「文明論之概略」草稿の考察』福澤諭吉協会、二〇〇〇年、六二—六九頁参照。なお本書については拙稿「進藤咲子著『「文明論之概略」草稿の考察』を読む」(『福澤諭吉年鑑』27、二〇〇〇年、所収)参照。

(49) 大久保前掲編『西周全集』第一巻、四九五―九六頁引用参照。

(50) 井上毅の手になるといわれている伊藤博文著『憲法義解』には「統治権を総覧するは主権の体なり」と註解している。宮沢俊義校注、岩波文庫、一九四〇年、二七頁及び宮沢同書解題、同上書、一八一頁参照。

(51) 明治十五（一八八二）年五月、孟子の訴状の形をとって「拙著七編貴国に輸入せし以来、幾千年の久しきに行われたるも、金甌無欠の国体にありて、上に桀紂の君なきにもせよ、下湯武の臣ありたることなきに非ずや」と述べ、（⑧一〇六）、孟子の七編（梁恵王・公孫丑・滕文公・離婁・万章・告子・尽心の各章句）が「国体」に合わないから教科書として不採用と決したことを取り上げた慢言である。また「万世不易の国体を保守して天皇陛下億丁に君臨し給ふ」との綱領の内容紹介（⑧六八九）などである。

(52) ドイツのことを「武を以て成るの国体」（⑧一二）としている例などがある。

(53) 「啻に学者士君子の流のみならず、百姓も町人も婦人も小児も常に独立国の大義を忘れずして、外国人に対しては格別に心を用ひ、一毫の権利をも等閑にすることなかる可し。之を国権（ナショナリチ）を重んずるの人と云ふなり」（④六一四）という『通俗国権論』（明治十一年）の「国権」に「ナショナリチ」を充てて文明論にいう「国体」を「国権」に言い換えている。また「国権は日本国中最上の権にして、凡そ日本国民の忠も不忠も義も不義も、賢愚強弱善不善、一切この一点を標準に立てゝ判断を下す可きものなれば、其試験厳なりと云ふ可し」（⑤二〇九）というのは、最高権力を「国権」にしているが、この場合の「国権」も、さらに『時事新報』発行の趣旨における「国権」の意味（⑧八、六四）も、文明論における「国体」と同様である。ただし「国権に二様の別あり。一を政権と云ふ。西洋の語、これを「ガーウルメント」と称す。一を治権と云ふ。即ち西洋に所謂「アドミニストレーション」なるものなり」（④二六四）との新政府の集権化政策の遂行に抗して著された『分権論』（明治十、一八七七年）における用法があることにも注意されたい。周知の如くこれは次章で論ずるトクヴィル『アメリカのデモクラシー』（Alexis de Toqueville, *Democracy in America*, 1835）を援用して論じているところであって、集権化が民主化とパラレルに進行するとのギゾーの論理から、民主化と分権化の両立可能性をアメリカにみたトクヴィルを通して、中央集権化政策に抗するものであった。また「元来人民の報国心は私心の結合したるものにして、自から愛して他を嫌ふの熱情より外ならず。而して其熱度を維持して互に結合せしむる所以のものは、言語を共にし、生誕の地を共にし、道徳の教旨を共にし、衣食住の風を共にする等の箇条なれども、就中有力なるは懐旧の口碑を共にして共喜憂栄辱を共にするもの即是なり」（⑤二〇七）との「報国心」の由来の定義は、中国における満清政府と人民とが異なる状態にある点についての分析を論じたもので、この「報国心」は「国体」と同様である。

(54) 伊藤前掲書『憲法義解』二二頁。これが井上毅の実質的著書であることについては宮沢俊義同書解題、同上、一八一頁参照。

(55) Brian Harrison, *The Transformation of British Politics 1865–1995*, Oxford: Oxford University Press, 1996, p. 47 参照。

(56) なお福澤は「元来政治法律は道理部内の事にして、其利害の分るゝ所も道理を標準にすることなれば、一利一害相伴ふの社会に在りながら、億兆の人民をして聖徳の如何と政治の如何と直に影響するが如き思想を抱かしむるは、時として施政の為に便利なるが如くなれども、又時として聖徳を累はすの恐なきにあらず。蓋し政治は一時政府の政治にして、帝室は万世日本国の帝室なり。帝室の神聖は政治以外の高処に止まりて広く人情の世界に臨み、その余徳を道理部内に及ぼして全国の空気を緩和せんこと、我輩の宿論として密に希望する所なればなり」(⑥一七—一八) と『尊王論』で述べているが、「人民を御するの法は、唯道理に基きたる約束を定め、政法の実感をこえて之を守らしむるの一術あるのみ」(④三五) としている文明論での主張とそれは一貫している。

(57) 特に「文明ノ進ムニ従テ君臣ノ義ヲ唱ルモノナシ」(SF:6) 及び「初ハ主人。次ハ奉行。次ハ人ノ政府。次ハ政府ノ法ニ次ハモラルローニ従フニ至ル可シ」(SS:196) との書き込み参照。

(58) 山極晃・中村政則編・岡田良之助訳『資料　日本占領Ⅰ　天皇制』大月書店、一九九〇年、五三一頁。

(59) 治安維持法で「国体」が成文法典において初めて登場したと言われるが、帝国議会での質疑では、政府が憲法第一条を、星島二郎議員が美濃部・上杉論争を踏まえてその曖昧性を、沢柳政太郎が憲法と教育勅語における概念の相違からくる不明確さを指摘したが、疑問を解決しないで可決をみた点については長尾前掲論文、二六〇—六一頁参照。また天皇機関説事件から国体明徴にいたる過程で、「国体」の概念的な説明自体が日本の「国体」の神髄を失わせる行為とみなされ、一切の論理的説明が排除されていった点については掛川トミ子『「天皇機関説」事件—日本ファシズムの知性への攻撃—』(橋川文三・松本三之介編『近代日本思想史大系（4）近代日本政治思想史Ⅱ』有斐閣、一九七〇年、三一八—四四頁参照。

(60) 村岡前掲書、三五七頁。なお同様な感想については前掲『丸山眞男集』、一五六頁参照。

第四章　トクヴィル問題
――政権と治権――

一　はじめに

福澤諭吉（一八三五―一九〇一）がその政治思想を培うにあたって、最も多くを学んだ西欧思想家の一人に、アレクシ・ド・トクヴィル（Alexis de Tocqueville, 1805-59）がいる。福澤とトクヴィルとの関連については、すでに福澤がこの世の生を全うした翌年の一九〇二年に、中国から日本へ教育視察にきた呉汝論（一八四〇―一九〇三）の日記（「桐城呉先生日記」巻十教育）において、われわれは認めることができる。そこには、福澤がアダム・スミス（Adam Smith, 1723-90）の『国富論』（*An Inquiry into the Nature and Causes of the Wealth of Nations*, 1776）とともに、トクヴィルの『アメリカのデモクラシー』（*De la démocratie en Amérique*, 1835）を最も重要な教科書として、慶應義塾において使用していることが記されている。(1)

また福澤研究史を振り返ってみても、(2)昆野和七氏が岩崎書店版『学問のすゝめ』（昭和二五・一九五〇年）におけるその「解説」において、「内は忍ぶ可し外は忍ぶ可らず」として今日知られている『学問のすゝめ』（明治五・一八七二―同九・七六年）の著名な未題草稿の一部分たる「同権の趣意は民政の国にも行はれ、立君の国にも行はれても差支あることなし」（⑲二二二―二二三）はトクヴィルの所論の借用であり、その前後の部分もトクヴィルの所論のサジェッションを受けたものであると指摘され、加えて他の福澤の論稿にもトクヴィルの影響下にあるものはかなりある、[3] と述べられている。

次いで福澤が明治十（一八七七）年前後の読書執筆時にメモした「覚書」が昭和二十六（一九五一）年に公表されるに及んで、富田正文氏は『福澤諭吉選集』第一巻（岩波書店、昭和二六・一九五一年）におけるその「後記」において、「覚書」に記されている「トークビル」が福澤手沢本として現存しているトクヴィルのヘンリー・リーヴ (Henry Reeve, 1813-95) 英訳本たる『アメリカのデモクラシー』（*The Republic of the United States of America, and Its Political Institutions*, Reviewed an Examined by Alexis de Tocqueville, Member of the Institute of France, and of the Chamber of Deputies, etc., etc. Translated by Henry Reeves [sic.], esu. with an Original Preface and Notes by John C. Spencer, Counsellor at Law, Two Volumes in One, New York: A. S. Barnes & Co., 111 & 113 William Street, [Corner of John Street,] Sold by Booksellers, Generally, TIII Roughout the United States, 1873. 背字は、"DEMOCRACY IN AMERICA BY M. DE TOCQUEVILLE"）であることを指摘されている[4]（同様なことは⑦七一六―一七）。

その「覚書」及びこの福澤手沢本をも史料として、福澤の政治思想を考察する際に取り上げられたのが丸山眞男氏である。丸山氏は『福澤諭吉選集』第二巻（昭和二七・一九五二年）におけるその「解題」において、J・S・ミル『代議政治論』(John Stuart Mill, *Considerations on Representative Government*, 1861) とともに、政治権力の一元性・集約性の主張と、その機能の消極性の主張とは決して相矛盾しない、という福澤の確信を強める上で、トクヴィルの本書の所論が少からず寄与していることを論究され、しかもその際手沢本におけるアンダーラインや不審紙貼付の意味についてもふれられている。[5] そしてトクヴィルの影響が最も顕著にみられ、福澤自身その名をあげている『分権論』（明治一〇・一八七七年）で、福澤は政権・治権分割論を提唱しているが、これを一応放棄した後においても、地方行政の分散という構想を福澤が維持し続けた背景には、フランス革命のもたらした民主的集権に対するトクヴィルの批判の影響が認められる、と丸山氏は手沢本における鉛筆での傍線の意味をも引き合いに出されて、やはりその「解題」において論究されている(6)。さらに丸山氏は、福澤が冷厳なリアリズムに立脚した政治への眼をもつに至った契機を、トクヴィルに求められている（「福沢から何を学ぶか—丸山真男氏を囲んで—」）(7)。また近代への進化は専制者の権力を君主から議会に移しただけではなく、国家と社会との区別が明らかになって、如何なる形態の政府でも、政府自身の職能には侵す可らざる限界がある、という原則が確立したことにある、ということを福澤は、H・スペンサー『第一原理』(Herbert Spencer, *First Principles of a New System of Philosophy*, 1862) とともにトクヴィルの本書から学びとっている、とやはり丸山氏は指摘されている(8)。

丸山氏の「解題」を受けられて、服部之総氏は、福澤が冷徹にもその前半期の啓蒙的自然法の理論を色揚させた保守哲学として、トクヴィルをミル（一八〇六―七三）及びスペンサー（一八二〇―一九〇三）とともに挙げられている(9)。

また遠山茂樹氏は、その『福沢諭吉』において、『分権論』における政権と治権との分離という考え方は、トクヴィルの思想からヒントをえたものではあるが、トクヴィルの政治理論で以て福澤が士族の政治関心のあり方を転換せしめんとした、と解することは妥当ではないとされ、『学者安心論』（明治九・一八七六年）及び「覚書」を引照されることによって、福澤の政治思想からしてもトクヴィルの理論を受け容れる必然性はあった、と論じられている(10)。

さらに山下重一氏は、資料的価値は乏しいとされながらも、福澤手沢本を使われて、同じく手沢本の残っている徳富蘇峰（一八六三―一九五七）と比較されつつ、その「トクヴィル、福沢諭吉、徳富蘇峰」において、『分権論』『通俗民権論』（明治一一・一八七八年）及び「覚書」における福澤のトクヴィル受容について論じられている(11)。

そして、ひろたまさき氏は、トクヴィルがミル、スペンサーとともに福澤の思想転回の主要契機になっている、と指摘されている(12)。

最後に三谷太一郎氏は、「アメリカ人の実際的知性と政治的叡知との主要な源泉は民事陪審の長い経験である」とのトクヴィルの本書における言説を引かれ、福澤の『西洋事情初編』（慶應二・一八六六年）における陪審制の紹介（①三五〇―五八）、並びに福澤の「西郷隆盛の処分に関する建白書」（明治一〇・一八七七年）における陪審制の実際的適用（⑳一六八―七五）に関して言及され、福澤におけるトクヴィルの影響について暗示されている。[13]

このようにみてくれば、もはやトクヴィル『アメリカのデモクラシー』リーヴ英訳本たる福澤手沢本の福澤思想における重要性は明らかであろう。むろん福澤におけるトクヴィルの影響は、手沢本に記されている本書第一巻の読書期間、すなわち明治十（一八七七）年六月二十四日から同年七月二十五日（第一巻の序言、及び第二巻の第一〇章までの読了時期は明確ではないが、読んだ形跡が手沢本に認められる）以前にすでに現われている（そもそも福澤が唯一トクヴィルの名をあげて発表した『分権論』は明治九（一八七六）年に草されているのである（④二三三））。

これには福澤の良き女房役を務めた小幡篤次郎（一八四二―一九〇五）の存在が第一に考えられる。小幡はすでに明治六（一八七三）年に『上木自由之論』と題してトクヴィルの本書リーヴ英訳本第一巻第一一章を邦訳出版し、[14]同じく第一巻第五章及び第一四章を訳出し、これを『家庭叢談』に掲載しているのである（福澤がその『分権論』で引用したのはこの小幡訳である（④二六七―六八、二七三―七七））。ここから福澤がトクヴィルの提起した諸問題＝トクヴィル問題をめぐって小幡と議論を交わし、重要な部分を通読以前に拾い読みをもしたであろうことは、充分推測できる。

第二に、森有礼（一八四七―八九）の存在が考えられる。森は神田孝平（一八三〇―九八）に本書英訳本を贈って、明六社の社員に本書のもつ意義について注意を喚起させた、といわれている。[15]明六社の一員たる福澤もその喚起させられた一人に数えることができるであろう。

第三に、トクヴィルに影響を与えたF・P・G・ギゾー（François-Pierre-Guillaume Guizot, 1787-1874）の存在が考

えられる。トクヴィルは、復古王政末期すなわち一八二八年四月十八日から三年にわたってソルボンヌにおいて開講された、ギゾーの有名な「ローマ帝国の崩壊よりフランス革命に至るヨーロッパ文明史」（*Historie de la civilisation en Europe depuis la chute de l'Empire romain jusqu'à la révolution française*, 1828）の講義録を取り寄せ、なお引き続き講ぜられた「フランス文明史」（*Histoire de la civilisation en France*, 1829-32）の講筵に列しており(16)、これらの講義の影響が『アメリカのデモクラシー』にみられる。福澤はギゾーの前者の講義のヘンリー脚註本（*General History of Civilization in Europe from the Fall of the Roman Empire to the French Revolution* by M. Guizot, Professor of History in the Faculty of Literature at Paris, and Minister of Public Instruction, Ninth American, from the Second English Edition with Occasional Notes, By C. S. Henry, D. D., Professor of Philosophy and History in the University of the City of New York, New York: D. Appleton and Company, 1,3, and 5 Bond Street, 1870）を熟読しており(17)、トクヴィル問題をギゾーの読書において、すでに一部見出していた、とも考えられなくはない。さらにトクヴィルに影響を与えたと思われる一八二二年のギゾーのソルボンヌでの講義たる『ヨーロッパ代議政体起源史』英訳本（*History of the Origin of Representative Government in Europe*, By M. Guizot, Translated by Andrew R. Scoble, London: Henry G. Bohn, York Street, Covent Garden, 1852）をも福澤は読んだと思われ(18)、ここからもトクヴィル問題を一部引き出している可能性がないとはいえない。

第四に、福澤がすでにギゾーやトクヴィルを読む以前にJ・S・ミルの諸著を熟読していた、ということが考察されなければならない。ミル『代議政治論』は『文明論之概略』（明治八・一八七五年）を福澤が著すにあたって、ギゾー『ヨーロッパ文明史』及びH・T・バックル（Henry Thomas Buckle, 1821-62）の『イングランド文明史』（*History of Civilization in England*, 1857-61）とともに最も強い影響を福澤に与えており、トクヴィル問題を充分考慮しているこの書が、福澤にトクヴィルを読む以前にトクヴィル問題を認識させた、と当然考えられる(19)。さらに明六社同人たる中村正直（一八三二—九一）によって『自由之理』（明治五・一八七二年）と題して翻訳されたミル『自由論』（*On Liberty*, 1859）もトクヴィル問題を問題にしており、津田左右吉（一八七三—一九六一）が指摘しているように、『文明論之概略』にその影響がみられることから、福澤はその書からトクヴィル問題を引き出している、とも考えられる。その他読了時期は不明ではあるが、福澤が読んだと思われるミルの著作で、トクヴィルの影響下にあるものとしては『論説論考集』（*Dissentations and Discussions*, Vol. I, II, III, 1824）に含まれている「文明」（Civilization）、トクヴィルの本書デモクラシー論についての古典的書評たる「トクヴィル氏のアメリカにおけるデモクラシー」（M. de Tocqueville on Democracy in America）、さらに『自伝』（*Autobiography*, 1873）があり、また『学問のすゝめ』にすでに影響を与えている『女性の隷従』（*The Subjection of Women*, 1869）がある。これらのミルの諸論をよく読めば、トクヴィル問題の一部はミルの眼を通したものであれ、認識できうるのである。

第五に、福澤が読んだ教科書ないし入門書、及び欧米体験が考えられる。当時の時代精神に影響を与えたと思われるトクヴィル問題が、それらに何らかの形で反映している、と考えられなくはないのである。

ギゾー、ミルなどとトクヴィルとの異同は暫くおくとしても、福澤がトクヴィル通読以前にトクヴィル問題を解しうるチャンスを有していたこと、これをわれわれはやはり認識しておく必要があろう。

ところで福澤が精読したトクヴィルは如何なる問題意識でもって今日、古典として確固たる地位を占めている、『アメリカのデモクラシー』を著わしたのであろうか。それはその序文において明確である。すなわちトクヴィルは、アメリカ合衆国に滞在中、最も注意を喚起された事象として、「諸条件の一般的平等」（the general equality of conditions）を挙げている。そしてトクヴィルは、それが世論（public opinion）に一定の方向を与えるとともに、法律に一定の傾向を、さらに統治権力に新たな準則を、また被治者に対しては特有の習性を付与すると述べる。そして引き続きその事実がその国の政治的特性や法を超えて、はるかに広範な影響を及ぼし、政府に劣らず市民社会に影響力を持っていること、加えて世論・感情・慣習、それにこれらと無縁に生じたものにも修正を加えると論じている。

正に「諸条件の平等」こそがトクヴィルにとってアメリカを研究するさいに注意すべき根源的事実であって、アメリカに見られる個々の事実もそれに由来し、すべてがそれに帰着するのであった（TDS : xi 訳上九）。しかも英訳者リーヴはトクヴィルの意を酌んで「一般的」（general）を「諸条件の平等」（l'égalité des conditions）に形容したのであった。「一般的」である以上然しながらそれはアメリカにおいてのみ見られるものではない。したがってトクヴィルは母国フランスのみならずヨーロッパにも眼を向け、同様な動向について論じる。すなわちヨーロッパではアメリカほどではないにしろ、デモクラシーが急速にその地位をあらゆる領域において占めようとしており、これがまたトクヴィルの執筆意欲を掻き立てるのであったが、「大いなる民主革命」（a great democratic revolution）が進行しているというのである。しかもそれは偶発的なもので阻止できるものか、あるいは歴史的に見て最も規則的にして古く、なお恒久的な傾向を帯びているゆえ抗しがたいものか否か、意見が分かれるところである（TDS : xi-xii 訳上九―一〇）、と一応は留保しながらトクヴィルは以下、序文において七〇〇年前のフランスに立ち返り、歴史的にフランスの普遍的平等化＝デモクラシー化の進行について述べるのである。(27)

トクヴィルの史的分析は、一面においてその講義録を読み陪席判事として赴任していたヴェルサイユから学生時代を送ったパリ大学、そのオールド・ソルボンヌにまで週末ごとに足を伸ばしてその講義に列席し、とりわけその分析的精神を学んだといわれるギゾー文明史に依拠していよう。(28) そうして福澤諭吉もまたそのヨーロッパ文明史の概略箇所の講義録の英訳版を精読し、百分の一の大意の一つとしてその『文明論之概略』に援用したのであった（④一三三）。したがって福澤にとってトクヴィルの序文の一端はギゾーの史的分析の再確認でもあったであろう。なかでも福澤が改めて着眼しているのは経済的活動が政治的影響力を持つことへの確認であり（一）、知的営為がデモクラシーの進展に寄与し、学問が貧者や弱者の武器の供給源となった点である（二）。これには、むろん『学問のすゝめ』第一編（明治五・一八七二年）において「権理通義の平等」を謳い、四民平等化が進行中の日本にあって、福澤が説いた視点も与って大なるものがあったであろう。また十字軍や英仏戦争が貴族の没落をもたらし、土地を細分化し、地方自治体の設立が封建的君主制下に民主的自由の要素を付け加え、武器が腕力から火器に移行して以来、貴族と庶民は戦場で対等となった点、あるいは印刷術はすべての階級の人々に同一の知的糧を提供し、郵便制度がまたあばら家や宮殿の区別なく同一の情報を届けるようになったこと、さらにプロテスタンティズムがすべての人々は天国への道を用意すると宣言し、アメリカの発見が富と権力とを用立てた、というトクヴィルの指摘、これらは当然にも、福澤の着眼するところでもあったのである（三、四）。

いやそれどころかトクヴィルのテーゼである「諸条件の平等」は、福澤が「有様の平等」(equality of condition) と「権理通義の平等」(equality of right) との区別の必要性をF・ウェイランド『道徳科学の基礎』(Francis Wayland, *The Elements of Moral Science*, 1877) を援用して説いて以来の問題でもあった（WM: 174）。福澤は両者を区別して「有様の平等」はあり得ないとして「権理通義の平等」すなわち「権利の平等」を説いたのであるが（③三七—四一）、トクヴィルのテーゼに福澤がなみなみならぬ関心を抱いたとしても不思議ではない。それでは福澤はどのようにトクヴィルが提示した問題を主体的に受け止めて理解したのであろうか。トクヴィルは新しい世界には政治について新しい学問が必要であると説く。これに福澤も着眼し（四）、維新体制という新しい政治状況の中での自らの新しい政治についての学問的に裏付けられた体制構想をめぐることになるであろう。そして何よりもそれはまず『学問のすゝめ』で議論された問題としてではなく、士族対策論の一環として、具体的なトクヴィルの援用でもって始まるが、その前に福澤の見た当時の時代状況と福澤の対応について論じよう。

二　「政府の政」と「人民の政」——「民権」の基底——

明治二十一年、すなわち一八八八年四月二十五日、それまでの三新法、すなわち郡区町村編成法・府県会規則・地方税規則に代わる市制・町村制が公布された。これは翌年発布されることになる大日本帝国憲法をいわば国民各層に定着させる媒介装置ともいうべきものであって、憲法発布後に発布された教育に関する勅語が精神的に憲法を支える基盤であったのと対をなすものであった。すなわちそれは明治国家体制を考える上できわめて重要な意味を持つものである。周知のように市制・町村制の主たる制定者は山県有朋であった。すなわち山県は明治二十一（一八八八）年、地方長官会議において市制・町村制の意義について演説し、中央制度の整備に先立って地方制度を確立することが国家の基礎であるとして、憲法発布の前に地方制度の確立の必要性を主張したのである。(29)

地方制度の重要性は、むろん明治国家の経営を自他共に担うとした藩閥官僚ないし元勲のみならず、例えば明治国家体制確立後に市井にあって論を張っていた陸羯南も、(30)国民勢力の培養を促進し、国民の公義心の高揚と団結にとって、その健全な運用が不可避であることを主張しており、何らかの意味において有識者の間にあっては、広く主張されていたと思われる。これには地方住民の政治的経験を重視し、その政治文化、とりわけそれが有する政治教育の意味について説き、バジョットによって自治体信仰の開祖とも揶揄された（CWB : 394-95 訳二九六）トクヴィル『アメリカのデモクラシー』の日本への翻訳紹介の影響もあったと考えられる。(31)また大森鍾一が訳述した『仏国地方分権法』が明治十一（一八七八）年に刊行され、トクヴィルの「治権」の観念を「エスプリ・ド・シティ」(esprit de cité) すなわち「一国自主自治ノ精神」あるいは「自ラ郷土ヲ愛護スルノ心」に結びつけて、体系的に解説していることも、その背景にはあろう。(32)しかしより長期的に見るならば、それら地方制度はいわゆる明治六年の政変以降に顕在化した士族反乱と有司専制に対する異議申し立てへの政府の応答として生まれたものでもあった。山県の構想はその一つの現れであろう。

ところで明治六年の政変は一方、不平士族の反乱を生み、その一つの決着が西南戦争であるが、他方、それとも関わりながら民撰議院設立を志向する自由民権運動をもたらした。いずれも明治維新体制の攪乱要因であった。それらは旧体制下にあって政治に参与する指導層であった士族が、新体制下にあって四民平等・版籍奉還・徴兵令などの矢継ぎ早の改革によって、行き場を持った層と行き場を失った層とに分裂し、これら両者の戦いと言えるものでもあった。すなわち後者の新政府に対する抵抗であって、ともに既得権喪失に伴う士族層なりの意思表示を具現化したものであり、正に福澤が指摘するように「在役の士族と非役の士族との喧嘩」であったと言えるのである(⑦六七八)。福澤が馬場辰猪に宛てた有名な書簡は、そうした時代背景に対する福澤の心情が吐露されていて興味深い。すなわち「法の権も商の権も日に外人に犯され、遂には如何ともすべからざるの場合に可至哉と、学者終身之患いは唯この一事のみ。……結局我輩の目的は、我が邦のナショナリチを保護するの赤心のみ。……外交の平均を得んとするには、内の平均を為さゞるを得ず。内の平均を為さんとするには、内の妄誕を払はざるを得ず。内に先にすれば外の間に合はず。外に立ち向かはんとすれば内のヤクザが袖を引き、此れを顧み彼を思へば、何事も出来ず。……幾重にも祈る所は、身体を健康にし、精神を豁如《かつじょ》ならしめ、飽くまで御勉強之上御帰国、我がネーションのデスチニーを御担当被成度、万々奉祈候也」(⑰一七五―七六)。福澤は内乱要因を解消しなければ、日本の独立の確保は難しいと考え、彼なりの処方箋を説いたのである。なかでも明治九(一八七六)年四月に出版された『学者安心論』、翌年の西南戦争終結後に刊行された『分権論』、及び西南戦争中に構想され執筆されたと思われる西郷隆盛への追悼文ともいえる「明治十年　丁丑公論」や「薩摩の友人某に与るの書」は、明治六年の政変以降濃厚となった有司専制に対する福澤なりの抵抗と、不平士族の動向に対する福澤なりの解釈と提言として、位置づけられるものである。まず『学者安心論』をみてみよう。

福澤は『学者安心論』で「心情の偏重」を定義して「直接の為に眼光を掩はれて地位の利害」に眩惑される「世の人心」であるとして、具体的には「人々直に相接すれば必ず他の短を見て其の長を見ず、己に求めること軽くして、人に求めること多きを常とす」としている。「目下の私に煩悶する」人心は「直接を以て真の判断を誤るもの」なのである。これはしかし福澤によれば特に日本の政論に甚しい。それは明治維新以来、「新造の一国」として「政府を以て人事百般の源となし、其の心事の目的を政府の一方に定めて他を顧みざる者多し」であるからである。福澤はそれに反して、むしろ「政府は人事変革の原因に非ずして人心変革の結果なり」と断言する(④二一五―一六)。何とならば福澤の歴史認識によれば、バックルではないが(BH 1 : 17-21, 125-26)「天下衆人の変化」が廃藩置県以降の変革をもたらしたと言えるからである。すなわち「幕府の政を改めんとするの人心」によって諸々の変革はなったものであり(④一八八)、それはまた「人心騒乱の事跡」というべきものであった(④四)。しかも「改進は上流に始て下流に及ぼすもの」であるから、維新以降の諸々の改革を嫌う者も当然の如くいる。こうした状況が「改進の党」と「守旧の党」を生ぜしめ、「上下二流の党派」となったのである。そうして福澤は「改進の党」の人々が「心情の偏重」を制御できないとして、その地位の利害に目が眩み、事物の判断を誤り、「ヤクザ」とも映る「現在の得失に終身の力を用いて、永遠重大の喜憂を顧みざる」日本国中一流の人民と看做す政談家を対象として、議論を進めるのである(④二一六―一七)。

政談家にはしかし漸進論を唱える者と急進論を唱える者とがあるが、福澤は「進」において同一であるとしながらも、ともに「改進者流の人物」として「今日我が国に居て民権を主張する学者」であり、その点、福澤自らも同説であるとする(④二一七―一八)。ここでしかし注目すべきは福澤が「此の国は固より人民の掛り合ひにして然も金主の身分たる者」として、人民を国の盛衰を引き受ける主体と看做していることである。「国の盛衰を引き請けるとは即ち国政に関ることとなり。人民は国政に関せざる可らざるものなり」(④二一八)。人民一人ひとりが国の問題を自分の問題として把握し関与していくこと、この主張自体は福澤がすでに『学問のすゝめ』において説いたものである(③四四)。すなわちそれは福澤におけるナショナリズムのいわば執拗低音である。

むろんここでの福澤の主張の含意は「国政」をより広義に把握し、それがかえって政治権力へのベクトルを緩和させることにある。曰く「余輩が今爰に云ふ所の政の字は其の意味の最も広きものにして、唯政府の官員と為り政府の役所に坐して事を商議施行するのみを以て政に関ると云ふに非ず、人民躬から自家の政に従事するの義を旨とするものなり」。要するに福澤は政治を狭義の「政府の政」と広義の「平民の政」ないし「人民の政」とに区分するのである。その言わんとするところに依れば、例えば「政府の政」は「学校」を、「平民の政」は「塾」を通じてそれぞれ文教政策を行い、「政府の政」は「大蔵省」を、「平民の政」は「帳簿」を通じてやはりそれぞれ経済政策を行う、という具合に分けられるのであって、つまるところ政治的営為は社会の至る所において確認できるという訳である。その視点からすれば「家政」は正に「政の字は政府に限らざること明らかに知る可し」の良き例となると福澤は論ずる（④二一八）。

「政府の政」が司法・軍事・外交・租税など僅少であるのに対して、「人民たる者が一国に居て公に行ふ可き事の箇条は政府の政に比して幾倍なるを知る可らず」であって、外国通商・内国物産・開発事業・運輸・大中会社の経営など「人民の政」は膨大である。ここでの「学者の領分」を見ても教育・ジャーナリズム・弁論演説の営為がある。これらが功を奏して「一般の繁盛」をもたらすならば、福澤にとっては正に「文明の進歩」となろう。すなわち「一国の文明は政府の政と人民の政と両つながら其の宜を得て互いに合助るに非ざれば、進む可らざるものなり」であるからである。なかでも「人民の政」は想像以上に「有力」であって、しかも「政府の政」がそれを制御することは不可能に近い。「人民の政は唯多端なるのみに非ず、亦盛大有力」なのである。「人民の世界」には多くのなすべき領域ないし仕事があり、むしろそれが拡大すればするほど政府が関与する領域は限定され、真の意味での民権が伸長する。「政府の政は日に簡易に赴き、人民の政は月に繁盛を致し、始めて民権の確乎たるものをも定立するを得べきなり」である。ここから「人民は人民の地位に居て自家の領分内に沢山なる事務に力を尽さんことを欲するのみ。即ち是れ広き字義に従って国政に関るものと云ふ可し。直に政府に接せずして間接に其の政に参与するものと云ふ可し。間接の勢は直接の力よりも却って強きものなり」という福澤流のあと一つの、否、真の民権論が生まれるのである（④二一九）。

むろん福澤も「民権」には意味深長であって、それは『通俗民権論』における解釈において明らかである。すなわち「民権」の「権」は「分」という意味であり、「身分」・「本分」・「分限」・「一分」の如きものである。「分の字」は「自から権理」の意味があると主張するのである。例えば封建時代に士族が恥辱を蒙れば「武士の一分相立たず」と怒る場合があるが、それは「武士たる者の権理」という意味であって、「分の字と権の字とその意味誠によく符号せり」という。しかもそれは「面目」とも関係を持つものであった。「武士の面目は之がために穢されて其の一分相立たず、即ち権理を犯されたることなり」という訳である（④五七三―七四）。「死ヲ軽ジテ名ヲ重ズル」が「弓矢ノ道」（＝武士の道）の「義」である[33]（『太平記』）ということは、武士の面目名誉が権理であることを指すことになる。むろん「一分」の「一」が第一位のそれか、それとも多数の中の一つの意味のそれか、あるいは一般的に一つの身のそれかの問題は残るとしても、面目名誉を自然権の一つとして福澤が提示していることを思えば、「一分」は「権理」となろう。

さらに福澤は「一人に権理あれば一村一町にも権理あり、一郡一県にも権理あり、郡県集まりて一国となれば又一国の権理あり。即ち民権国権の名ある由縁にして、民権とは人民たる者の一分なり、国権とは独立国たる者の一分なり」と論じて、人権から波及して国権に至る過程を述べる。このとき「民権」＝「人権」＋「村町権」＋「郡県権」ということになろう。したがって「人民と政府との釣合は此民権の伸びると縮るとの間に在りて、其の争論も常に此一事の外ならざるなり」ということになる。「民権」を誤解して「下々の者が謂れもなく妄りに威張るを以て此義と思ふ者なきに非ず」であるがゆえに、世間でそれがタブー視されているのである。しかし考えてみれば

「政府は既に封建の大名を潰し士族を倒したり。民権を重んずるの実証これより明らかなるはなし」であり、それが禁句となっているのは誤解に基づくものである。福澤に言わせれば「民権の趣旨は……一口に云へば、人民が其の身其の家に関係する戸外の事に就いて不分明の箇条あれば不審を起こして之を詮索することなり」という如く対外的に事が起こった場合の詮索権に民権は解消されることになってしまうのである（④五七四―七五）。

福澤のこうした論の背後にあるのは、どこまでも官への地位にこだわり、それへの道が恰も唯一の立身と思っている旧士族層の動向であり、その変形である権力志向型と福澤に映じた自由民権運動と、それを喚起させる有司専制の有り様なのである。国際的にも欧米列強の日本への脅威は依然高まっており、その最中での両者による国論の分裂は、福澤の言う「国体」、すなわちJ・S・ミルの定義するナショナリティー（CWM 19 : 546 訳三七四）の喪失をもたらすことになるのである[34]（④二七）。ここでの福澤の「間接の勢」（「人民の政」）が「直接の力」（「政府の政」）よりも一国にとって強固であるとの理論は、「心情の偏重」（bias）とともに小さな政府論者であるH・スペンサー『社会学研究』（Herbert Spencer, *The Study of Sociology*, 1874）から理論的に示唆を受けたものである[35]（SS : 74, 270）。

福澤が「政の字の広き意味に従へば、人民の政事には際限ある可からず」（④二二〇）と述べる時、そこには正に不平士族の反乱のエネルギーを民間に向けさせ、「私立」の立場の有意味性を説くと同時に、政府の肥大化を防ぎ、価値の「官立」への一元化を防ごうとする意図があったといってよい。そうであればこそ仮に自由民権論者の主張通りに立憲政体を導入するにしろ、「政府の領分を狭くし官吏の権威も給料も大いに減じて、政府は人民の羨む可き目的とするに足らざる程のものに取り縮めて、然る後に立憲代議の沙汰に及ぶ可し」と後にトクヴィルを読みながら記すはずである（⑦六七八―七九・㊂）。そうして民の権力が強くなるためには何と言っても知力の育成が必要となる。「人民の智力発達するに従って其の権力を増すも亦当然の理なり」（④二二三）。民権を増すには民の知力の発達が不可欠であるが、いわゆる学者たる知的エリートはすでに政府と対抗できる知力の持ち主である。だとすればこそ、狭い政府にあって有り余る知力を持て余すよりは、野に在ってその能力をフルに発揮した方が民権の向上とともに富国にも到るであろう。そうして「国体」(＝ナショナリティー)の維持が一層強固になるであろう。人民、なかでも学者は己の天職を民間に求めよ。そうすれば「政府は恰も人民の交際に調印して請人に立ちたる者」(④二二八)という機能を持つ存在となる。国際関係も民間外交が中心となり、「霞ヶ関の外務省のみを以て交際の場所と思ふ可らず」(④二二八)というレベルにまで達する。知力の交際は貿易商業・学問工業など、政府次元のみに留まらない外交があることを示すからである。福澤にあっては「間接の力」の充実こそ、「直接の力」を確固とするという訳である。後に福澤はトクヴィル読書に「一国の智力と政力とは共に洪大なる勢を有するものなり。政府は事物の秩序を保護せんが為に常に守旧の風を存し、学者は文明を進めんとて往々奇説を唱へ、双方互に平均して中を得べし」と記し、それぞれが独立して、すなわち、智力と政力とが拮抗することを良しとし、そうでない場合、つまり、全国の智力が政府に集ると、「進むが如く退くが如く、建るが如く毀つが如く」となって「遂に其国を反故にすることとある可し」と記して(⑦六八四)、何もかもが政府指導になることの危険性を改めて認識している。

以上の議論は民間に「学者」の目を向けさせ「私立」の立場の国政的次元における意義を説くのが主眼であって、これは『学問のすゝめ』第四編で説いた「学者職分論」(③四八—五四)の延長線上にある論稿と言えるものでもある。すなわち当時の「学者」が儒学者の精神構造を裏返した洋学者であると批判し、政府以外の領域、つまり「私立」の立場での活動を福澤が求め、加藤弘之によって福澤がリベラルであると批判された論稿がそれである。[36] 儒学は福澤から見れば政府、すなわち官に仕えるための学問であったのである。そうして各地で不平士族の反乱や農民一揆ないし騒擾が起こり、明治十年に西南戦争が勃発、終焉するや、福澤は直ちに一年前に草していた『分権論』を出版し(⑰一九九)、トクヴィルを読みながら「丁丑公論」や「薩摩の友人某に与るの書」、それに「旧藩情」をものにしていくのである。

このうち『分権論』は「文談」＝「万世の理論」（原理論）と「政談」＝「今日の権論」（状況論）を併せ持ったものであり、福澤が国内争論に対処する処方箋を示したものである。また「丁丑公論」はそれを踏まえた上での亡き西郷への献辞であり、追悼文とも言えるものである。「薩摩の友人某に与るの書」は西南戦争を起こした薩摩藩士の精神構造を福澤の出身藩である中津を念頭に置きつつ著したものであり、それは明治革命が起こる以前の旧体制の一典型としての中津藩の実情を著した「旧藩情」と対を成すと言ってよい論稿である。すなわち「旧藩情」は旧体制の身分社会の光景を正に描いた歴史的証言の書であるが、「薩摩の友人某に与るの書」は旧体制がまた一面的に把握できるものではないことを示した記録である。ここではしかしながら『学者安心論』の続編ともいうべき『分権論』をまず瞥見して、福澤の士族対策論が地方自治論となって展開していく経緯の一端を探り、同時に俗人を対象としながらも士族民権論の弱点をも衝き、その意味で単なる「通俗」論ではない『通俗民権論』をも対象に据えて考察したい。

三　「政権」と「治権」——トクヴィル問題（1）——

『分権論』においても福澤はその論を進めるにあたって十九世紀英仏の著作を参考にする。まずその冒頭部はH・スペンサー『第一原理』（Herbert Spencer, *First Principles of a New System of Philosophy*, 1875）の「物質不滅の法則」を士族のエネルギーの転化説明に援用したものであり（SF：172-79）、士族反乱の遠因（the remote cause）近因（the proximate cause）論はバックル『イングランド文明史』の史的認識論（BH 2：358）、あるいはスペンサー『社会学研究』の社会科学的認識論を踏まえたものであり[37]（SS：69-71）、そうして中央・地方論は周知のようにトクヴィル『アメリカのデモクラシー』リーヴ英訳本の「政権」（government）と「治権」（administration）との分離論の援用であった（TDS: 39-78 訳上九四—一五六）。

まず新旧二派の敵対要因の遠因を福澤は士族の働きの変形した者と変形しない者とが相互に接触して、正に「西に走る車を以て東に走る車に接する」如き激動であった旨を述べ、「過激の徒」の檄文には「我が人民たる権利を伸べんと欲するなどと云へる語を用ひたるものを見ず」である。むしろそれは「民を塗炭に救ふ」ことが目的であって、これは福澤に言わせれば「過激の徒」も自らを「国の主人」と位置付け、それを気取っているからである。そこに「日本士族の筆法」を福澤は見る。（④二四四）。民権論者が民権を唱えるのも、福澤のいう民の自立化を目指すものではなく、伝統的な支配層の意識としての民の教化、その意味での政教一致の論理と心理がそこにはあり、これは上級身分の下級身分に対する「御恩」ないし「慈恵」の近代的変容の発想であった。確かにそこに貴族の義務ならぬ武士の義務を、あるいは「義を見てせざるは、勇なきなり」（『論語』）との武士のエートスの一端を見出すことも可能であろう。しかしそれは福澤から見れば上からの恩恵的権利の付与であって、あるいは権力獲得競争に敗れた旧武士身分の権力奪取ないし攻撃の、天賦人権の名を借りた運動と映ったのであった。そこには福澤の意図する真の民権が生まれようはずもなかった。先に述べた福澤のいう民力が民権という発想には、福澤がウェイランドの説として紹介している物質的ないし金銭的支援よりは、むしろ労働を与えることが救貧対策として最良であるとの論も、また背後にはあったであろう（①五二二（WP: 405））。あるいは同じくウェイランドが代議政体ないし共和政の主旨として述べている「国権の基礎」（the fountain of power）として描いた「人々身自ら其の身を支配する」ことが福澤の念頭にあったかもしれない（WP: 394）。そうでなくても「文明開化の特権」として挙げている「人々をして独立不羈ならしめん」ことに、福澤は民権を見てもいたからであろう（①五四〇）。

ところで遠因がこのように伝統的支配者としての士族の働きの変形にあるとするならば、近因を福澤はどこに求めているのであろうか。福澤はそれとして、第一に利禄を失い、生計の術を失った士族の経済的保証の喪失を挙げる。「窮して乱を思ふは人事の常則なり」だからである。第二に士族の面目の喪失がある。他の三民に対して文武の政治の担い手であった士族が権力を失い、軍役は徴兵による庶民をも加えた兵隊に、官吏は身分から能力の問題になり、士族固有の面目、すなわち特権が奪われてしまったからである。第三に仮令、能力があったとしても官吏への道はすでに充足されているので閉ざされてしまっているという事実である。第四に、士族の品行が学者の視点から見るならば中流の人間以下であって凡庸であることである。第五に情報伝達の時間的短縮の問題がある。第六に中央と地方の生活落差の認識に由来する点である。第七に第二種の民権論者、すなわち急進論者の煽動であって、これが福澤によれば最大要因である。しかしこれも間接の教唆によるものであって、間に「輿論公議」が介在しているのである。第八にマスコミの影響がある。それは「東京の学者は新聞紙を読む者なり。田舎の学者は新聞紙に読まるる者なり」と記しているように、新聞以外に情報手段を得ることができない地方在住知識人と、政治事情に精通することが可能で、それゆえに新聞を批判的に読むことができる東京在住知識人との情報落差の問題がある。間接に兵乱を教唆する新聞記者の記事が、したがって事の真相に暗い地方在住士族の暴動要因となるのである。それは誤解の度合いが地方に行けばいくほど高くなるからである。「唯一片の布告文を読みて之に驚き、其の文面を以て直ちに政府の意を測量して、徒に疑念を抱く者なきに非ず。畢竟事物の不審を不審のままに捨てて詮索せざるの罪にして、固より政府たるものの悦ぶ所に非ず」ということになる。「政法の旨は布令の文面外に在て存するものも少なからず」が現実なのである。第九に、四民同権の習慣に馴染むまでに未だ士族が到っていないことが挙げられる(④二四四—五四、五七五)。

このように福澤は不平士族の乱の近因を九つ列挙し、とりわけ知力に乏しいがゆえに無分別となり、唯腕力のみに頼るがゆえに士族は万一に賭けているため、その行動は拙劣であり、人望を勝ち取ることができないという。政府の目からすればこれは賊となり、結局は鎮圧される運命にあるが、それは唯いかんせん「政治の順道」である

①五四)。遠因が士族のエネルギーの変不変の問題で、改進か守旧のいずれかへの転化ないし、停止状態の問題であったのに対して、近因は以上の問題に由来すると福澤は見ているのである。

ところが事態は転変する。維新以後の士族の第二世代の世界となると、士族の痕跡が消滅する。すなわち「士族の精気は既に蒸発し尽くして三民に等しき歟、或いは尚これよりも貧困にして、賤しき糟粕のみを遺すに至るべし」状況と化すのであった。その意味では士族の乱の恐れは少なくなる。とすれば中央の権力が増大して全国を制覇することが一層容易になる。しかもそれは国勢の中心となる。すなわち「勢は以て勢を集める手段」となり、「中心の勢」が増すのである。軍事力も財力も人物もそこに集中し、併せて経済活動の中心となり、首府は日本、日本は首府となる（④二五六―五七）。東京一極集中の開始である。封建の時代に三百もあった国が東京を中心に一国となった。政府の基礎は確固となり人民は穏健となる。しかし福澤によれば、これは「一時の祝賀を呈す」るものではあっても、「永遠を慮って全国の利害」を謀れば、「賀するの中にも弔す可きものあり」であって、人民全体が一国の人類である以上、無気無力と化すことはない。そこで学校教育による「才覚の覚えある者」がその居場所を求める。ところが学んでもそれを活かす場がない状態が続く。「人物の輻輳する所は唯政府に限り、其の人物は常に余りありて、政府の仕事をば何程に手広くするも、迚も此の人員を尽くす可らず」である。したがって「所謂国の人物は私に地位を求めて地位を得ず、政府に之を求めて又之を得ず」となる。そこに「怨望、嫉妬、佞諛、欺詐の事は、昔日に比して幾倍の量を増さざるを得ず」状況が出現する。これが四民平等化時代の品行＝道徳に関係することになると福澤は論じる（④二六〇―六一）。

しかしながら福澤が想定する維新以降の文明化に伴う最大の嘆息すべき事態は、すでに『学問のすゝめ』においても鋭く指摘しているように、国の独立を危うくする欧米人の到来に伴う日本人との摩擦、あるいはそれに伴う欧米人への依頼心によって利益を得る、すなわち国を売る輩の存在である。そうした輩の登場は商取引上の損失や裁判上の敗訴にも増して嘆息すべきことである（③四六―四七）。「人情の適する所を失ひ、愛国心の薄きは紙の如くにして、唯一時の安を求めんとして、学者士君子と称する者までも外人に依頼して得色を為すこと今の外国小使の如き者もあらん。尚甚だしきは己が不平を慰めるに其の道を誤り、竊かに外人の力を借りて自国の法に抗せんとする者もあらん」（④二六二―六三）というべき事態である。そうしてこれらの担い手の中心が士族であることを思えば、「日本国の盛衰興敗の原因たる士族の方向を一にして、改進者流も守旧者流も同一様の道に進むの一法あるのみ」（④二六三）となろう。かくして福澤はその処方箋を提示せざるを得なくなる。そこで参照に供したのがトクヴィルの『アメリカのデモクラシー』であった。

まず福澤は封建制への復帰策ともいうべきものを挙げるが、これは空中楼閣策であるとして斥け、さらに士族官吏登用論も財政上の理由からしてやはり空中楼閣策として批判する。そこで福澤は士族の将来を「改進の力」に定め、「国事の局外」にある士族を「確固不抜の標的」を示すことによって、その標的の地位を得るようにし、「守旧士族の働を間接に変形せしむる」ための士族対策説を提示する。そうしてこれこそが唯一の政策であるとして、その理由を「蓋し其の働は之を敵視して直接に撲滅すれば或は無に帰す可きが如くなれども、其の多少の量は其の族に固有するが故に、之が形を変ずれば国の実用を為すこと固より疑を容る可からず」であるからとしている。もちろん福澤はここでの士族を単に旧体制下の身分に由来する狭義のそればかりでなく、「読書武術等の一芸に志して天下の事を心頭に掛ける者」一般を意味する広義に使用し、これをも「国の良材」と見做している（④二六三―六四）。

そこで福澤はトクヴィルのデモクラシー論に倣って国権を二分し、一つを「政権」といって「ガーウルメント」(government)、あと一つを「治権」といって「アドミニストレーション」(administration) とする（TDS: 66–67 訳上一三七・㈥）。そうして「政権」に帰属する権利を立法権・統帥権・課税権・外交権・貨幣鋳造権などとして、「全国一般に及ぼして恰も一様平面の如くならしめるの権力なり」と定義する。それに比して「治権」は警察権・道路橋梁堤防営繕権・学校社寺遊園作成権・衛生権・地方課税権などである。これは「国内各地の便宜に従ひ事物の順序を保護して其の地方に住居する人民の幸福を謀ることとなり」というものである（④二六四―六五、五七九）。

したがってこれから「政権」は中央にあって全国に及ぼす行政であり、「治権」は全国各地にあってのそれぞれの地域の行政である。それゆえ後者は地方の条件によって異なることになる。福澤は世間の学者が中央集権とか地方分権とかいって国権を論じるが、その場合、その分別する権力の種類を区別しなければならないという。すなわち分権論者が政権を分別するというとき、それが旧幕府下の制度と同様の封建制の如きものになっては意味がない。たとえそれが「妙を得たるもの」としても、それは「歴史の欠点」ともいうべき政権の集中が不充分と化すのである。そしてそのことこそ福澤が見るところ幕府衰亡の要因であった。福澤はトクヴィルがドイツ帝国の例を挙げ、政権が中央に存在することなく、無数の手に分掌され、細分化されていたことがドイツをしてドイツの国力を発揮させなかった理由であるとのトクヴィルの指摘（TDS: 68 訳上一三九）をも小幡を通じて、また後に福澤自らも着眼している可能性もあって（一五）、学んでいるのであろう。したがって「政権中央に集合せざれば、国、其の国を為さず」である。その意味では福澤は政権の中央への集中を認める。いかなる事情があるにせよ、政権を他に貸し与えてはいけない、と断言する所以である（④二六六）。

こうした福澤の議論はすでに熟読していたJ・S・ミルの『代議政治論』をも参考にしたものであったであろう。すなわちミルは町の道路の舗装・照明・清掃や下水などの地方的業務は地方権力に帰属させるべきことは自明であるとし（CWM 19: 541 訳三六四）、地方に属していても国全体の職務に関するものはそうであるがゆえに中央の政権に帰属するものと言うのである（CWM 19: 543-44 訳三六八―七〇）。むろんこれはトクヴィルではないが外国に対する場合もである（TDS: 94 訳上一八六）。

さて分権論者はさらに、「政権」と「治権」とを区別しないで、「今の中央政府の権を分かちて今の地方官に付与せんと欲する者」がいるけれども、それは大臣の数を増やすことになり、政府の平均を失う。そして地方官が権力を得て政治を行うことになり、「人民の為には恰も第二世の領主を得たる」ようなものであり、「分権の名に誤られて集権の実を得るもの」と化す。さらに民撰議院が分権であるとする論者に対して福澤は、中央に議院を設けるのと、地方に権力を分け与えることとは別であるとして、「議院の有無に拘らず地方分権を行ふ可し、又中央集権を行ふ可し」と主張する。なぜならば民撰議院の効用は、福澤に言わせれば「中央に集まりたる政権を誤用せしむること勿らんが為に、政府の内に有力なる地位を占めるものなり」にする点にあるからである。「分権を欲する者」はしたがって「宜しく其の権の種類を分別して、治権を地方に分かたんことを主張す可し」ということになるのである（④二六六―六七）。

これに反して集権論者に対して福澤は、中央集権でなければ「国、其の国を為さず」との言葉に誤魔化されて政権のみならず治権の些細なことまでも中央に集中し、「同一様の治風を全国に施し、各地の旧俗習慣にも拘らず、之をして真直水平の如くならしめんと欲する者あり」であって、これは「治風の外見、美は即ち美ならん」だけれども「人民の気風品行に関せる所、果たして如何なる可きや」と福澤は疑問を呈する（④二六七）。集権論者の議論はトクヴィルではないが国民を無気力にさせ、その公共精神を減退させるからである（TDS:68 訳上一三八―三九㈣）。「所謂人民の無気無力にして其の一分の立たざるものなり」と化すのである（④五八〇）。

そこで福澤はトクヴィルのアメリカデモクラシー論の小幡篤次郎訳を援用して次の様に述べる。すなわち中央に「政権」を集中させ（a centralized government）、「治権」をも集中させる（centralized administration）ときは「非常の勢力」（immense power）が生じるのは明らかであって、こうなれば人は自己の意思を棄てて他人の鼻息を仰ぐことになってしまう。したがってこれら二つの権力は人を威で以て服従させ、人の常習を変えて人を孤立化させ、個々の問題について感服させる（TDS:67 訳上一三七）。そうして「集権論者」（the partisans of centralization）の見地からするならば、「中央政府」(the government) は開明となり、地方人民は無知蒙昧となり、中央は速やかに事が進むが地方は緩慢にしか進まない。中央は事物に慣れるが地方は命令に慣れる。こうした状況に陥ってしまう(④二六七—六八 (TDS: 67–68, 70–71 訳上一三六—三九、一四二—四四))。そうして福澤はさらに集権論者が「治権」のみならず、商売工業の権力をもその手中に収めようとしているとして、ほとんど「人民の私を制せんとする」かの考えである、と紹介する。しかし福澤は政府に有能な人物がいることを認めるが、それはどこまでも雛形の提示に留まるべきで、実施は人民に委ねることを説く。「斯くの如くす可しの説」と「斯くの如くするの術」の分離であって、それを混同してはいけないのである。商工業は旧藩士族出身の官吏がよくするところではない。保護にも保護の仕方があるのである(④二六八—六九)。

福澤はここでトクヴィルから学んだ行政の中央集権化を排除しての政治の中央集権化の必要性と行政の地方分権化の必要性を説き、両者の関係が良好である富国、アメリカ合衆国とイギリスを念頭に置いているであろうことは、後に改めて着眼していることからも理解できる(二六)。またその箇所におけるヨーロッパ大陸との比較、加えて中国における集権化の実態の註(TDS: 71 訳上三四八)にも恐らく小幡を通じて福澤は確認していると思われる[38]がゆえに、日本が参考に供する国として英米両国に賭けているように思われる。富国ないし文明に至る道の基本は東西の大陸的中央集権国家にはないのである。むろん、すでにミルを読んでいた福澤である。ヨーロッパで中央集権化が最も行なわれていないイギリスにあってすら、その立法部が地方の問題に忙殺されていることを認識し、その限界についても知っていたであろう(CWM 19: 534 訳三五〇)。この点についてはしかしながら地方業務の実施が公共精神の涵養と知性の向上に役立つとしていることと相俟ってトクヴィルの行政の集権がなく、しかも強力な政治の集権をもっている強国イギリスや地域自治が自由をもたらしているアメリカが福澤の脳裡に刻印されていたと思われる(CWM 19: 535 訳三五三、TDS: 68 訳上一三八、TDS: 42 訳上九七)。そうしてさらに福澤は故郷の先哲大蔵永常の

『広益国産考』をも援用してそのことを説得する。

大蔵は「夫れ国を富ましむるの経済ハ、まづ下民を賑はし、而して後に領主の益となるべき事をはかる成るべし[39]」とその『国産考』を始めているが、それは福澤に言わしめれば「公室の利を後にして部下の益を先にする」ということであって、これは「皆封建時代の語気にして方今の考えと異なる所」があるが、福澤にとってはむしろ「政府の権を以て人民の私に立ち入るの害を論ず」趣旨が「西洋の経済論に暗号」し、これこそが重要なのである。福澤が大蔵の立論に賛意を表する所以である。むろん、ここでの封建時代の「語気」は福澤に言わせれば正に民権を強化することが国富に通じるとの説に通じよう。大蔵はここで、「天理」に基づく国富の在り様は「先ず下民を安富せしむる事」を勧めることであり、そのために「部下ニて取り扱ふべきものを領主より売買《うりかひ》し給ふことハ勘弁あるべき事也」と提言する。「政府の手を以て自ら事を行へば、結局浪費乱用の弊を免れ難し」であるからである。大蔵が「御勝手を早くよくせん」がための政府指導型経済政策を批判する所以である。また政府指導型経済政策は民間における「競業の定則」、すなわち経済の自由競争を妨げることになるのである。市場における「所費」と「所得」との比較による出入りの釣合を制しての競争が、消費一方のために存在している政府によって何らかの関与を受ければ、国富はもたらされない。このように官を中心とする経済行為は国富にとってマイナスとなり、「天理」に悖ることになるのである（④二七一―七二[40]）。

こうして福澤は「政権は中央政府に集合せざる可らず、治権は全国の各地に分かたざる可からず、二権を併して集む可らず、又これを併して散す可らずとて、其の得失を述べるものなり」（④二七四）と結論する。これは先に見たトクヴィルのデモクラシー論における英米に見られた政権・治権分離論を援用ないし目標価値においたものである。それだけに福澤の意図した分権論は両者の色々な組み合わせを踏まえた上でのものでもあったのである。いずれにしろ福澤にとって政権は地球の引力の如くであった。万物は自由自在に運動するけれども引力の法則を妨げるものはない。このような「造化の妙巧」の如きが「政治の妙巧」なのである。万物の如く「治権」を自由自在に運動させればよい。これが福澤の意図するところであった。そうして改めてトクヴィルを読みつつ福澤は政権を地方の人民に渡すことにして、首府を甲州か宇都宮に遷し、治権の担い手としての人民に東京を渡せば「私に事業を企てる者もあらん」と、「治権分布の慣習を養う」ことを考えるのであった（⑦六七四、六七九）。

四　「天稟の愛国心」と「推考の愛国心」――トクヴィル問題（2）――

さて福澤にとってこの時、最大の国内問題はくり返し述べるまでもなく士族の反乱であった。それは「我が国難の原因は士族中、新旧二流の相激するものなりき」であるとの状況認識から明らかである。そうしてそれは「守旧士流」すなわち「頑固士族」と、「国事の局外に居る他の有志者」すなわち「所謂民権論者」の両者の働きが変形するか否かを問わず、彼らの力量を利用する場がないことに彼ら自身が困却していることに起因するものであった。そうしてその解決策として福澤は「治権」の担当者として彼らを任命する他に手段はないと断ずる。「即ち局外の人をして其の処を得せしめ、間接に守旧士族の働を変形せしむるの手段」である。そうしてこれがスペンサーから得た力の不滅の理論の人事における援用であることは明らかであった(41)。「天地間の力は無より有を生ず可らず、有を消して無に帰す可らずと。蓋し士族の働は力なり。之を無に帰す可らず。其の形を変じて利用す可きなり」と再度述べる所以である（④二七四―七五）。

ところでその変形には国を担う意識の問題がある。そこで福澤は再び小幡篤次郎訳のトクヴィル『アメリカのデモクラシー』の一説を引用する。それは有名な愛国心についての叙述の箇所であり、福澤自ら後に通読し、そこに改めて確認の意味もあってか不審紙を貼付する所でもある(40)。すなわちトクヴィルによれば愛国心（patriotism）

には二種類あり、一つは故郷を思う心に由来するものであって、正に本能に基づき、私心が少しもないものである。小幡の訳でいえば「天稟の愛国心」(the instinctive patriotism, le patriotisme instinctif) がこれである。そうしてこの愛国心は一種の宗教とも言えるものであって、理屈に由来する問題ではない。例えば王政の国では愛国心は熱烈な尊王心に変わる。それは王国の住民が王の周辺諸国への征服を誇りに思う類のものである。革命以前のフランスの愛国心がその例である。そこでは世界の王様中の王様の臣下として住民は誇りを持つのである(④二七五―七六)。後一つは小幡の訳でいえば「人智の推考に源して道理に適う」ものであって合理的なものである。これは「天稟の愛国心」に比して確かに熱烈さにおいて欠ける面があるが、より実り多く、より永続性のあるものであって、知識から生まれ、法律によって育成され、民権の行使によって成長し、市民の個人的利益に結びつくものである。正に小幡の註ではないが、「公私彼是の分別なきに終わる」ものである。したがってその国の繁盛に貢献する己自身が権威づけられているのを知り、当初は己の利益の一部として国益を増すために働き、次いで自分の権利の一部として国に対して働くことを知るに至るのである。こうして生まれてくるのが小幡訳でいう「推考の愛国心」(the reflecting patriotism, le patriotisme réfléchi) である。アメリカにあってはこの愛国心は指導者よりもむしろ人民の中に見出されるものであって、社会上の統治の諸問題に住民が自ら参加しているからこそ、培われるものであった (TOC 1 : 245–46, TDS : 222–25 訳下一一八―一二三)。これには民主政が「報国の心」(patriotism) をもたらすとのW・ブラックストーンの説を要約しているビール『英国誌』の英国憲政論の援用によって説いている『英国議事院談』の「例言」も恐らくは福澤の念頭にあったと思われる。[42] すなわち民主政は「真正」(right) にして、なお「報国の心」(patriotism) すなわち愛国心をもたらすのである (②四九二)。むろんトクヴィルは単なる利害に基づく第三の愛国心とも言うべき「計算づくの愛国心」(calculating patriotism いみじくも英訳者リーヴが原著者トクヴィルの意を汲んで訳したと思われ、トクヴィル自身はこの愛国心をも ce patriotisme réfléchi としている)[43] を信用しているのではない。それは利害対象が変われば失われる類の愛国心だからである（TOC 1:389, TDS:372 訳下三五三）。また利己心の拡大に過ぎない愛国心もアメリカでは州次元のものに留まるそれとして否定的である（TOC 1:383-84, TDS:366 訳下三四三）。そして、このトクヴィルの（リーヴ訳による）愛国心はミルをしてアメリカ人をドル稼ぎと、ドル稼ぎを養育することに仕向けさせるものとし（CWM: 訳一一〇）、福澤に文明論で「全国の男子は終歳馳駆して金円を逐ひ、全国の野人は終身孜々として比逐円の男児を生殖するのみ」として「これを人間交際の至善と云はん乎、余はこれを信ぜずと」いわせたあと一つの根拠でもあったであろう。誠に福澤にあっては「勘定づくの誠」となる（④一三二）いわば「勘定づくの愛国心」なのである。さらに「天稟の愛国心」も、トクヴィルに言わせれば封建制下にあっては必ずしも必要とされた訳ではなく、むしろ権力が中央集権化されるに従って明確かつ強力になっていったものなのである（TOC 2:242, TDB 2:234 訳四一三）。

ところでフランス革命後の愛国心は混乱期でもあって、新旧の愛国心がともに失われ、あるいは未だ愛国心は啓蒙されていない状況であるとトクヴィルは指摘する。父祖の習俗も宗教も法律もあるいは官吏も、いずれをとっても革命後の愛国心の糧にはならないのである。人々は正に「狭隘浅陋の私心（the dull precincts of narrow egotism）に潜匿し、首を抗て世態（country）に注目をする者少なし」（④二七七（TDS:231 訳下二二〇））であって、そこには君主への「天稟の愛国心」も共和政への「推考の愛国心」もともに見られない。この時しかしながら前者の愛国心を取り戻そうとしても、一度失われたものであるゆえ、それは不可能である。そうであればこそ今必要なのは「公私の利害合して一に帰するの時を促すの一事あるのみ」である。そうしてそれがためには「唯今に当て国民の向背を決し、国の利害に身心を致さしむるの術は、特り彼をして政府の事に参与せしむるの他なきを云ふのみ」であり、「一般の国民をして良民たらんことを欲せしむるは、特り政権の施行に在て存せり」というのである。すなわち国民の政治参加が愛国心をもたらすのである。そして「欧州諸国民の増減するは実に此権の弛張に従へり」と福澤はトクヴィルを活用することによって主張する（④二七七、TDS : 224 訳下一二一）。

このようにトクヴィルの小幡訳を引用しつつも福澤は、それがフランス革命後の「無君無政の有様」を描いたものので、「君あり、又政あり」の日本とは相違しているゆえ、同日に論ずる訳にはいかないとしながらも断じて言う、「国民の向背を決して公共の利害に心身を致さしめんが為に、之をして国事に参与せしむるの術策は、正に余輩の心を得るものと云ふべし」。そして続けて言う。「国民の向背既に定まり、中央の政府は政権を執り、地方の人民は治権を執り、互いに相依り互いに相助け、共に国安を維持決定するの決定を得るときは、人々始めて日本国の所在を発見して、公私の利害、其れ集まる所の点を一様にするを得べきなり」と（④二七八）。

もちろん福澤はそれでもトクヴィルと共に直ちに政治権力を人民に付与せよ、とは言わない（TDS : 224 訳下一二二）「唯地方に治権を分かたんと欲するのみ」である。そうしてそれがまた正に「権力の平均」をとることにもなるのである。「中央の政府に会して政権の得失を議し、治権と政権との関係を論じ、双方互いに過強過弱の弊を妨げて権力の平均を保護することある可し、即ち民撰議院の設立なり」（④二七八）。文明論で説いた「権力の偏重」に対する一つの処方箋が「権力の平均」をもたらす地方や中央における議会の設立なのであった。

それでは福澤はその付与すべき治権を既述したものに加えてどのようなものとして考えているのであろうか。まず中央政府の権力を分割し、これを細分化して、地方の住民が貸したものという意味での区戸長の選挙とそれへの政権付与は、それが官選であろうと公選であろうと、その実は官吏の末席となり、その身分は政府の小役人にすぎなくなる。これは福澤に言わせれば分権ではなく「集権の密なるもの」である。政権の域内に入ることを望んでいるがゆえに彼ら区戸長は、その給料を民費からよりも地方庁の官費による月給としたいとの「官員の気取り」の人間が多いことからもそれは分かる。その意味では分権の趣旨に適っていないのである（④二七九）。

明治四（一八七一）年五月二十二日のいわゆる壬申戸籍で行政区画の区が設置され、戸長・副戸長が置かれ、翌年の五月には庄屋・名主・年寄などの称号が廃止され、区の戸長も廃止されて正副の戸長が置かれた。そして明治七年には区長・戸長の身分の取り扱いは官吏に準ずることになっていたのである。そして明治九年、各区町村金穀公借・共有物取り扱い・土木起工規則を定め、区町村の自治体的性格が確かに強められはした。また明治十一年三月十一日には大久保利通内務卿が地方の体制などについての改正を太政大臣に建議し、四月十日には第二回地方官会議が開かれた。また大久保暗殺後には周知の如く郡区町村編成法が定められ、府県会規則・地方税規則とともに三新法と呼ばれ、行政区画として郡町村を復活し、別に人民輻輳の地を区とし、郡区長・戸長が置かれた。府県会規則では地方税で支弁する経費及び徴収方法の議定権限が府県会に認められたが、議案はすべて府知事・県令より提出され、府知事・県令が会議中止権、内務卿が解散権を持つものであったし、府県会議員の被選挙権は地租十円以上、選挙権は五円以上の納入者とされた。そうして八月二十六日には内務省が戸長は町村人民になるべく公選させ、必ず府知事・県令より辞令書を渡すよう府県に指示することとなった。また十一月十一日には内務省が一町村限りの土木起工及び共有物などの取り扱いは町村会議で決定するよう府県に指示するに至っており、しかも明治十六年には郡戸長の給料・旅費が国庫支弁と定められたのである。これは福澤のいう「分権」ではなく「集権の密なるもの」であり、「今の事物の有様にて区戸長に権力を付与するも、分権の旨を達するに足らず。或は偶ま此の地位に人才あれば却って不都合を生ず可きなり」という評価を下さざるを得ないものであったのである（④二七九―八〇）。

しかしながら地方に「治権」を付与したとしても、はたして住民にその能力があるのであろうか。また士族にしろ「錆刀に恋々として未だ斬髪の決断もなし、妻子の始末に当惑せり、何ぞ公共を思ふに遑あらんや」の状況であって、これらの住民に「治権の事を議するは石仏に向かって演説会の事務を相談するに異ならず」、あるいは「漢洋雑駁、古代魂当世風の談客のみ」ではないか。これらの意見は福澤から見れば「有害無益の四字を以て議論の結末と為すのみにして、其の害と益との性質に至っては未だよく熟考したるものと云ふ可らず」である。そこで福澤は無害無益を零（0）として、それ以上を無害有益（＋）、それ以下を有害無益（－）として「治権分与」について論じる。すなわち元々それは「社会の害を除いて然る後に益を謀らんとするの考えなり」であるとして、無害無益に近づくべきであるとする。士族は国の安定を損なう害となる恐れがある。あるいは士族を撲滅すれば社会の元気を損して、その余燼の力が軽薄狡猾の形に変形して、長期的にみれば国の繁栄を害する。したがって今の急務はこうした害を除くことであり、益を謀る余裕が無いだけである。であるがゆえに「治権」を付与して士族らにその能力を活かす地位を与え、安心させる必要がある。中央の政権に損害を与えないならば、例え益が無くとも害を除くことはできるはずである。これが福澤の主張である（④二八一）。

さらに士族にその能力を発揮させる地位を与えることは「政府にして人民に佞するもの」であるとの批判があるが、これに対して福澤は「今政権は中央政府の権利なり、苟も此の権利に損することなくして人望を収めるの方便ならば、力を尽くして之をもとめざる可らず」として、「治権」の分与をあくまで主張する。そうして頑固者の意見も取り上げろという。そうすれば民権論者も新聞記者も政府の味方となり、双方に同情相憐れむの念が起きて行政の便利を助けるというのである。そして「政府は人望を収めざる可らざるなり。唯中央の政府に於いて常に忘る可らざるの要訣は政権の行はるゝと行はれざるとの間に明らかに此の一段に至って確然動かざる一事在るのみ」と断言する（④二八二―八三）。

次いで福澤は「今の平民士族有志の者は事を執るの習慣に乏し」との説に対して、「此の言は全く無証拠の説なり」と反論する。すなわち生まれながらにして「公共の事務」に慣れている人はいない。慣れることは試行錯誤を経て初めて得ることができ、習慣となるものである。その証拠は「今の政府の官員」を見ればよい。「習慣は人物にあらずして地位に存する」具体例をそれは示している。したがって「今の国事の局外に居る者を評して公共の事を執るの習慣なしと云ふ可からず、又日本国中に此の事を執るの人物なしと云ふ可らざるなり」と断言する。福澤に言わせれば「事を執る習慣」が無いということは「事を執る地位」が無いことであり、それはまた「事を執る権力」が無いということなのである。したがって、確かに政府には数百年の雛形があるけれども、人民にはそれが無いため逆に新たにそれを作る必要がある。その意味では試行錯誤が要求される。福澤が「治権の整備に至るまでは十年を以て待つ可らず、二十年を以て期す可らず。恐らくは余が生涯の中には其の成功を見ることなかる可し」と予測し、「期する所の低くして遠し」と述べる所以である（④二八四―八五）。だがしかし福澤は、トクヴィルの影響を受けたミルが再発見したと思われる政治教育の一環としての自治論を読んでおり（TDS : 11 訳上四九―五〇、CWM 19 : 535-36 訳三五三―五四）、さらにトクヴィル精読後は、後に述べるように、その自由の精神の母体としての自治とともに（TDS : 42 訳上九七）、積極的に日本における治権の可能性を求めていくのである。

そうして福澤は中央政府の行政が迅速ではあるが浪費を伴い、地方住民が公共事業を行う場合は緩慢ではあるが無駄がないことを挙げ、それぞれ一害一利あることを述べる。すなわち「官の事は財を失ひ、人民の事は時を失ふと云ふも可なり」ということである。また「分権」の一害として政府と下民との間に無数の小政府ができることを挙げ、そこに指図・禁止・贈収賄が生まれ、苦情が頻発する状況を呈することが無いとは言えないとも述べる（④二八七―八八）。

かくて福澤は「治権」分与の利害が相半ばして是非を決しがたいとしながらも、断言する。「人々をして日本国の所在を知らしめ、推考の愛国心を永遠に養ひ、独立の幸福を後世子孫に譲らんとするには、今より其の方向を定めるの外に手段なかる可し。人民に権力を授けるは小児の手に利刀を渡すが如し。児心、未だ一身の利害を知らずして、自ら疵ることもあらん。或は他を害するの是非を弁ぜずして、人を切ることもあらん。之を傍観するに堪へずと雖も、如何せん、此の小児をして此の刀を御せしめんとするには、瞑目して之に利刀を渡し、其の自ら懲り自ら慣るゝの日を待つの一法あるのみ。況や方今我が国の事態に於いては、永遠を謀るの外に、又焦眉の急として士族有志の輩を処置するの要務あるに於いてをや。此の輩の働を満足するの術策も、分権の外に求む可らず」（④二八八―八九）。

また「政権」と「治権」との区別が明確でないとしても、あるいはその由来の源が異なるとしても、権力を掌握して専制を行おうとする相手はその権力の由来の源である「旦那」にして「主人」である人民が「雇人」にして「客」人であるその「相手」すなわち治権の担い手を、人民の意に合わなければ放逐することも可能である。また世の中の人事は実理よりも想像によるところが多いので、仮令、地方で「治権」を行うために代議員を選んで、なお、その代議員が専制を行うとしたとしても、その進退に関する権利は人民にあるゆえ、人民の想像に任せてしばらくは他所でその働きをさせることも可能である。これは「人心の不羈自由」に依存しているからである。したがって分権の決定は正に「今」でもよいということになるのである（④二八九）。福澤は人民主権論ならぬ住民主権論を主張しているのであり、この考え方が「推考の愛国心」となり、政権にも及ぶことは明らかであろう。自由民権論者が政治結社名に愛国社とか愛国公党など愛国を冠せしめる所以である。

むろん福澤も開国以前の日本にあっては国の仕組みも家族のようであったので、「政府たる者は父母なり、教師なり、又金主なり」であって、「一切万事、官の手に任して、人民は其の指図に従ひ、治乱興廃これを傍観するも、社会肉体の生々に於いて妨げあることなく、漢学者流に之を評すれば、万民鼓腹の太平と称して安心す可き」であった。けれども「外国との交際」が一度開始されて以降、「商売も工業も、学問も技芸も、悉皆外国を敵手と為して之と鋒を争はざる可らず」状況と化した。しかもそれは政府と政府との対立のみならず、国民同士が接触し、「一歩を譲れば正しく我が国に一歩の進撃を蒙るの勢なれば、政府の一手を以て人民を保護訓導すること、父母、教師、金主の如くせんとするも、又今日の実際に行はる可き事に非ず」という有様なのである。国際化の開始は家族国家を許さないのである。こうして人民外交の到来とそれに対処する能力や力量が逆に人民に求められるのであり、その育成が不可避となる。「即ち一国の人民にすれば、人々をして自治の習慣を養成して外国の交際を維持せしむることとなり。然るに今この自治の習慣を養ふに何を以て始めん歟」と投げかけ、「先ず自国に在って自治の地位を占め、然る後に外交にも及ぼす可きのみ」と福澤は断じる。そうして「其の自治の地位を占め自治の精神を養ふの路は地方の治権を執って公共の事に参与するより外に実地の良策ある可らず」として「故に地方分権は外国交際の調練と云ふも可なり」と強調する。「一条の巨根は幾多の細根に若かず。四足の「テーブル」は安置するに易く、傘を開いて地に立てるは難し」である。かくして人民の自治能力を養成することが不可避的に進展する国際化に対応する能力を人民自身に身につけさせ、これはまたアメリカのニュー・イングランドの如く「推考の愛国心」をも強固にし、なお確固としたものにすると福澤は確信しているのである（④二九〇）。

こうして福澤は『分権論』の後半では士族対策論から人民自治論へとその視野を拡大して論じるに至っていると言えよう。このことを踏まえて福澤はさらに「目的は唯人の心身の働にあるのみ」として四民の身分的混同を認めつつ、士族は相対的に「治権」の担い手として重視される。福澤が間接に士族の働を変形させると論じる所以である。そうして彼らを公共の事に参与せしめる主張とともに、福澤はさらに学校の教育機能にも着眼する。それは次節でふれるようにトクヴィル読書時の西南戦争の状況下に恐らくトクヴィルにも刺激されて著した「旧藩情」において確認できる。すなわち旧体制下の中津の身分状況では権利の区分が「天然の定則」の如きであり、ここにはトクヴィルが描いた旧体制下の「天稟の愛国心」すら発生の余地がない。いわんや「推考の愛国心」をや。ただしかし、自然と化した身分制社会にあって唯一光明を放っていたのが学校であった。そこは「四民同権の一新世界」であり「門閥の念慮を測定する試験器」でもあった。しかもそこでの知性の涵養は例えば「日本の外には亜細亜諸国、西洋諸州の歴史も殆ど無数にして、其の間には古今英雄豪傑の事跡を見る可し。歴山王、ナポレオンの功業を察し、ニウトン、ワット、アダム・スミスの学識を想像すれば、海外に豊太閤なきに非ず、物徂徠も誠に東海の一先生のみ」という認識をもたらすのである（⑦二六三、二七六、二七八）。この視圏の拡大が「推考の愛国心」の要請と養成の一契機となることは福澤も認識していたであろう。否、すでに福澤は明治五年、すなわち一八七二年に「平民の知徳を開き、これをして心に民事を議するの権を得せしむる」ことが、一身一家一国の独立を可能にし、文明開化の名を実にするとしてここに「報国の心」を感じているのである。これはトクヴィルのいう「推考の愛国心」が、民間に学校を設け、人民を教育する結果としてもたらされることを意味しよう(⑳八〇―八一)。それは福澤にあっては「今の時に当たっては我が人民は国の所在を知らず。国の所在を知らざるは人にして家なきが如し。人にして住居の家なくば、学問も商売も手に付く可からず」状況の克服、すなわち「推考の愛国心」に相応しいナショナリズムの構築となるのであったのである(④二九一―九二)。

五　西南戦争と『アメリカのデモクラシー』――トクヴィル問題(3)――

1　「覚書」と『アメリカのデモクラシー』

さて福澤は『分権論』を著すにあたって小幡篤次郎抄訳の『アメリカのデモクラシー』[44]を引用参照したのであるが、福澤が『アメリカのデモクラシー』の英訳本第一巻を様々なノートをしながら通読したのは明治十年、すなわち一八七七年六月二十四日より七月二十五日に至る正に一ヶ月の期間であった(六・七四)。ただし第一巻の序文及び第二巻の第十章までの読書時期は明確ではないが、読んだ形跡を福澤手沢本に認めることができる。時代は明治維新以降、特に明治六年の政変以後の最大規模の国内騒乱、正に西南戦争と呼ばれる内乱が起きている非常事態の時期である。福澤がトクヴィルのアメリカ大統領制下の官僚とヨーロッパ立憲君主制下のそれとの比較を試みている箇所を読みながら記した「在役の士族と非役の士族との喧嘩」(⑦六七八)が文字通り最高度に緊張爆発している時期であり、その問題の解決策を福澤が模索している時期でもあった。

そこにはすでにくどいほどに述べたように旧体制が崩壊し、士族の存在理由がなくなり、路頭に迷っている旧特権身分の二極化、すなわち薩長土肥の中でも官吏となった一部有力士族とそうでない士族との対立の激化、あるいは政治上隷属身分であった平民の政治分野への台頭、それに伴う士族のいわば失業問題の深刻化という時代背景があるのであった。すなわち「従来士族の専有に属したる政治上一切の文職の如きも漸く他の種族の蚕食する所と為り、遂に文武共に其の職業の全部を失はんとするの有様に陥りたり」（⑨一七二）との状況となっていたのである。そうして福澤がその解決策として提示したのが先に見たような士族の非政治的世界への進出の奨励、そうでなくとも「治権」の士族への付与であった。

福澤は士族の反乱という国内騒乱に対して当然、無関心ではいられず、最後にして最大となる内乱の推移を「覚書」に次のように記す。すなわち「明治十年薩摩の乱は一月卅一日二月一日の比より少しづゝ催して、薩兵の打て出たるは二月十八日なり。最初薩肥国境の辺にて肥後鎮台の分兵敗走して、二月二十二日より台兵は肥後の熊本城に籠り、官の援兵は本城の東北五、七里高瀬植木など云ふ処まで進たれども、城兵と相通ずるを得ず。二月二十三、四日より三月二十日まで、日に電報あれども、少しも事実を知る可らず。東京の諸新聞屋は、当時警視局と云ふ内務省の別役所にて、一々雑報の草案を改め、局の許可を経て後に紙に記するの法なり（局は鍛冶橋内に在り）（頭書）。日々の新聞に、官兵利あり官兵賊塁を抜たり云々とありて、勝敗の全局は今日まで官軍の勝利とも思はれず。就中一奇談は、両三日前より（三月十二日ころと云ふ）熊本落城と云ふ評判ありて、今朝の新聞紙アケボノに少し落城の想像を記せり。又東京日々新聞なるものは役人共と少しく縁ある様子にて、常に政府の都合よき様に書く癖あるが、其の日々新聞今朝の説に、熊本も馬鹿らしく永く籠城するには及ばずなぞと、少しにげ口上あり。左すれば熊本も真に落城か、或いは誰の風聞か、何れにも事実は少しも分からず。狭き日本に郵便も電信もある其中に、数千人の籠れる一大城が落ちたか落ちぬか、一週日の間も真偽不分明とは、奇も亦甚しと云ふ可し。今日の有様にては仮令ひ政府より熊本の籠城憊なりと布告するも、人民は信ずるものなし。政府の事を秘するは、ごへいかつぎが死四志芝の字を嫌ふが如し。一昨年明治八年六月廿八日新聞条例讒謗律なる法を設けて、徒に官の名望を失したり。即ち此度の秘事も其魂の在る所は同様なり。併し此魂は今の役人に限らず、日本の政府に固有のものなれば、人民自治の気象を生ずるまでは政治上に望なし。筆を閣して当世を論ずること勿れ。正に是れ小児の一乾坤のみ。明治十年三月二十日午前記し老後の備考と為す」。そして頭書きとして「其後聞けば落城とは嘘にて、四月八日城内より一大隊打て出で、四月十五日八代の方より黒田良助の兵城に入り、始て内外の連絡を致したり。実に奇談と云ふ可し」（⑦六七三―七四）と記している。

ここで重要なのは政府による報道規制を批判して、なおかつ「日本政府の固有のもの」としてその秘密主義を指摘し、それゆえに情報公開が自由にして出版の規制も解かれることが「人民自治の気象を生ずる」を待って初めて可能であり、それでなければ「政治上に望みなし」と福澤が断定していることである。正確な情報が入手できないことに由来する苛立たしさに福澤が陥っていることは言うまでもないが、その後の情報によって城内の兵と黒田清隆こと黒田良助（了介）が熊本城に入城して連絡が可能となり、これを福澤は「実に奇談」としたのであった。錯綜する情報に振り回されながらも「人民自治の気象」に賭けている福澤の姿が目に浮かぶであろう。後に福澤がトクヴィルの恐らくは序文を読みながら、交通手段の進展による一様の文明化を待って初めて代議政が可能であるとして、情報手段の普遍的普及の意味について次のように述べているのは、その意味で興味深い。「開化の度一様ならざれば代議政を施す可らず。道路橋梁鉄道電信郵便の必要なる所以なり。薩摩の乱も余が先年の考の如く、東京より鹿児島に一線の鉄道を通じたらば、事なくして済みしことならん」（⑦六八〇）。これはトクヴィルのいう知力が社会的な力となる一つの応用であり、文芸が文明の進展や知識の進歩と共にその支配領域を広め、すべての人に開かれた武器庫となって貧富如何を問わずそれが武器となることを述べ、印刷術の知的糧の平等な配分、郵便制度の公平な知識の光の運搬といった言説への着眼（一二三）を通して確信したものであろう。あるいはまたトクヴィルデモクラシー論が公的精神に基づく自治能力を持つ独立と権威を有したニュー・イングランドの市町村に触れ、なおかつ多数者の専制について論じていることに福澤が着眼している以上（一〇四）、またミル『自由論』に描かれている統治者の利益と意思とが被治者のそれと一致している状況から実は「自治」なり「人民の人民自身に対する権力」が真相を表しているのではなく、実は人民の最多数の部分または最も活動的な部分が人民を代表しているのであって、それは多数者の専制と化す点を福澤が読んでいる以上（CWM 18 : 218-19 訳一二―一四）、地域差を考慮するにせよ、文明化された国民が前提となることを福澤は改めて認識したのである。

さらに「敵を憎むは本色なり。其の叶はざるを知ればまた随って之に佞す。是れ人情の常なり。今の士族が民権を唱るも謂れなきに非ず。如何なる頑固士族、封建党の極度と称する者にても、遂には我輩に降参するに相違なし。唯政府の俗吏が出版新聞の法などを作て一時の停滞を致すのみ。薩摩の乱の如きも之を三、四年の前に注意して自由自在に擾攪すれば、余輩一本の筆を以て幾万の兵を未然に防ぐ可き筈なりき。俗吏の為す禍も随分大なるものなり」（⑦六八〇）と記して、「出版は啻に政府私有の器械に非ず、民情風俗に関係して力を及ぼすこと最も広く、全国の盛衰も、此の一事に由てトす可きものなり」(45)という問題意識で訳した小幡篤次郎の『上木自由之論』を通じても、福澤は出版の自由の持つ意味を確信し、新聞をも含めた出版の力が騒動を静めることをトクヴィル読書で確認している（三）。さらに福澤はその点を思って記す。「著書新聞演説の本趣意は、世人一般政府までをも我が説に導入るゝに在り。之を敵視するは器量の小なる者のみ。議論を以て戦ふ斗りは益もなきことなり。何等の説を立てるも何等の方便を用いるも、相手の者を我方に引き入れさへすれば之を勝利と云ふ可し。この考えに従へば、都て文章言語はグードセンスを用いる方、便利なるに似たれども、人心騒憂其の方向の未だ覚束なき者を兎に角に我が味方にせんとするには、仮にバッドセンスに従ふ可し。一時の権道」（⑦六八一）。これもトクヴィルの出版の自由の箇所を福澤が着眼し(三)福澤なりに要約したものであるが、興味深いのは福澤の見解として「権道」を首肯していることである。かつて『学問のすゝめ』において出版条例が必ずしも厳しいものでもないのに、新聞の紙面が政府の忌諱に触れることは載せないで、政府に一豪の美事があれば、実際以上に大げさに褒め称え「恰も娼妓の客に媚びるが如し」と論じた福澤である(③五二)。一本の筆で騒乱を抑えるためには一時的なマキアヴェリズムも許されるというわけである。

確かに福澤の見るところ、人民は薩摩の動乱について傍観を決め込み、いずれにも左袒しない。これは「民情冷にして水の如し」ではある。しかし傍観しながらも「薩の敗を聞て力を落とす者あるが如し」の状況であり、これは福澤にとって「怪しからぬこと」でもあった。すなわち福澤の見るところ、人民が政府に信頼を置かないのは、第一に禄制によって華士族を敵に回し、第二に新聞条例によって知識人層を敵に回し、そして第三に地租改正によって農民を敵に回したことによる。したがって「満天下政府の味方なる者」がいなくなったのである。それゆえに「今の政府の依頼する所のものは唯七千万円の歳入のみ」との現状であった。人心の向背これきわまる状況であったのである。したがって人民の不平の性質の公私を問わずして挙げて皆その要因を政府に帰し、「政府は恰も不平の府なるが如し」となった。人民が傍観しながらも薩摩に加担する所以である。つまるところ福澤に言わせればそれは「人民の愚にして政府の拙なるに由て致す所なり」であった。そうして福澤は政府が勝利するにせよ薩摩が勝利するにせよ、道徳のためにも、天皇の一身のためにも、華士族農商のためにも、経済のためにも、利害上いずれをも関係があると断ずる。唯政府が勝利した場合は武力で政府を転覆することが容易くないことを知らしめ、その意味ではその慣習を残すことはなく、外国に対して「国の体裁」を失うことはないという一事のみであって、これとて格別の利となる訳ではない。問題は人的財的損失に加えて、士族の気力を喪失させ、政府の専制の慣習を培い、文明への道を遅々たるものにする余害こそなのである(⑳一六六)。

そうして福澤は華士族をも含めた「人民自治の気象」を考察すべく、改めてトクヴィルを想起し、それまでの単なる抄訳ないし議論を通してのみならず、トクヴィル・デモクラシー論を精読する決意を持ったと思われる。この時、福澤はスペンサー『第一原理』を精読中でもあったが、トクヴィル『アメリカのデモクラシー』を読む決意を新たにしたのである。新たにしたのはすでに盟友とも言うべき小幡篤次郎の手に成る出版の自由の箇所が邦訳出版されていたからである。むろんその場合も「事物の改革は、あらざる可らずの方法を求めて之を実地に施すことなり。あらざる可らずの法を施すには、先づ其既にある有様を知ること緊要なり。日本を改革せんには、従来日本は如何なるものにて今は如何なるやと、其のありの儘の有様を詳にして、今後は斯の如くあらざる可らずとて、或は西洋の風俗方法を採用するも可なり。然るに日本の事をば夢にも知らず、出し抜けに西洋流を持ち込まんとするは、事物の有様を吟味せずして、あらざる可らずの法を施す者なり。考に順序なしと云ふ可し。今の洋学者の世に裨益なくして往々害を為すは之が為なり」（⑦六七五）と記している如く、どこまでも日本の過去と現在の事実関係を踏まえた上での思索と提言でなければならなかった。直輸入学はむしろ福澤にあっては害をなすものであったのである。そうして福澤はさらにトクヴィルを読みながら旧体制の政治社会状態の解明を、西南戦争を念頭におきつつ分析する。そしてその思考過程を窺う上で貴重な一資料がその時に書きとめた「覚書」である。

「覚書」は明治八年、すなわち一八七五年九月から明治十一年、すなわち一八七八年五月頃までの三年間の、時代を見据えての福澤の読書ノートや思索を綴ったものであり、後、十四年十月二十四日の『地方凡例録』の読書メモを加えておいたものである（⑦六五七、六八七―八八）。[46] 福澤が畢生の名著『文明論之概略』を執筆し終え、引き続き同時代にあって大著とされたスペンサー『社会学研究』、同『第一原理』、さらにトクヴィル『アメリカのデモクラシー』などの書を読みつつノートをとったものが「覚書」に見られる訳である。またJ・S・ミル『功利主義』（*Utilitarianism*, 1875）も同時期に精読しているが、福澤の手になる本自体への詳細な書き込みノートがあるがためか、スペンサーやトクヴィルの読後感の如く「覚書」に改めて記してはいない。トクヴィルの読後感と思われるノートは岩波版全集第七巻の六七八頁から始まって六八六頁に至る九頁余りに亙るものであって、そのすべてではないが多くがトクヴィルとの関連で思索しているメモ書である。福澤はスペンサー『第一原理』をミル『功利主義』読了後の二十日後の明治九年五月十日に読書を開始し、翌年の六月二十三日には読了し、翌日からトクヴィル『アメリカのデモクラシー』を読み始め、正しく一ヶ月を費やして第一巻を読了したのである。そしてその読書の経緯が福澤の手沢本と「覚書」に示されている訳である。

そこで後に論ずる主題を除いて、「覚書」に見られるトクヴィルノートと手沢本との主要な関連項目を取り上げ、考証を試みてみよう。まず「立君の政が次第に共和に移るも尊王の形は尚存するものなり。英人が其の国王の首を刎ね又これを他国に追出しながら、其の子孫たる今の君主に腰を折て礼を尽くすは如何ん。又俄かに共和政を変じて立君の体を為せば、其の君には容易に権の付かぬものなり。少しく旦那らしき趣を示すと、人民は直に之を評して傑紂だのシーザルだのとて、如何にも暴君の様に唱立つるを常とす。故に此俄出来の君も自から通人風を学び、やたらに臣下の家に行て飲食なぞする者多し。故参新参の考は容易に脱け兼ねるものなり」（⑦六七八）。これはトクヴィルがアメリカの大統領の地位とフランスの立憲君主のそれとの相違点について論じているところ（TDS : 102訳上一九七―九八）の福澤なりの要約であって、福澤手沢本には何らかのノートの痕跡が見られる箇所である（一七）。トクヴィルは一方、君主政が共和政に姿を変えていくにしろ、その執行権は権力の実質を失っても長く君主政の称号、名誉、尊敬、さらに国王の財源さえ保持するのであって、英国は国王の首を斬り、国王を追放した後にも、その後継者に跪いていると述べる。他方、共和国がたった一人の個人の支配下に置かれるとその権威は至高のものではないかのごとく、主権者の行状は簡素で控えめであると論じ、そして皇帝が市民の生命や財産をほしいままに統制するとき、通常皇帝たちは巷でカエサルと呼ばれるので、彼ら皇帝たちは気軽に友人たちの家で夕食を共にする習慣を持った。それゆえにトクヴィルはうわべの奥を見る必要があると主張するのである。

福澤のいう「旦那らしき趣」は皇帝の独裁的権力行使を指し、したがって福澤はカエサルに加えるに傑紂という中国古代の悪逆な君主の代表名を加えたのである。そうならないために「通人風」、すなわち人情の機微に通じることを学び、「臣下」たる友人の宅へ赴くという訳である。トクヴィルが物事の奥を知れといっているのに対して、福澤は古参新参に対する考えかたの変らないことの例として、それをここで挙げていることが分かる。しかし福澤はトクヴィルの奥を見ることの指摘に対しては「公議輿論富貴を重ぜざれば、富貴者は却て富貴の外見を憚て之を匿すものなり。皇居の盛を見て天子の尊を知るはプリンシプルに乏しき徴なり」（⑦六八〇）と記し、外見には現われていないその奥を見るプリンシプルを有することこそが必要であることを福澤は認識しているのであって、このノートはそのことを示していよう。

また福澤が「専制の政は人民の富有を奪ふに非ず。其富有をばよく保護すれども、富有を致すの方便を妨げるものなり。自由の政は民費多きを常とす。されども人民の富有を致すを妨げざるが故に、民費租税の苛きは之を憂るに足らず。自由政の風を以て民費を課し、専制の精神を以て人民の業を妨ぐ。之を無下の悪政府と云ふ」（⑦六八一）。これはトクヴィルのアメリカ民主政の下における公租についての箇所の要約にして感想である（三五）。福澤のいう「専制の政」は「絶対君主政」（an absolute monarchy）のことであり「自由の政」は「民主共和政」（a democratic republic）のことである。トクヴィルによれば自由（freedom）はそれが減殺する以上の利益をもたらすので、自由な制度（free institutions）の下では資産の方が租税に伴う減収を差し引いても、より増大するのである（TDS：193 訳下七四）。福澤にとって「無下の悪政府」は富を生み出すものを妨げる「専制の政」すなわち絶対君主政であった。

引き続き福澤はトクヴィルが国民を富裕層、中間層、貧困層に分け、それぞれが立法にあたる場合を想定して、それぞれの甲乙を論じているところに着眼して（三五）ノートをとっている。トクヴィルは次のように考える。すなわち富裕層が立法にあたる場合は、公金の節約に関して無頓着であり、租税の負担も余剰を取られるのみでたいした影響はない。中産階級が立法にあたるならば、重税を課しないであろう。わずかな財産に重税は真っ平だからである。貧困層が立法にあたれば、公租が減少するどころか増大する。なぜならば、貧困層は課税しうる財産を持っていないので、社会上費消される金銭は利益になっても損失することはない。第一に彼ら貧困層はわずかな財産を持つものは金持ちには負担を、貧乏人には恩典がもたらされる税制を容易に発見するからである。否むしろ公的費用の大幅な節減はそこに望むべくもない。第二にわずかな財産を持つものは課税に賛成投票をするものは納税義務を免れているからである。トクヴィルにとって残った中間層、すなわち中産階級による政府（the government of the middle class）が自由な政府（free government）の中で、最も開明的にして最も寛大とまでは言わないが最も経済的（economical）であるという（TDS : 194 訳下七五）。福澤はそこを「富人」「貧人」「農民」に区分して感想を綴っているが、もとより中産階級については省略されている。曰く「国の政権富人の手に在れば公財を費やすこと多し。税を課するも富人の身に於いては甚しき難渋を覚へざればなり。又其の権貧人の手に在るときも公費多し。国内に税を課するときは貧人は産なくして税を免れ、或いは貧人に便にして富人に不便なる税法を設ければなり。日本の農民は産を有して智力を有せず。故に今書生の代議政を作らば、税は益々重くなりて百姓は困ることならん。或いは農民に智力を生じて国権を握るに至らば、第一に減税の説行われて政府の立ち行きは出来ざる可し」（⑦六八一―八二）。福澤はトクヴィルのいう富裕層と貧困層が立法権（the legislative power）をとった場合の例を挙げ、中産階級ではないがさりとて貧困層ともいえない日本の農民層について考察しているのである。書生の代議政となればトクヴィルのいう民主主義の政府となる。彼ら書生は課税に賛成投票をする納税義務免除者であるがゆえに産のある農民に税負担を押しつけることになる。あるいは産ある農民に知力が備わって「国権」（the legislative authority）を掌握させれば、中産階級よろしく重税を課さないであろう。そこはしかしトクヴィルが言う如く経済的と言わなくて、政府の存立が危ぶまれると福澤は考えているのである。そうして福澤はアメリカにおける租税について具体的知識を求め、トクヴィルが脚註で記したペンシルベニア州の一八三〇年度予算についての箇所にサイドラインを引き、「ペンシルベニア　税の割合」とメモをとった和紙を貼付するのであった（三六）。

さて福澤は徳川時代が社会一般、すなわち政治、学問、商業、工業、政府、家族、神社、寺院いずれをも「唯失はんことを恐れて得ることを勤めず。唯あるものに安んじて進むことなし。家を守るの子は社会上等の地位に在り。甚だしきは勉めて其の嫡子の愚を見て之を悦ぶ者あるに至れり」（傍点福澤⑦六八二）と記しているが、これはトクヴィルが貴族制の支配する時は、為政者が自己満足し、政府の仕事を拡大しようと思わないで、正に改善を求めるよりは現状維持を心がけるものである（TDS:196 訳下七九）、と指摘しているところを読んでの回想であったと思われる。また「商売の稽古は田舎の方却って便利なり。最初田舎に学びて、後に都会に出るを良しとす」としてトクヴィルの「労働の大規模な分業ほど人間を物質化し、其の作品から魂の痕跡を奪いがちなものはない」の原文を付け加えている（⑦六八六）。これは職業移動が容易なアメリカの実情に比してその反対の職業の分業化を描いたところへの着眼であり（七三）、マックス・ヴェーバーの資本主義の精神の行き着く先を想起させるものでもある[47]。福澤とともにヴェーバーもこのトクヴィルの影響を受けていることを暗示させる箇所である。

また「伊勢大神宮のをかけ参り、支那西洋に類するものありや」（⑦六八六）はトクヴィルの独断的信仰について論じているところを読んでの感想であろう（七五）。

2　トクヴィルとギゾーとミル、それにバジョット

さて愈々、主題に即して福澤のトクヴィル読解をみるのであるが、その前に福澤が学んだ西洋思想家とトクヴィルとの関係を今一度最小限述べておきたい。すでに触れたように福澤はトクヴィル通読以前にすでにトクヴィル問

題の一部を認識していた。それはトクヴィルの影響を受けた思想に福澤が『アメリカのデモクラシー』通読以前に接していたこと、及びトクヴィルに影響を与えた思想にやはりすでに接していたこと、並びに学者仲間の議論においてトクヴィルの思想が取り上げられていた可能性が高いことにおいて確認できたのであった。そこで改めて振り返ってみるとまずギゾーが挙げられよう。ギゾーは言うまでも無く福澤が『文明論之概略』を執筆するさい大いに参照したヘンリーの脚注を付した『ヨーロッパ文明史概略』英訳版の原著者である。すでに述べたようにトクヴィルはギゾーのそれをも含むヨーロッパ文明史の概説の講義録を取り寄せたり、あるいは引き続き行われたフランス文明の歴史の講義をヴェルサイユからオールド・ソルボンヌへその講義期間、週末に訪れ、聴講しており、ギゾー問題ではあるかもしれないが、すでにトクヴィル問題を福澤は認識していた可能性があるのであった。ただ本章の主題にとってのトクヴィルとギゾーとの決定的な相違の一つは、平等化すなわち民主化と集権化が同時に進行しているか否かにおいて確認できるように思われる。ギゾーは平等化と集権化が同時進行しているとの説を採っているのに対し、トクヴィルはアメリカ体験を経て、民主化すなわち平等化と分権化は矛盾することなく両立可能であると認識しているからである。すなわちギゾーは中世封建制からブルボン王朝の絶対主義を経てフランス革命に至る過程を自由探求の精神とともに描いており、そこに民主化と集権化の具体像を見ることができる。(48)福澤は『文明論之概略』において、ギゾーを援用しつつ、明治維新過程を念頭において、日本文明の特質を分析しているが、確かに四民平等と廃藩置県はギゾーの視点を通せば、平等化と集権化ということになり、その政治過程が日本においても確認することができたであろう。しかしながらそれに伴う士族のエネルギーの鬱積をどのように解決するかがこの時の福澤にとって希求の問題であった。そうしてその転化の一つが士族への「治権」の付与であった。そしてその最大のヒントを与えたのがトクヴィルであった。すでに確認したように『分権論』でそれを援用して民主化における行政の地方分権化を福澤は図るのであった。福澤にあっては地方自治は文明化ないし平等化と矛盾しなかったのである。否それどころかそれに政治の中央集権化が加われば、文明国として独立をまっとうできるのであった。

次にトクヴィル『アメリカのデモクラシー』の書評を通じて懇意になったJ・S・ミルがいた。福澤が読んだ可能性のあるミルの著作には『自由論』に始まって、『代議政治論』、『論説論考集』、『自伝』、『女性の隷従』、『功利主義論』、『経済学原理』、『経済学試論集』、それに『論理学体系』などがある。むろんこれらを福澤がすべて目を通しているかどうかは疑問ではある。けれどもトクヴィルの影響が濃厚に見られる『自由論』や『代議政治論』、それに『論説論考集』所収のトクヴィルの書評などは読んでいる可能性が高かった。本章との関連から言えば、福澤がトクヴィル問題をミルのそれらの作品群の中からとりわけ問題視したのは「多数者の専制」であり、これと関係する「個性の自由な発展」、あるいはかつての文明大国、中国の停滞論であったと思われる。ミルはトクヴィルデモクラシー論第一巻第六章において論じている「多数者の専制」を『自由論』で展開しているのであり、ギゾー文明史第四講で講じられている「ヨーロッパ封建制における個性の問題」について『論説論考集』に収録した「文明」を通して論じていたのであるが、福澤もまたそれらを踏まえて議論している可能性が高い。

またミルの有名なW・v・フンボルトを援用しての「個性」の問題についても、ミルはフンボルトのみならずギゾーの影響を受けていたが、それはまたトクヴィルの「多数者の専制」の議論をも踏まえたものであり、福澤もまたギゾーやトクヴィル、それにミルにも刺激されて議論を展開しているのであった。中村正直訳『自由之理』は明治十（一八七七）年に刊行されており、それは福澤がトクヴィルを読む以前の出版であった[49]。

トクヴィルの中国文明停滞論については、先に触れた行政の中央集権化の問題とともに、原因を追究しようとせず成果に安住している点（TDB:47 訳九七）、及び『旧体制と革命』で描いているすべてのものを一様にしようとすることが中国人の理想であるとしていること[50]——すでに福澤はこの点を導入しているミル『自由論』を中村訳で恐らく読んでいた[51]。福澤はフランス文明の中国化への道と文明の停滞化への契機を覚醒させられていたと思われる

――これら三点を福澤はトクヴィルとの関連において認識し、ないし改めて認識していると思われるが、なかでも最後の問題はトクヴィルがその講義録によって影響を受けたギゾーのヨーロッパ文明の特質としての多様性の問題――福澤が自由の発生根拠として深く影響されたもの――と関係しており、奇しくも福澤とミル、それにトクヴィル三者が同一の視点を培っているといっても過言ではないであろう。もとよりトクヴィルがそれを問題にするにせよ、それはローマ帝国の衰亡要因としてギゾーが仏訳註解を付したE・ギボン『ローマ帝国衰亡史』(*Histoire de la décadence et de la chate de l'empire romain*, 13 vols., Paris, 1812) からのヒントを得たもの(52)、そしてミルもこの点に着眼していたが (CWM 20: 270 訳九一)、あるいはモンテスキュー『ローマ人盛衰原因論』に見られるアジア的専制主義の特徴としてのあらゆる政府における一致なるものの内に分裂がある(53)との視点もあったであろう。

いずれにしろトクヴィルデモクラシー論第一巻一五、一六章はギゾー文明史講義第四講とともにかなりミルに影響を与えており、それを福澤はすでに読んでいたのである。福澤が『文明論之概略』や『学問のすゝめ』で展開している「独一個人の気象」とか「独立の気力」といったものは、福澤の父百助の「独立精神第一流」とか(54)、あるいは幕末期に広く読まれている佐藤一斎の『言志四録』に見られる天に仕えることによって得ると思われる「独立自信(55)」などとともに、福澤はミルの読書を通してすでに考察していたと思われる。

あと一人の思想家を挙げるならば、W・バジョットを措いて外にないであろう。バジョットは『英国憲政論』の中でトクヴィルを「自治体信仰の開祖」ではあるが、トクヴィルの議論は自明であると批判して、トクヴィルを相対化している(56)のである (WB: 394-95 訳二九八)。バジョットは後に福澤が著す『帝室論』『尊王論』それに『国会の前途』などに影響を与えているのであるが、福澤はその二版を読んでいるのである。それはミルの『代議政治論』を念頭において議論している(57)ことでも有名であるが、福澤は英国憲政がバジョット的なるものであることを学び摂って後に英国憲政論ならぬ日本憲政論ともいうべきエッセーを著していくことになる。

3　旧体制と革命――中津と薩摩、そしてニュー・イングランド――

福澤が学んだ主要な西欧思想家について、トクヴィルとの関連において、復習をも兼ねて少しばかり見たわけであるが、それではトクヴィルの福澤への影響をトクヴィルの第二の名著名ではないが、旧体制と革命という視点から考えてみよう。すでに論じたように、福澤は盟友とも言うべき小幡篤次郎の邦訳を援用して『分権論』において「政権」と「治権」、及び「天稟の愛国心」と「推考の愛国心」の問題について議論していたのであったが、さらに『学問のすゝめ』にある社会上の「規則、約束」（③九八）、あるいは「国権可分の説」に見られる「約束を守り、事を議するの習慣」（⑲五三七）も、小幡訳から、あるいは小幡ないし明六社知識人[58]との議論からきていると思われる。そうして福澤が改めてトクヴィルを西南戦争の最中に精読し、とりわけニュー・イングランドを念頭におきつつ旧体制の政治社会状況について、自らの藩であった中津や、明治革命を担い、維新政府を支え、さらにそれに抵抗する主要勢力を生んだ薩摩について、久保之正の『論語道国章解』[59]をも参照にしながら、ノートをとり、そして「覚書」に改めて記し、思考を廻らしつつ、「歴史家の一助」として遺した「旧藩情」や西郷隆盛の追悼文ともいえる「丁丑公論」、それに福澤の友人である市来吉之助たる野村政明に宛てた「薩摩の友人某に与るの書」[60]を記し、比較分析するのであった。それでは福澤が試みた旧体制と革命について、中津と薩摩、それにトクヴィルが描いた新世界であるニュー・イングランドについて検討してみよう。

まず「格式」＝身分については如何なる状況であったであろうか。「旧藩情」に著されている旧体制下の中津十万石では、およそ百あったという（⑦二六五）。福澤に言わせれば「諸藩共に必ず大同小異に過ぎず」であるゆえ、福澤の認識にあっては他藩も多くは中津藩と同様であったであろう。ただ「薩摩の友人某に与るの書」では大体二十から三十であったと記しているから、その間、他藩の「格式」ついては修正している。江戸時代における「格式」は福澤によれば「恰も天然の定則」、すなわち自然の如き状況であった。しかし薩摩藩は七十三万石の大藩でありながら「格式」は十二しかないという。才力が無ければ家老職の「格式」を有する家に生まれても家老になることは不可能であった。家老職は「格式」無き普通の出自の武士からでも薩摩にあっては選抜可能であったのである。大藩でありながら薩摩藩は格式が簡易である。他の藩では五万石ないし六万石でも二十から三十の「格式」があったけれども、薩摩藩は正に「格式」に拘束されることなく、それがわずかに十二しかない。それから他藩の藩主らが分限論に喋々していて、非常に喧しい。しかし薩摩ではそうではない（④五一二）。

次に「封建」について言うならば、門閥で世禄に頼っているのが中津藩、あるいは多くの他の藩である。しかも厳格な上下関係が支配していて、子供の世界に至るまで非常に窮屈である。大人から子供の世界まで門閥の念に拘束されているのが中津藩であり、多くの他藩であった。正に「門閥制度は親の敵でござる」である（⑦一一）。ところが薩摩藩ではどうであったかというと、ここでは禄の問題は「自分かせぎ」である。仕事に精を出し、誰もがそれで財産を増やすことができる。福澤は『論語道国章解』を参照しながらそのように述べる。それから楽市楽座ならぬ物品の売買が自由であった。「大家」は「一門大臣一所持」であるけれども普通の武士は全て大体、平等である。言語の応対にも上下がない。中津藩の場合は「旧藩情」に記されているように非常に厳しい言葉使いの区別があったのであるけれども、薩摩藩ではそれがない。それから衣服飲食にも差別がない。そうしたこともあって薩摩では旧体制下にあっても身分移動が可能であった。あるいは身分に拘束されず全体が粗野質朴の風習であった。薩摩は大藩でありながら服装について身分に拘束されることなく、子供の付き合いを見ても、中津と異なって身分上区別されるような風習はない（④五一三―一四）。

郷士の扱いにおいても中津藩、及び他の藩ではこれを奴隷視していたが、薩摩にあっては郷士でも立身可能、すなわち「立身の路は常に開いて之を妨げるものなし」であって出世ができた（④五一四）。明治維新においてやはり有力な藩であった土佐藩では一領具足の末裔ならぬ郷士の活躍が与って大であったとされるけれども、それは征服王朝ともいえる山内家を頭首とする掛川衆に対する逆境意識によるとされており、(61) そこに薩摩藩におけるそれとは著しく異なる郷士の姿を見ることができる。福澤の視点はそれに比して郷士というものは薩摩にあって他藩の如く奴隷視されておらず、これが維新革命にあたって薩摩が有力になった一つの理由であるとしているのである。

ところで福澤諭吉の幼少時の先生であった照山白石常人は福岡藩の儒者である亀井南冥の流れを汲む学問の影響下にあると自伝で語っているが(⑦一二)、その南冥は荻生徂徠の学徒らしく封建制を武士土着論(62)という視点から高く評価しており、その具体的事例を薩摩藩において見ている。すなわち南冥はその『南遊紀行』において武士土着制ともいえる「農兵制度」が薩摩、具体的には「都城の制度」にはあると述べ、「余が喜び知るべき也」と、いわば封建制の理想的な国として薩摩藩を見ているといっても過言ではない。郷士は土着して農業に従事するとともに武士でもある地侍である。すなわち別の表現でいえば屯田の法が行き届いているのであって、これはむしろ鎌倉封建制に近い。鎌倉封建制が江戸時代にあっても薩摩では生き延びているということである。南冥は薩摩藩の在り方を正に荻生徂徠の学問の後継者を以て自ら任ずるのに相応しく、鎌倉封建制であったとしても封建制の理想である周代の封建制の具現化した制度をそこにおいて見たと思われる。(63) むろん福澤の場合、封建制は自伝にみられるように身分制を意味し、南冥の如く封土と把握するのではなく、門閥としてのそれであった(⑦一一、一九—二〇)。すなわち封土封建制ではなく、従士封建制を封建制と福澤は看做しており、封建制をその意味では評価している訳ではない。

「縁組」についても、中津藩では格式制限があったけれども、薩摩藩ではそれがない。「出役」にあっても同様であって中津では格式制限があるけれども、薩摩藩では上下貴賤が混同しており、その意味で格式による制限ないし区別はない。あるいは「文武道場」においても薩摩藩では中津藩と異なって年齢による区別があるのみである。したがって「上国華美」、すなわち大藩の場合は普通、万事において「華美」であるけれども、大藩薩摩は正に「無礼無法社会」といっても過言ではない。「礼」も「法」もない社会であって、貴人応対の言葉使いも、土下座の仕様も、挨拶会釈の仕様も、下より上に対する法も、あるいは上より下に対する法も、薩摩藩にあってはいずれも存在しない。それだけ薩摩は福澤からみるならば「自由」なのである。「自由の精神」が薩摩には、正に息づいていたということである（④五一四）。

「生殺与奪権」も、中津とか他藩では「藩主に忠誠」を尽くすか否かに依る。それから藩法のみを遵守する。ところが薩摩藩では、むろん藩法を守るけれども、「士族一般の公議輿論」、あるいは「仲間の申合せ」、さらには「気風の約束」に従う（④五一五）。福澤は『論語道国章解』を読みつつ、薩摩藩における法の有り様を考察しているのである。「気風の約束」とか「仲間の申合せ」を藩法と同様に重要視している、あるいはそれ以上の意味を薩摩では持っていた。これには成年武士を相手とする「与」とか、青少年の武家子弟を相手とする「郷中」といった薩摩藩独特の教育体制の影響もあったであろう(64)。そうしてトクヴィルの習慣の方が法律よりも社会にあっては有力であるとの説を享けて（㈨・㈥）、「外人の雑居実に恐るべし」と記した「覚書」も福澤の念頭にはあったであろう(65)（⑦六八六）。

このような福澤が薩摩藩を分析する一つの視点ないし基準は、中津藩との比較もさることながら、何よりもトクヴィルが『アメリカのデモクラシー』で描いたニュー・イングランドの政治社会の姿があったと思われる。トクヴィルはニュー・イングランドにあっては共同体の習俗の方が法律よりも厳しく規範として守られていると論じているが（TDS:21 訳上六四）、薩摩における規範意識も福澤の見るところ正にそうなのである。福澤が薩摩の習俗を説明するにあたっては久保とともにトクヴィルの議論があったのである。「義務・栄辱」の問題にあっても、普通の藩では藩主に対して「義務」を持つ。あるいは「栄辱」は藩主から重宝されるか否かの一点に依拠するのであるが、薩摩藩にあっては藩主のみならず仲間、武士同士、あるいは「仲間の申合せ」などにおいても「義務」とか「栄辱」があるのである。こう福澤は指摘して、薩摩武士が強い要因も仲間意識があるからであると断言する（④五一五―一六）。

明治維新で西郷隆盛や大久保利通が版籍奉還や廃藩置県を容易く断行しえたのは、薩摩藩の実情ないし歴史的遺産があったからであって、薩摩に居るならばそれらの革命に近い改革は驚くに値しない。福澤は『論語道国章解』を読みながらそのように考えていたと思われる。確かに薩摩藩にも「専制」があった。しかしそれは島津家と藩士一般の問題、あるいは藩士社会や「仲間の約束」と島津家との関係である。薩摩藩士族相互間というものは「自由の精神」があり、しかもそれは「仲間の申し合せの一体」である。「書面の約束」がないなら「言葉の約束」がある。「言葉の約束」がないならば「気風の約束」があるという訳である。その意味で縦軸を基本とする忠誠に加えて、否それ以上に意味を持ったのが横軸における「仲間」との「約束」、つまり社会契約ならぬ仲間同士の約束の存在であり、それを薩摩藩の特徴の一つと福澤は描いているのである。確かに薩摩藩は「日本普通専制の藩政に服従」しているけれども、「専制」の下にあって「仲間の約束を守り仲間の栄辱を重んじて以て命を致したるのみ」である。だから薩摩藩の兵士は「自ら運転する器械」（the secret springs か）であって（三〇）、西南戦争で西郷隆盛に従ったのも、西郷が「我輩仲間の手本として申し分なき人物」であるがゆえに、進退を共にしたのであり、決して門閥身分の考え方から西郷に忠誠を尽くすべく従った訳ではない。福澤は「薩摩の友人某に与るの書」でそのように述べ、郷士をも含めて薩摩武士は「自分かせぎ」に現れているように、自身の働きに依頼し約束を重視する、そういう独立の気風＝エートスの持ち主であると述べているのである（④五一四―一六）。

それから「自由の精神」や「仲間意識」がある薩摩を見れば、地方に「民会」を作り自治体を形成するにあたっても、それが優れて役立つと福澤は考える。だから福澤はまず「治権」を薩摩において実現することを望むのであった。これにはやはりトクヴィルのアメリカの中央―地方のあり方を念頭においていると思われる。すなわちまず地方議会あるいは地方政治が充実して初めて中央の政治も円滑に行く。すなわちアメリカ合衆国の政治では郡より前に自治体が、州より前に郡が、連邦より前に州がという具合に、いわば下から上へという方向性を有しているのであって、その逆ではない（九）。しかもそこでは最も民主的形態が採用される可能性が大である。それは約束制による公的精神（public spirit）、小幡の訳に従えば「義気」があるからである。それがトクヴィルによれば郡に独立（independence）と権威（authority）をもたらし（一〇・一一）、なお連邦の公共精神（the public spirit of the Union）の要約ともいえる地域の郷土愛（the patriotic zeal of the provinces）、すなわち自分達の住む地域への関心を共通の愛国心にまで高めさせることができ（二九）、それこそ「天稟の愛国心」は「推考の愛国心」となるのである。あるいは福澤が論じた「国民」（③五二、④一五四）への契機をそれ、すなわち「義気」はもたらすと福澤はトクヴィルを通して見ているといっても過言ではなかろう。むろん福澤はすでに論じた如く『分権論』において小幡篤次郎訳の援用でもってそれについて議論していたが、改めてトクヴィルの該当箇所を読んで（四〇）、思索していると思われる。すなわち福澤は開国以来洋学が隆盛し、儒学が衰え、忠孝節義の思想が日に薄らいで行き、「天子」が「九重」すなわち御所を離れて以後、「天子」を神視する考えも消え去った。薩摩の戦に「錦旗に」といわないのもその証である。その意味では「世上一般徳教の衰へたるものと云ふ可し」である。人の心は事物を盲信しないで証拠を廻る議論が盛んになり、情熱は薄いが計算高く、「天下一物として衆心を集合す可きものなし」となってしまった。こうした状況で「人民に権利を付与して公利と私利と並立せしむるの路を開くにあらずんば、全国を支配するの法は唯人を威するの一策あるのみ」であるとして、西南戦争が平定された後のことを福澤は考えるのである。すなわち政府は「必ず国権を分与せずして益々兵備を盛んにし、益々警察を厳にして威伏の策を取るや必せり」と記し「亦止むを得ざるの路ならん」と無念の思いで福澤はノートをとるのである（⑦六八二）。さらに「真実勤王心を以て働く者は心に恥じることなし。唯愍笑す可し、叱る可らず」と「天稟の愛国心」について述べ、続いて「勤王の心もなく律義の心もなくして、一身の利のために勤王の真似をする者は、実に世の中の怪物なり」と記して(⑦六八三)、「天稟の愛国心」も「推考の愛国心」も共に無く、利害による愛国心への契機を政府側の勝利の結果生まれることを、「推考の愛国心」ではなくリーヴ英訳の「計算づくの愛国心」(calculating patriotism)を読みつつ福澤は思いをはせているると思われる(四〇・六九)。薩摩藩は自治の理想型ないし、その可能性を持っていたのである。

ただ福澤が嘆くのは「丁丑公論」で遺憾としているように、西郷が武力に訴えて中央政府に抵抗したことである。「嗚呼西郷をして少しく学問の思想を抱かしめ、社会進歩の大勢を解して其の力を地方の一偏に用ひ、政権をば明に政府に帰して其の行政に便利を与へ特り地方の治権を取って之を地方の人民に分与し、深く腕力を蔵めて引て放たず、剣戟の峰を変じて議論の峰と為し、文を修め智を磨き、工を勧め業を励まし、隠然たる独立の勢力を養生して他の魁を為し、而る後に彼民選議院をも設け立憲政体をも作り、以て全日本国の面目を一新するの大目的を定めしなば、天下未曾有の美事と称す可きなり」(⑥五四八―四九)。福澤に言わせれば武力ではなく『分権論』において論じているような「治権」を行使すべく、地方でその行政能力を示してくれることによる抵抗を西郷には示してほしかった。しかも薩摩藩にはその契機となる気風があった。地方行政に対する造詣が深かったならば、西郷は維新と同様の地方分権の確立という福澤の意図する立憲政治にとってきわめて有益なことをしてくれたであろう。福澤は無念の気持ちで綴っているのである。西郷が木戸や大久保に匹敵する能力の持ち主であるだけにその無念さは想像を超えるものがあったように思われる。

さて武士間の同権と自由自治の気風の評価を福澤は薩摩藩に下していたのであるが、これは福澤が後に江戸期に対する評価を積極的に強調する一つの契機ともなっているように思われる。福澤は連帯責任をとらせることによってスパイ行為を防止する側面があるとの評価がある五人組に対しても「実に国民自治の根本」として、君主政治に適合したもので立憲政体にそのまま適合するものではないと留保しながらも「旧制度も新制度も自治は即ち自治なり」と評価するに至っているのである。しかも日本の封建制下の君主たる将軍も藩主も名は専制の君位にありながら専制の実を行っている訳ではない。さらに「士族流の創造した新日本の政敵は唯絶対の君治に在るのみ」であって、それは福澤が西郷の書簡を引用して説いているように「廃藩置県人権平等の主義」が「維新の精神」である以上当然であった。この「維新の精神」こそが福澤にあっては「立君専制の政体」を改め「君民同治の政風」をもたらすものであったのである。そうして福澤が江戸期の実情を「専制厳酷の法律外に寛大至極の習慣法」があって、名は君主独裁政体であっても実は権力平均主義であったと論じる時、そこには明治憲法体制が絶対君主政と化するのを回避すべく模索があったのである。すなわち「君を忘れて君を知る」立憲君主政とすべく、その契機となる伝統を彼福澤は江戸期に求めているのである（⑥四八―五七）[66]。

　むろん福澤は「治権分布の慣習なきこと日本の如き国に於いては、情実の政を施すこと板倉大岡の流れに従うより外は如何なる政体にても政府に人物集まりて政事の行き届く程、ますます国力は衰微す可し。政事行届いて国の衰微するとは迷惑なる次第なり。然らば即ち態と不行き届きにしては如何と云うに、若し不行き届けならば各地方に幾多の専制力を生じて又難渋なる可し。されば板倉大岡の流に復古せんか、開国以来再び行う可らず。此復古が出来る位なれば、徳川は滅亡せざるなり。結局今の処にては治権分布の慣習を養うより外になし。この事行はざれば日本は確かに無に属すべし」（傍点福澤⑦六八三）とトクヴィルの行政の集権の欠如が合衆国で多数の暴政を緩和しているところ（四四）を恐らく読みながらノートし、悲観的見解を有しつつも、薩摩藩を模範として日本の治権の可能性に賭けているのである。あるいはJ・S・ミルではないが、ヨーロッパで中央集権化が最も少なく、地方自治が発展していると言われるイングランドにあって「野蛮のなごり」が一般原則として残り、さらにそれが自治権の基礎、ないし偶然によるものであっても政治教育の一環として発展させたとの議論も、薩摩藩を語る際、福澤の念頭にあったかもしれない（CWM 19 : 534–36 訳三五〇—五四）。

すでに触れた様に現実は明治憲法体制を支える市制・町村制による中央集権的地方行政が実施されていくのであるが、そして確かにそれは「自治及分権ノ原則ヲ実施セントスルニ在リ」であって、「隣保団結の旧慣ヲ存重シテ益之ヲ拡張シ」ではあったろう。しかしそれはまた「法律ヲ以テ都市及町村ノ権義ヲ保護スル必要ヲ認メ」るもので、自治区は「素ト国ノ一部分ニシテ国の統轄ノ下ニ於テ其義務ヲ尽サヽルヲ得ス、故ニ国ハ法律ヲ以テ其組織ヲ定メ其ノ負担ノ範囲ヲ設ケ常ニ之ヲ監督ス可キモノトス」と規定されていたのであった(67)。福澤はそのあり方に抵抗して同じく江戸期の庶民に見られた隣保制度を自治の基礎と看做しながらも、旧体制を「市民の自治を重んじて圧政ならざるの一斑を見るに足る可し」と積極的に評価し、しかもそこにあっては「政府の官吏は之に立ち会ふのみ」というものであったと述べるのである（⑥四九）。また福澤が明治憲法に対する正統的註解書として国家学会によって刊行され、実質的に井上毅が執筆し、伊藤博文の名によって明治二十二（一八八九）年に刊行された『帝国憲法　皇室典範義解』を念頭においていたであろうことは、とりわけ江戸期を評価する論説とその時を同じくしていることから察せよう。公定解釈を提供したそれには、明治憲法に対するヨーロッパの憲法を参照にしながら『日本書紀』とか『続日本紀』、あるいは『古事記』といったものからの援用註釈はあっても、鎌倉以降の作品ないし制度についての言及は、批判のそれを除けば皆無であると言ってもいいものであった。これは王政復古が明治維新政府の正統性を提供しているからして、幕府政治を否定、あるいは王政復古の大号令を見れば明らかのように、さらに摂関政治をも本来は否定し去るのは当然であったろう。プロイセンの学者、あるいはスペンサーといった当代の日本において著名な学者たちから日本という国に欧米流の憲法政治は無理、そうでなくとも時期尚早である、との評価を例えばトルコにおける憲法政治の失敗を出しながら助言を受けて、そうではないことを立証すべく時の憲法制定者らは考え、律令制など日本における立憲思想的なものを捜し求めて註釈しているのである(68)。しかし福澤はむしろその義解では無視されている鎌倉以降、江戸時代に至る七百年の封建制、そこから日本の憲政の可能性を引き出し、その一環として五人組も評価するのである。福澤にあっては関東御成敗式目、すなわち貞永式目の制定意図に見られるような、「物をもしらぬ夷戎《えびす》どもが書き集めたることよ」と都人に軽蔑されることを想定しながらも、「ま事にさせる本文にすがりたる事候はねども、たゞ道理のおすところを被記候者也」として、現実離れした唐の律令を模倣した天下り立法ともいえる律令という借り物の法よりも、「道理」という生活事実から帰納された一種の自然法に照らしての法こそが式目であると、と宣言した北条泰時の立法意思、(69)これこそが日本における立憲思想の始まりと福澤が考えても不思議ではない。そうでなくとも福澤の胸中には泰時に共通する立憲論があるように思われる。福澤は明治新政府の有様に対して西郷の如く武ではなく文によるある種の抵抗を行っていると同時に、たとえ成文憲法ではなくても英国の如く慣習法を憲法化させ、立憲政治というものを日本の伝統から、しかも『古事記』や『日本書紀』ではなく、軍人勅諭がいみじくも「中世以降の如き失体」と否定し去った(70)鎌倉以降七百年の封建制ないし武家支配の伝統から引き出していると言えるであろう。

以上の議論を念頭において福澤の「覚書」に見られる久保とトクヴィルの引用ないし援用を行って福澤が考察した興味深い一文を次に検討してみよう。そこには「旧薩摩の政府は固より専制なれども、其都鄙の士族が互いに仲間を結ぶ趣は、全く君家の命に非ず、銘々の申合せにて約束を定め、其の約束に背く者は互いに之を許さず、或は割腹せしめあるいは打擲して、当人も之に甘んずるの風なり」とある。これは『論語道国章解』の一節の引用であるが、続いて「故に薩摩の社会を評すれば、藩政の大綱は専制なれども、藩士相互の細目は自由自治の風あり、恰も自由の精神を以て専制の君に奉じたるものなり。薩兵の強きは特に此自治自動仲間申合せの致す所なり」と福澤は書いて、さらにその上部に「トウクビルデモクラシ初巻三百二十八葉を見れば、カトリキ宗の同権を論じたり。其旨暗に本論に符号する所あり、トウクビルは先づ余が心を得たるものなり。専制の下に同権の人民ある可し。間違なき議論なり」と記す（⑦六八〇―八一）。

このノートの中心的な用語は「同権」であるが[71]、該当するトクヴィルの英訳用語は"the equality of conditions"である。ここはトクヴィルが「カトリックという宗教はデモクラシーにとって本質的に敵であるという誤った見方があるが、様々なキリスト教の教派にあってカトリシズムは、私から見るならば、その一般的な見方に反して、最も諸条件の平等に貢献しているものの一つといえる。カトリック教会から見るならば、宗教社会は単に二つの要素から成っているに過ぎない。すなわち司祭と人民とである。司祭は独り会衆の上位に超然としている。そして人民は司祭の下で全て平等である。（中略）カトリック世界は絶対君主制のようである。もし主権が他に移譲されるならば、社会の全ての階級は共和制下以上に平等である」（五二）。福澤の『学問のすゝめ』の訳語に従うならば「有様の等しき」であるが、福澤手沢本のこの箇所にはサイドラインが引かれてある。福澤は正にわが意を得たり、あるいは非常に共鳴して此処を読み、線を引き、そして「覚書」に記していることが察せられよう。したがってここから、福澤が久保之正『論語道国章解』とA・d・トクヴィル『アメリカのデモクラシー』を読みつつ「覚書」に記し、「明治十年　丁丑公論」、それに「薩摩の友人某に与るの書」を著す一つの作業工程、ないし思考回路を見る思いが何人にとってもするであろう。

ところで「自由の精神」ないし「自治精神」を福澤は薩摩において発見したのであるが、これはいかなる意味を有しているのであろうか。薩摩の自由、とか自治といっても、その意味するところは何であったであろうか。福澤は薩摩の自治精神が、ニュー・イングランドの自治社会とカトリックの宗教社会を念頭に置いて、「同権」（the equality of conditions）と「民治」（democracy）に向かわせる契機を有していると判断しているようである。むろんニュー・イングランドはカトリックではなく、英国国教会、これに反発抵抗して祖国を逃れたピューリタンが作った国である。したがって福澤はカトリックの宗教社会は専制ではあっても平等は成立しているということが、薩摩の格式の単純さに読み込んでいると思われる。またトクヴィルがカトリックに比してプロテスタントは人々を平等よりも独立させるのに役立っており（五三）、プロテスタントによってなるニュー・イングランドの町村が独立と権威を持ち、公的精神に裏打ちされた自治が行なわれているのであって、これがニュー・イングランドを活気付けている（二）との議論に福澤はサイドラインを引き、不審紙を貼付して着眼し、そしてこれに照らして薩摩藩を見ているのである。

ニュー・イングランドはピューリタンの国であるから原始キリスト教に近く、その教義を生活綱領とし、しかもそれを基に法律を作る。福澤はトクヴィルが引用しているコネティカットの一六五〇年公布の法典についてサイドラインを引いて着眼する。そして「覚書」に記す。「主以外の何か別の神を礼拝する者は誰もが疑いなく死刑に処せられるであろう」との刑法前文に続いて、出エジプト記・レヴィ記・申命記からの文字通りの写しの十から十二の条項があり、瀆神・魔術・姦淫・強姦は死刑で以て罰せられ、子の両親に対する暴行も同様で、その具体例についてもトクヴィルは註で説明し、福澤はこれをも含めてサイドラインを引き（八）、そして「覚書」にまず「英人の亜米利加に移て、法を作り社会を結ぶの趣は、全く宗教に基づくものなり。就中其コンネクチコットの律に、ゴッドの外に信心する者は死刑に処すとあり。西人は宗教を奉ずるにも自ずから殺伐なり。トークビル三十七葉」（⑦六七八）とノートする。これは正に福澤が記しているように、『アメリカのデモクラシー』三七頁にある箇所すなわち法を制定して社会を形成する社会契約の根拠が宗教にある、との指摘を認識した福澤の読後感であって、福澤手沢本にはサイドラインが引かれてある（八）。刑法規定が聖書から取り入れられていることの記述である。「ゴッドの外に信心する者は死刑に処す」はコネチカット州の刑法前文に見られるものであって、これは聖書にその出典を求めることができ、しかも「主」(the Lord) 以上に「他のいかなる神」(any other God) をも礼拝するとなると「死刑」(death) に処せられるのである。そうしてこのこと自体が福澤にあっては「殺伐」と映じたのである。ニュー・イングランド初期の歴史や法律の記録の文書の中でも取り分け特徴のあるものがコネティカットの法典ということで、トクヴィルはそれを紹介しているのであるが、福澤はそこに福澤自身の評価である殺伐、そうしてそうした法が制定されているこの世における神の国、むろん一神教による宗教の国を見たのである。

ところで専制の下で「平等」、すなわち「同権」が可能であるということ、それを福澤はトクヴィルを読むことによって確認している訳であるが、確認といったのはすでに「内は忍ぶ可し外は忍ぶ可らず」で知られている無題草稿に「抑も上下同権とは人たる者の権義を同様にすると云ふことにて、其の有様を一にせんと云ふには非ず。同権の趣意は民政の国にも行はれ立君の国にも行はれて共に差し支えあることなし」(⑲二二二―二二三)とあるからである。これがトクヴィルの影響であるとの指摘はすでに述べた如く、戦後一早く紹介されているが、(72) この趣旨からすれば福澤が「覚書」に相当する先の箇所と符合するゆえ、あるいはそうかもしれない。しかしながらこの草稿をよく読むと、「権義を同様にする」であって「有様を一にする」のではない。すなわち"condition"ではなく"right"の「同等」、すなわち"equality of right"を同権と言っているのであり、これは正に明治六(一八七三)年十一月に刊行した『学問のすゝめ』第二編において、初編で宣言した「天は人の上に人を造らず人の下に人を造らず」以下に見られる人間平等説が「権理通義」の平等を言うのであって、「有様」の平等を言うのではない、と誤解のないようにウェイランドの『道徳科学の基礎』を援用して福澤が説いているのと軌を一にするものなのである(WM:174)。条件ではなく権利の平等を強調していることを考慮すれば、福澤がトクヴィルの主題とも言うべき"the equality of conditions"を同権としているにもかかわらず、あるいはトクヴィルのそれがカトリック社会の例に照らせば有様ではなく、むしろ諸身分ないし諸権利の平等と読めることもあって、また執筆時期のことを併せ考えれば、そこに小幡の影響が考えられるにせよ、やはりウェイランドや、政体論を踏まえればバートンのいわゆるチェンバーズ版『政治経済学』などの影響があると思われる(①三九二、三九七、四一六、四一八、四二〇、CP:3-4,

21–22, 23–25, 28)。

ついでに触れると『アメリカのデモクラシー』第二巻が出版された後に、その書評を執筆したペレグリノ・ロッシがトクヴィルを批判して、デモクラシーとは諸条件の平等ではなく、むしろ諸権利の平等である、と論じており、福澤が説得に努めたことをトクヴィル・デモクラシー論の第二巻の書評に見出すことができるのである。さらに英訳者リーヴも述べているように、福澤ではないが、権利の平等は諸条件の平等を意味しない、と評されていたのである。(73) その意味では自然法思想ないし自然権思想に由来する諸権利の平等の問題とトクヴィルの言う諸条件の平等を改めて考察する必要があろう。

またトクヴィルが論じている平等をもたらすカトリシズムは絶対君主制のようなものであるとの、民主制への前期的形態としての性格は、すでにギゾーも十五世紀ヨーロッパの特徴として講じており、その絶対主義論を援用して福澤もまたそこにサイドラインを引き「政府ト人民トニ二分レタルハ千五六百年ノ代ナリ」と書き込み（GG: 230 訳二〇〇）、『文明論之概略』で「人民」と「政府」とに二分されると論じているところでもある（④一四二）。近代に至る生みの苦しみとしての絶対主義論であり、福澤はそれについてさらにバジョット『英国憲政論』においてもフランス皇帝論の箇所でそれに接することになる。すなわちフランス皇帝は大変な権限を有し、そのため中間層を平民として扱う。皇帝の贅沢さと力の誇示はルイ十四世の「朕は国家なり」に象徴される如く正に王が国家であって、他は一切同一であるとの説である(74)（CWB: 238 訳一〇六）。

日本でも絶対主義の議論として一君万民思想があった。これは秦の始皇帝以来の中華帝国のいわば制度として確立されたものでもあったけれども、思想的には『礼記』の「天に二日なし土に二王なし」（「曾子問」）や『孟子』の「天に二日無く、地に二王無し」という類の天人相関思想が日本に導入されたものと思われる。確かに大化の改新で公地公民が宣言され、「天に双つの日無し。国に二つの王無し。是の故に天下を兼ね併せて万民を使ひたまふべきところは、唯天皇ならくのみ」という叙述が『日本書紀』の大化二年三月にあり、また「天の下同じくして、かつて彼といひ此といふこと無し」が大化三年四月の詔にある。[75]これらは有力豪族を押さえ込む意図を持った一君万民思想といえるものであろう。[76]ギゾーにしろ、バジョットにしろ、あるいはトクヴィルにしろ、史的分析用語としては絶対君主制の理論ないし絶対主義論であるけれども、一君万民論でもあるのである。したがってホッブズの『リヴァイアサン』ではないけれども一君を除けばそこに共和制の様相を呈することになる。[77]「一君」という頭の代わりに国民の代表からなる「議会」ないし人民の一般意思を具現した「議会」という機関を据えれば、君主主権から国民主権ないし人民主権になるという訳である。

　ところで小幡篤次郎は“public spirit”を「義気」と訳していたのであるが、福澤は「丁丑公論」で「義を捨つるの王臣たらんよりはむしろ恩を忘れざるの遺臣となりて餓死するの愉快に若かずとて、東海俄かに無数の伯夷叔斉を出現したるは、さすがに我が日本国の義気にして彼の漢土殷周の比にあらざるもののごとし」（⑥五四〇）と使用し、さらにその痩せ我慢を伴う縦軸の「義気」が横軸のそれとなって結実しているのが薩摩藩に見られる「自由自治の風」であると福澤は読みこんでいるように思われる。また社会契約、すなわち“social contract”について言えば、福澤はこれを薩摩藩に見出して「都鄙の士族が互いに仲間を結ぶ」、あるいは「銘々の申し合わせにて約束を定め」と「覚書」に記したのであろう。つまり薩摩藩を評価する一つの基準としてトクヴィルがニュー・イングランドにおいて理論ではなくて実体として確認している社会契約に近い気風が薩摩藩に見られ、それが薩摩武士の強さにも現れており、かつて『学問のすゝめ』において論じた「一身独立して一国独立する」（③四三）の日本国における可能性をここにきてトクヴィルを媒介として雄藩薩摩において福澤は見出していると看做すこともできる訳である。けだし「仲間の約束」はすでに見たように、「自分かせぎ」のエートスを持った薩摩武士の特徴であって、これは「一身の独立」をもたらすと思われるからである。

もちろん福澤は薩摩の藩士レベルのみならず『論語道国章解』を紐解くことによって、福澤は引用していないけれども、藩主島津家にも約束重視の気風があったことを認識していると考えられる。久保は関ヶ原の合戦でなぜ島津は徳川方に付かなかったのか、との質問に対して島津が「秀吉への契約又難被黙止」と答えていることを挙げそこに契約重視があったと論じているのである。島津は豊臣秀吉との契りの約束があったから徳川方に付かなかった。藩主レベルでの契約観念重視とともに薩摩藩ではさらに一般民衆にあっても「義を好むこと普く」であったと、久保は記す。したがって福澤は引用していないにしろ、薩摩藩では藩主から庶民に至るまで義を好んでいる、何らかの意味において"public"なものに対する主体的関与が薩摩の国には広く行渡っている。"public spirit"は薩摩藩では身分の上下にかかわらず浸透している。これらのことを福澤は久保を通して認識していたように思われる。

次に薩摩藩の「自治自動仲間申合わせ」というきわめて興味深い主題であるが、これにはトクヴィルの"covenant and combine ourselves together into a civil body politic"の一節が福澤の念頭にあったのではないかと想定される。約束をして共に政治社会を結成するという、ニュー・イングランドの社会契約による成立事情の叙述の箇所である。われわれ自身が一緒になってこの世における政治体を同盟契約によって作るということである。これはN・モートンの『ニューイングランド・メモリアル』という一八二六年にアメリカはボストンにおいて刊行された本が出典であり、トクヴィルが参照に供しているその節の箇所の福澤手沢本には不審紙貼付の痕跡が確認される（七）。むろん「仲間の申合せ」という考え方自体はすでに指摘されているように、(78)『文明論之概略』にもあり、この時点において福澤の胸中にはあったと思われる。むしろトクヴィルを読むことによって改めてその意義を認識したのであろう。

福澤はしかしながら薩摩藩の状況分析を綴る以前に自治的ないし同盟契約的政治文化の意義について言及している。政府の秘密主義についてそれは「今の役人に限らず、日本政府に固有のもの」と看做し、これは「人民自治の気象を生ずるまでは政治上に望みなし」と断言し、そうであるがゆえに筆を止めて世の中の動向について議論をすることの無いように、とは子供の「一乾坤」であると、明治十年三月二十五日午前に記して「老後の備考」としているのである（⑦六七四）。この時までに福澤はすでに『分権論』を執筆していたこともあって、人民の自治能力を高めることが報道の自由をもたらし、これがまた政治にとって有益となるとのトクヴィル問題から引き出される命題をすでに看て取ることができよう。福澤はトクヴィル読書中にこの点について再確認し、報道の自由さえあれば自由に議論を尽くすことができ、薩摩の乱も「余輩一本の筆を以て幾万の兵を未発に防ぐ可き筈なりき」と述べ、「俗吏の為す禍も随分大なるものなり」（⑦六八〇）と記すのである。福澤は恐らくトクヴィルのその点に関する叙述を読みながらサイドラインを引き、「君側ノ患《ママ》ヲ除クノ拙ナル以テ知ル可シ」と俗吏を君側の奸と看做して書き込み、メモを貼付して感想を綴っているのである（九）。

ところで立憲政治の問題に即して考えるならば、仮に中央に議会を開いたとしても、その議会がまずあって、それから地方自治、あるいは地方議会があるというのは順序が逆である。地方議会がまずあって初めて中央における議会政治もうまく運営されると福澤は判断しているのである。「結局今処にては治権分布の慣習を養ふより外なし。此事行はれざれば日本は慥に無に属す可し」と述べる所以である（⑦六八三）。これはすでに論じた如く『アメリカのデモクラシー』の一つの主題であり、アメリカが他のヨーロッパ諸国と相違している点の指摘、すなわち、まず地方の共同体があって、それから郡、州、連邦がアメリカにはあるのであって、ヨーロッパ大陸諸国のように最初に中央権力があって、それが地方の隅々まで波及するのとは違うとの一説と関係しよう。このトクヴィルの見解に福澤は着眼していることから分かるように（九）、この点を念頭において地方議会すなわち地方自治を中心とする立憲政治を福澤は構想しているのである。しかもその具現化は困難を伴うものではない。立憲政の基底となる地方自治は、道路の修繕工事の協働の如き町村の「自治精神」、それから出発しても良いからである。これは明治十年三月刊行の『家庭叢談』に寄せた福澤の論からも判断できる（⑲六二六―二八）。

それからトクヴィルが描いている有名な政治制度としての陪審制の問題がある。トクヴィルは陪審制を高く評価するが、それはとりわけ刑事ではなく民事においてである。民事陪審は人が持っている利己主義という錆を落とすことができるからである。これには福澤も着眼して不審紙を貼付した痕跡をその手沢本に見ることができる（四七）。むろん陪審制を政治制度として見るならば、これは人民主権ないし国民主権の一環となる。トクヴィルは正にそういう視点からも陪審制を高く評価するのである。ミルもイギリスにおけるその伝統を見出して、それが公共精神を培うと主張する（WM 19 : 411, 436 訳九四・一四五）。陪審は政治に無縁な人民にも主権者としての自覚を促すからである。

そうした機能があるにもかかわらず陪審制で問題なのは法律専門家と議論することからくる一般人が専門家の意見に従わざるを得ないという点である。福澤が「ローヤルハ自ズカラ貴族ノ風アリ」とメモした和紙を『アメリカのデモクラシー』の該当箇所にサイドラインを引きながら貼付しているのはその点についての留意であろう（四五）。そうして「法学者は随分政府の器械と為る可きものなり。此輩は常に人民を軽蔑して且事物の秩序を重んずる者なれば、妄政《アルビタリ》をば恐れども暴政《タイランニ》には頓着せぬものなり」（⑦六八三）と「覚書」に記しているのも頷けるというものである。法曹は出自は庶民であるけれども精神は貴族であり、しかもそれは政府の僕として働くがゆえにその能力的見地からして庶民を見下し、秩序を維持せんがために法の支配に拠らない専断的政治＝「妄政」（arbitrary）をこそ恐れるが、法の支配による僭主政治＝「暴政」（tyranny）については無頓着なのである。法曹の保守性と民衆蔑視によって、陪審裁判を法曹の意のままに誘導するという訳である。福澤はそういう認識を持ったゆえか、陪審制を全面的に容認しなかった。あるいは後に見るようにその適用を法曹に対抗し得る名望家層に限定する。

トクヴィルはしたがってミルと同じく（CWM 18 : 271 訳一三九）陪審制を全面的に高く評価している訳ではない。

しかしながら一般人民、政治に無縁な素人が自治能力をも含めた政治的英知を培う一つの手段として陪審制は意味を持つのである。福澤はトクヴィルの陪審制論を読み、その意味で不審紙を貼付し着眼している訳である[四七]。そうして西郷隆盛の処分を巡ってそれを適用しようと試みる。福澤自身はもちろんすでに『西洋事情』において陪審制を紹介しており、制度としての陪審を早くから認識していたのであるが、トクヴィル・デモクラシー論を読むことによってそのプラス、マイナスの両面を看て取ったと思われる。そして西郷の乱である。

　福澤は正にトクヴィル読書中に、想定される西郷処分の裁判において陪審を適用しようと試みる。しかしながらその陪審員は名望家層であった。トクヴィルの陪審論の箇所を読むと、英国にあっては陪審員は元来が名望家によって構成されていた、という叙述があり（TDS : 264 訳下一八五）、福澤は恐らくそれを慮って、あるいは日本にあっては未だネーション無しであるとの時代認識をも踏まえてか（③五二・④一五四）、正にトクヴィル『アメリカのデモクラシー』第一巻を読み終えんとする明治十年七月二十四日に陪審員には単なる人民よりもむしろ名望家層を充てることを提案したのであった（⑳一七三）。これはしかし中津士族の名義を以て京都の行在所に捧呈せしめたものであり、福澤の名で以て建白しているものではない。その後の福澤の論を見ても、管見の限りでは陪審論は登場していないことから、トクヴィルの議論を恐らくは踏まえて、福澤は現実の制度として陪審を広めようとはしなかったと思われる[79]。

　さて福澤は西南戦争の最中にトクヴィルを読んでいるのであったが、すでに見た『学者安心論』や『分権論』において小さな政府論を提示していた。しかし福澤は改めてその点について再考する。先に福澤は西南戦争を目の当たりにしながら、それを「在役の士族と非役の士族との喧嘩」と見ていたと記したが、それは福澤がトクヴィルのアメリカの大統領制とヨーロッパの立憲君主制との比較についての叙述を参照にしての覚書であった。すなわちアメリカでは大統領の交代とともに官僚は交代するが、それでも革命の要因にそれがなることはなかった。その理由は民間にあって有力な職を得ることが可能だったからである。官僚がその身分を失うことによってその生活の快適さを失うことはあってもその手段を奪われることはないのがアメリカである。ところが選挙制度による立憲君主政体にあっては執行権の主だった代表者は代わらないけれども、その末梢的部分に変化が起こる。すなわちヨーロッパでは行政府の小吏は大臣の成り行き次第であることが不平の原因となっており、そこに革新の精神は限度を超えて変革を促すが、だからといってアメリカのように四年ごとに行われる選挙制度を設ければある種の革命の原因となる。福澤はここにサイドラインを引き、そして「衣食足リテ免職モ苦シカラズ」と書き込み、そして恐らくは次の内容を持ったメモを記した和紙を貼付し（二〇・二一）、「覚書」に改めて記したと思われる。すなわち「明治維新の後に時々騒乱あるは、唯在役の士族と非役な士族との喧嘩のみ。此不和を防ぐに直に代議制の元素を用ひんとするは大なる誤なり。立憲政体と為し代議員を集めんとするには、先づ政府の領分を狭くし官吏の権威も給料も大に減じて、政府は人民の羨む可き目的とするに足らざる程のものに取縮めて、然る後に立憲代議の沙汰に及ぶべし。今の有様にて幾度戦争するも徒労徒費のみ。政府の権を取縮るには先づ御の字なぞを止る方近き手掛りならん。御願、御払下げ、奉願、恐入、御説諭等の語気、又裁判所抔もて小役人の驕傲なること、殊に地方の俗吏が徒に人を憤らしむること、枚挙に遑あらず」と記し、頭書に「此考はトークビル百三十三葉にあり。如何にも符号するが如し」と記したのである（⑦六七八―七九）。要するに全て政府に関係するものは非常に価値あるものと看做され、しかも財を成すことができる、と思っているのが良くないという訳である。これらは士族の目的を中央政府から解き放つための一処方箋であったろう。

次いで福澤は「仏蘭西の官員十三万八千、此年給二億フランク、即ち八百万ポンド、即ち四千万円なり。合衆国の官員は一万二千なり。千八百三十三年」と記すが（⑦六七八）、これも不審紙貼付の痕跡が認められるところであって（二一）、行政権がフランスよりもアメリカの方が弱い原因を法によるよりも環境によるとして、フランス行政部の実態をメモしたのであろう。アメリカの官僚がフランスに比して重要視されていないことを、官僚の数によって福澤は確認しているのである。

それから「地方に良民のみあるも全国の力を増すに足らず」であるが（⑦六七八）、「良民」は恐らくこの場合"citizen"の訳と思われる。ただ「良民とは所謂結構人のことなり。亜米利加の盛なるは結構人の多きが為に非ず、甲斐〳〵しき活物の多きが為なり」と記しているが（⑦六七八）、「甲斐〳〵しき活物」は恐らくはトクヴィルを読んで記していることを考えれば、プロテスタントに由来する独立精神と自由の精神を併せ持ち、なお、公的精神に富んでいる人間、あるいは商業的情熱を持った人間、ないし「不徳モ亦社会ニ益ヲ為ス」と書き込んで着眼している、賞賛に値する貪欲さを持った人間をさすと思われる（㈡・㊿・(五一)・(五二)）。アメリカではそういった人間が頑張っており、それがアメリカを豊かにして活気づけている、という訳である。

もちろんトクヴィルは植民の有様についても論ずる。ただ単なる野心家、ないし冒険家、あるいはヨーロッパにおける大土地所有者がそのまま、またアメリカに渡って大土地所有者になる例も挙げているけれども、ニュー・イングランドはそうではなく、正に強調して論じているように、イングランドの中産階級の移民による建国であって、正しく教養もあり宗教心に富んだ人々が家族単位で移住していることを強調するのであった（TDC 1:31-32, TDS:14-15 訳上五四―五五）。それが他の植民地との違いなのである。このことをも福澤は学んでいると思われ（㈦の前々文）、ニュー・イングランド的な有り様というものを特に念頭に置いていたと考えられる。取り分け福澤は、そうした植民者からなるニュー・イングランドの公的精神の叙述の箇所には赤の不審紙を貼付して着眼を強くしたと思われるが（㈡）、これはまたミルのトクヴィル『アメリカのデモクラシー』第一書評が引用している箇所でもあった（CWM 18:61 訳一三三）。

また「覚書」にあるトクヴィル・ノートとして記してある「モンテスキュウの考え」は、「民撰議員の政体にては、其議員に権を附すること洪大無限なるも、唯一時の事なれば人民も安心して之に任ずるものなり。然るに一旦の事変に由て其権柄を其まゝ一人の手に握り君主の体裁を成すことあれば、権力無限の風習は其まゝに存して、君威の異なること恐る可きもの多しと」であり、これはモンテスキューの『ローマ人盛衰原因論』にある見解をトクヴィルが引用したものであり、それを福澤が着眼し(七一)・(一八)ノートしたものであって、「民撰議院の政体」とあるのは「共和政体」のことを指す。そしてこれを何らかの理由で君主が引き継げば、選挙によって選出された為政者の権限の下で安心できたものが絶対的と化し、暴政への道の可能性が開かれるという訳である。

福澤はトクヴィルがフランス革命によってもたらされたと主張する自由と専制のうち、維新革命が自由ではなくて専制をもたらしているのではないか、そうでなくともその契機があるのではないか、との思いを『西洋事情』執筆時から強くしていたが(①二八九・五八一)、それは『アメリカのデモクラシー』福澤手沢本のトクヴィルのそうした見解について議論している箇所へのサイドラインの痕跡(一八)において明らかである。そしてこれに刺激されて、「戦争に敗すれば国亡び、勝てば唯政府の暴を増すのみ。薩摩の戦争勝てば政府は益専制ならざるを得ず」(⑦六八〇)とノートする所以である。これによって西南戦争に新政府が勝利すれば新政府は益々「専制ならざるを得ず」とトクヴィルを一つの媒介として福澤が認識していることが分かると同時に、「覚書」にノートをとった福澤が「明治十年　丁丑公論」を西南戦争の首謀者である西郷が自刃した一八七七年九月二十四日直後の数日を費やして執筆し、一ヶ月後の十月二十四日にその緒言を起草していることが理解できるであろう。しかもその思考過程が手に取るように分かるであろう。

六　おわりに——その後の『アメリカのデモクラシー』——

福澤は西南戦争中にトクヴィル『アメリカのデモクラシー』第一巻及び第二巻の一部を精読したのであったが、それでは以後、福澤の作品にそれはどのような影響を及ぼしているのであろうか。あるいはなぜ、福澤は第二巻の精読を果たさなかったのであろうか。後者に関しては、第一に、第二巻が第一巻に比して抽象的議論が多いことが挙げられよう。具体的事件から抽象的思考を得意とする福澤にあっては、第二巻はドクマ的すぎたかもしれない。(80) 第二に、しかしながらそれでも福澤はミル『自由論』や『功利主義』を、あるいは『女性の隷従』を精読しているのではないかとの反論もでよう。しかしこれはミルのトクヴィルの第二書評の読書とともに第二巻で議論されている、例えば女性論や家族論など、逆にミルを読んでいれば改めてトクヴィルを読む必要性を福澤は感じなかったのではないかと思われる。第三に時間的余裕の問題があろう。大著である本書を当時の書評子ではないが読む時間がなかったのではないかと思われる。実際これ以後の福澤が読んだ名著はバジョット『英国帝政論』ぐらいであって、これは『アメリカのデモクラシー』程の分量はない。

さて福澤はその一年後の明治十一年、すなわち一八七八年に『通俗民権論』、『通俗国権論』を著し、さらに自著『文明論之概略』の講義をしながら、両著の二編を執筆公表し、東京学士会院の初代会長（二年で辞任）や東京府議会副議長（一週間を満たずして辞任）に選出されながらも『国会論』や『民情一新』を出版する。

『通俗民権論』は『分権論』の如く「政権」と「治権」についての議論を再説したものであり、「地方の民会」の重要性を説くものであった。すなわちトクヴィル問題を活かして、まず「民会」があって中央政治を行うべきであるというのがその主題である（④五七九―八〇）。『通俗国権論』では「約束」の機能を非常に重視し、さらに「習慣風俗」と法律との関係に触れているが、これはトクヴィルがニュー・イングランドにおける習慣が法以上に住民の規範意識に影響を及ぼしているとの視点を活かしての執筆と思われる。薩摩における「気風の約束」あるいは「士族一般の公議輿論」の法律に対する重要性を指摘している野村宛書や「覚書」の議論のより一般化した議論の展開である（④六一四―二八）。それから「天稟の愛国心」と「推考の愛国心」の問題がある。『通俗国権論』では文明論において使用したスペンサーないしブラックストーンに由来すると思われる「報国心」という用語になって説かれている（④六三九―四三）。恐らく福澤は文明論の講義もあって、そこで用いた語を再利用したのであろう。それには「天稟の愛国心」の復活は考えられなく、だからといって「推考の愛国心」に至るには時期尚早と、トクヴィルがフランス革命後に分析したのと同様な考えが福澤の胸中を支配したことが考えられる。より一般的な偏頗心に立脚すると考えられた「報国心」を利用する所以である。『通俗国権論』二編もやはり「民会」と「国会」という二つの議会政治に対する疑問と提言であるが、底流にあるのはやはり「民会」がより重要であって、下から上へ、あるいは地方から中央への方向性を有した議会政治の提言であり、トクヴィルの視点がやはり活きていると思われる。

さらに福澤は明治十三（一八八〇）年に刊行した『民間経済録』第二編において「民を休養するとは殆ど古来の痛言にして、政府の美事の如く聞ゆれども、畢竟千百年前専制の下に通用す可き言のみ」と述べて、「後世に至って苟も人民に自治の精神を抱き、又其の精神を活動するの地位を得て、国権の保護維持を以て人々の責任とするの場合に於いては、何ぞ坐して他の休養を受けるの理あらんや。休息して銭を愛しみ、為に国威の張らざるも自ら為す所なり。勉励して国財を費やし、大いに国を興すも亦自ら為す所なり。興廃盛衰一に人民の心に出ることなれば、自治の精神を抱く者は此に見る所なかる可らざるなり」として、「一国の独立は其の国民一般の負担する所なれば、自ら負担する事に就いて自ら財を吝しむは、自ら其の事を棄てる者と云ふ可し」と論じ、「推考の愛国心」の具体例を経済行為においても求め、説明するのであった（④三八一―八二）。

さて時代は少し遡るが明治十年十一月には「自治の精神」の育成を強調し（⑲六三七）、翌年五月には「公共の政」の重要性を福澤は訴えている。これは大久保利通の暗殺問題に起因しているのであるが、大久保暗殺の要因は政府の「過重の権威」にあり、それが「独裁の政」をする。多数者の専制が、すなわち少数者の意見の抹殺がテロを生むのである（⑲六五六）。すでに見たように福澤は多数者支配の弊害をトクヴィルやミルから学んでおり、多数者の名を借りた「独裁の政」は正に危険を伴うことを熟知していた。そうしてこれを是正するには福澤にあっては抵抗の精神が不可欠であるとする。福澤が西郷に見たのは、「専制の精神」（大久保）に対する「抵抗の精神」（西郷）であって、基本的には自治論ではあるが、それは「丁丑公論」の一つの主題になっていると思われる。その緒言冒頭に曰く「およそ人として我が思うところを施行せんと欲せざる者なし。すなわち専制の精神なり。故に専制は今の人類の性と云うも可なり。人にして然り。政府にして然らざるを得ず。政府の専制は咎むべからずといへども、之を放頓すれば際限あることなし。またこれを防がざるべからず。今これを防ぐの術はただこれに抵抗するの一法あるのみ。世界に専制の行わるる間は、これに対する抵抗の精神を要す。その趣は天地の間に火のあらん限りは水の入用なるが如し」（⑥五三一）。スペンサーの改革のためには抵抗が必要であるとの考えもさることながら（SS : 239）トクヴィルとの関連で言うならば貴族的栄誉の行使の問題である。貴族というものは独力で抵抗する。トクヴィル自身、名門貴族出身であるが、絶対君主制に移行すると中間団体的位置にある貴族は民衆の一員となるか、絶対君主に仕える文武官になるか、いずれかに分かれることを余儀なくされる。したがってそれを避けるべく貴族は中間団体として王に抵抗するのである。日本の場合は四民平等になったけれども、ヨーロッパでいう封建領主たる貴族に相当する大名は果たして抵抗したのであろうか。確かに戊辰戦争に見られる抵抗戦争はあった。しかし徳川将軍家の血が流れなかったことから無血革命と明治維新を把握できるとしても、ほとんどの大名は「藩知事家禄の制」によって華族としての身分保障が功を奏したのか、抵抗らしき抵抗をしていない。それが知力の差から来る問題であるとしても（④二五四）、福澤がトクヴィルを読み、不審紙を貼付して着眼し（六〇）、さらに「覚書」で抵抗と暗殺の相違について考察し、「知力逞しき活発なる男子にして始めて能す可し」と暗殺の抵抗に比して容易なることを記し、さらに日本の華族が堪忍の心がないと嘆いて記しているのも（⑦六八五）、トクヴィルが描いているような貴族的栄誉、これに基づく抵抗の精神というものを念頭においてのことであったであろう。むしろ華族ではない西郷にこそ福澤はそのエートスを見ているように思われる。

それからトクヴィルが描いたニュー・イングランドにおける、あるいは薩摩武士間に見られた社会契約ないし「仲間の約束」という問題の展開であるが、これは『西洋事情』などで唱えた社会契約の有する意味の再認識を福澤にもたらしたように思われる。時代は下って明治二十四（一八九一）年十月二十八日、濃尾大地震が勃発する。そのとき『時事新報』において福澤は社説として社会契約に則った政府の存在理由を明らかにし、罹災者に対する援助の必要の緊急性を訴える文章を寄稿している（⑬二二五―二二六）。大津事件の半年後に起きた濃尾大地震は死者七二〇〇名に及ぶ大災害をもたらしたが、福澤は始まったばかりの帝国議会の衆議院議員や政府の地震に対する対処のあり方を社会契約を援用して批判する。しかしこの時期の政治の動向は第一議会における民力休養と軍事予算削減をめぐる論争、あるいは品川弥次郎内務大臣の大選挙干渉という事件の歴史は残されていても、濃尾大地震のそれは福澤の傑出した社説とともに、歴史上、忘却の彼方に追いやられている。

福澤はトクヴィルを読み、それを様々な論説や著作に援用したが、本稿を終えるにあたって、スマイルズのトクヴィル評価ではないけれども、『アメリカのデモクラシー』第二巻第二章にある文章で福澤も不審紙を貼付して着眼し（七五）、恐らくは同意していると思われる一文を挙げておきたい。

「いかなる偉大な学者においても他人の信念の上に多くのものを積み重ねているのであり、また己が論ずる以上の多くの真理をそこから受け入れているのである」。

註

（１）和田博徳「中国における福澤諭吉の影響」『福澤諭吉全集』第十九巻、岩波書店、一九七一年、附録八頁引用文（「福澤諭吉、四十年前、会遊二美州一、久乃帰、以二教授一為レ業。維新以前、創二立慶應義塾一、倡二変政之議一。……所レ論著甚夥、皆精萃可レ伝、其教レ人以レ読二阿丹氏 Adam Smith 之富国策、卓靡勒 Tocqueille 之民治朝廷両書一為レ本」）参照。呉汝論は中国においてA・スミス、H・スペンサー、J・S・ミルなどを翻訳紹介した厳復（一八五三―一九二一）の友人にして先生であった。厳復が西欧近代思想の摂取紹介に努めたのも、日本を視察した呉汝論の影響が考えられる。厳復と西欧近代思想との関連については、Benjamin I. Schwartz, *In Search of Wealth and Power Yen Fu and the West*, Cambridge: Harvard U. P. 1964, 平野健一郎訳『中国の近代化と知識人　厳復と西洋』東京大学出版会、一九七八年、参照。ただし、佐志傳解題・解説『慶應義塾社中之約束』（慶應義塾福沢研究センター資料（2）、一九八六年）の履習科目表をみても、「ギゾー氏文明史」「ミル氏自由之理」「ミル氏代議政体」「ミル氏利学論」「ボーエン氏経済論」「スペンサー氏教育論」「スペンサー氏社会学」「バセウ氏ヒシックエンドポリチック」「バゼウ英国政体論」などの名はあっても、スミス『国富論』、トクヴィル『アメリカのデモクラシー』の名は登場しない。この事実は両書が大部のため、課外読本として使われていたことを示唆する。

(2) 戦前の福澤研究史で、福澤とトクヴィルとの関係について論じられてる論稿を私は知らない。

(3) 昆野和七「解説」（福澤諭吉『学問のすゝめ』岩崎書店、一九五〇年）一四一頁参照。

(4) 富田正文「後記」（福澤諭吉著作編纂会編『福澤諭吉選集』第一巻、岩波書店、一九五一年）四一八頁参照。

(5) 丸山眞男「解題」（同上編同上書、第二巻、四〇〇―〇一頁、後、松沢弘陽・植手通有編『丸山眞男集』第五巻、岩波書店、一九九五年）二一六―一八頁参照。

(6) 同上解題、四一〇頁、同上書、二二六―二七頁参照。

(7) 福澤先生研究会編『福澤研究』第八号、一九五七年、四一頁参照。

(8) 『図書』十一月号、岩波書店、一九五八年、二頁、後前掲『丸山眞男集』第七巻、一九九六年、三八六―八七頁参照。

(9) 『服部之総著作集』第六巻、理論社、一九五五年、一八三、一九〇頁参照。

(10) 遠山茂樹『福沢諭吉―政治と思想の間―』東京大学出版会、一九七〇年、一二〇―二一頁参照。

(11) 山下重一「トクヴィル、福沢諭吉、徳富蘇峰」（『福澤諭吉年鑑』三号、一九七五年、五一―五七頁参照。

(12) ひろたまさき『福沢諭吉研究』東京大学出版会、一九七六年、一三〇、一九五―九六頁、『福沢諭吉』朝日新聞社、一九七六年、一六一頁参照。

(13) 三谷太一郎「研究ノート　福沢諭吉と陪審制」『朝日新聞』夕刊、六月二八日号、一九七六年参照。後、この問題意識を発展させたものとして三谷太一郎『近代日本の司法権と政党―陪審制成立の政治史―』塙書房、一九八〇年、九九―一〇〇、一一三―一六頁、後『政治制度としての陪審制―近代日本の司法権と政治―』東京大学出版会、二〇〇一年、一〇四―〇六、九四―九五頁参照。

(14) 明治文化研究会編『明治文化全集　第二巻　自由民権篇』日本評論社、一九六七年、一二七―三五頁。なお当時、慶應義塾塾史資料室（現・福沢研究センター）の丸山信氏によれば、リーヴ英訳本が現在中津市立小幡記念図書館に数冊所蔵されている、という。これはトクヴィルが慶應義塾系の人々によって如何によく読まれていたかを示している。

(15) 岩永健吉郎「解説」岩永・松本礼二訳『アメリカにおけるデモクラシー』研究社叢書、一九七二、iii頁参照。また明治十四（一八八一）年から十五年にかけて、同人社出身ではあるが福澤の影響下にあると思われる改進党系の政治家肥塚竜が英訳からの重訳により、今日においても覆刻に価する『自由原論』（薔薇楼蔵梓）八輯を世に問うた。これは一八三五年に刊行された第一巻の全訳（脚註に一部略がある）であるばかりでなく、その部分の附録も二編程略してあるのみの、今日（一九七九年）までのうちの最も完全で最も多量の訳出である。この翻訳書の存在は、明治中期において、トクヴィルがよく読まれていたであろうことを示している。

(16) George Wilson Pierson, *Tocqueville in America*, Baltimore: The Johns Hopkins University Press, 1996, p. 23n 参照。トクヴィルはギゾーの講義を一八二八年末から七月革命の時まで聴講しており、ヨーロッパ文明史の概略部分は講義録を取り寄せて熟読したと思われる。なお小川晃一『トクヴィルの政治思想―政治における知性―』木鐸社、一九七五年、六頁参照。一八二〇年代のソルボンヌは、ギゾー、クザン、ヴィルマンという「三巨頭」(le triumvirat) と称された教授を中心に広く、学生・市民の聴衆を集め、自由主義的言語の発火点になっていたという（松本礼二『トクヴィル研究―家族・宗教・国家とデモクラシー』東京大学出版会、一九九一年、一七五頁参照）。またギゾー講義は一九二〇年代の「大論争」の一角をなすもので、あからさまに政治的性質をおびることにもなったという (Larry Siedentop, *Tocqueville*, Oxford: Oxford University Press, 1994, pp. 20-40、河合秀和『トクヴィルを読む』岩波書店、二〇〇一年、七二頁参照)。

(17)『文明論之概略』とその手沢本とに関しては小沢栄一『近代日本史学史の研究　明治編』吉川弘文館、一九六八年、一六九―七九頁参照。また本書第二章及び、平石直昭「福沢諭吉の戦略構想―『文明論之概略』期までを中心に―」（『社会科学研究』第五一巻第一号、東京大学社会科学研究所、一九九九年）九四―一〇二頁参照。

(18) 福澤署名本をみると、「統一に帰着しない多数は混乱であり、多数に依存しない統一は圧制である」とのパスカル

(Blaise Pascal 1623-62) の『パンセ』(*Pensées sur la religion et sur quelques autres sujets*, 1669-70) における言葉など、三〇ヶ所ほどに赤の不審紙が貼付されている。

(19) 須田辰次郎の直話によれば、福澤は須田本を借用して全編に亙って書入れを行い、福澤の精読の跡がみられる、とのことである（高橋義雄編『福沢先生を語る諸名士の直話』岩波書店、一九三四、一八〇―一八一頁参照）。誠に残念ながら、この手沢本は現在紛失している。

(20) 津田左右吉「解題」、福沢諭吉著『文明論之概略』岩波文庫、一九六二年、二九一頁参照。

(21) 個人《インディヴィディアル》と大衆《マス》との問題などを扱っているこの論稿に、鉛筆によるアンダーライン、サイドラインが六七ヶ所ほど、福澤署名本に記されている。

(22) このエッセー（一八四〇年の書評）については何ら施しはなされていないが、読了形跡は認められる。なお福澤署名本たるミルの『論説論考集』に収録されているエッセーで、青の不審紙貼付が二〇ヶ所ほど施されているのに「自治体と教会財産に対する国家干渉についての正邪」(The right and wrong of state interference with corporation and church property) がある。その他読了形跡のみが認められるものには「ギゾー氏の歴史に関するエッセーと学問」(M. Guizot's essays and letters on history) などがある。第三巻は読了形跡が認められない。

(23) 福澤署名本には、読了形跡のみが認められるが、不審紙貼付などの施しは認められない。

(24) これについては不充分ながら本書序章参照。なおミル『女性の隷従』の日本における受容過程については金子幸子『近代日本女性論の系譜』不二出版、一九九九年、四四―六五頁参照。

(25) 明治九（一九七六）年に、二回ほど通読していて、トクヴィル問題とまったく無関係である、とはいえないミルの本で、その福澤手沢本が残っているものに『功利主義』(*Utilitarianism*, 1861) がある。これについては拙著『福沢諭吉と西欧思想―自然法・功利主義・進化論―』名古屋大学出版会、一九九五年、三〇三―四二七頁参照。なおミルがトクヴィルをも含めたフランスの思想からいかなる面を学び扱っているかについてはIris Wessel Mueller, *John Stuart Mill and French Thought*, New York: Books for Libraries Press, 1968 参照。

(26) これ以後の福澤とトクヴィルを扱った主だった研究を簡単に紹介しておこう。まず松沢弘陽『近代日本の形成と西洋体験』（岩波書店、一九九三年）では森有礼がトクヴィルを明六社同人に紹介し（三一二頁）、後に触れる薩摩藩政との関係で福澤とトクヴィルについて言及されている（三四二頁）。同「社会契約から文明史へ―福沢諭吉の初期国民国家形成構想・

試論―」（『福澤諭吉年鑑』18、一九九一年）も国民国家形成との関連で追求されている（二〇一頁）。自治論との、特に「分権論」との関係で石川一三夫『日本的自治の探求―名望家自治論の系譜―』（名古屋大学出版会、一九九五年）がある（三〇、四六―四九、五一頁）。また松田宏一郎「福沢諭吉と「公」・「私」・「分」の再発見」（『立教法学』四三号、一九九六年）では本章と問題意識を異にするが、「分権論」と自治論との関係で追求されている（九六、一〇五、一二三―四〇頁）。やはり関口すみ子「福沢諭吉の「徳」と「家族」―中村敏子著『福沢諭吉　文明と社会構想』を読む」（『福澤諭吉年鑑』28、二〇〇一年）において「モラル・タイ」との関係でギゾーとの関係も踏まえて論じられている（一〇九―一一、一一五―一九頁）。また平山洋「福澤諭吉の西洋理解と『脱亜論』」小泉仰監修・西洋思想受容研究会編『西洋思想の日本的展開―福澤諭吉からジョン・ロールズまで―』（慶應義塾大学出版会、二〇〇二年）では福沢がトクヴィルから社会契約について学んだこと（三六頁）が、丸山眞男『自由について―七つの問答―』（編集グループSURE、二〇〇五年）では福澤における西郷とトクヴィルについて言及されている（一二七―三八頁）。また住田孝太郎「小幡篤次郎の思想像―同時代評価を手がかりに―」（『近代日本研究』第二一巻、二〇〇四年）において福澤との関連をも視野にいれてトクヴィルと小幡との関係について言及されている（三三―八〇頁）。なお太田臨一郎「福澤諭吉著訳書の原拠本について」（『福澤諭吉年鑑』3、一九七六年）ではトクヴィルのデモクラシー本をF・ボーエン（Francis Bowen）補訂版（*Democracy in America*, Translated by Henry Reeve, Edited with Notes, the Translation, Revised and in Great Part Rewritten, and the Additions Made to the Recent Paris Editions, Now First Translated by Francis Bowen, 6th ed., Boston: John Allyn, 1876）の存在を指摘されているが、一八七三年版も慶應義塾にはあり、これらを福澤が参照しているかどうかはさらなる検証を要する。後者の第五版の第二巻の以下の目次の箇所には不審紙の貼付がみられ、福澤手沢本が第二巻の冒頭の若干の章のみを読んでいることと併せ考えると、福澤の貼付の可能性も否定できない。第二巻第二部第五、六、一七、一八、一九の各章と第三部第三、一八章である。ただし本文には何も施されていない。前者の第六版には、第一巻の第六、八章に着眼している形跡があるがそれは単語訳の類の書き込みで、福澤のものではないと思われる。

(27) 第一に七〇〇年前、すなわち十二世紀初頭のフランスは土地所有（landed property）が権力（power）の唯一の源であり、それは少数の家系に分割され、支配権は世襲され、人を動かす唯一の手段は力（force）であった。第二に、次いで聖職者の政治権力（the political power of the clergy）が確立したが、その地位は万人に開かれており、貴賤貧富に拘わり無く、平等に教会を通じて政治の世界に参入し始めた。永遠の隷属にあると思われていた農奴が僧侶（priest）として貴人に列し、王の上に座することにもなった。第三に、時代が降って社会が安定し、文明が開けると、人間関係が複雑多様になり、世俗の法（civil　laws）が必要となった。その結果、法曹が生まれ、封建貴族とともに宮廷に座を占めるようになった。第四に、王が大遠征で身を滅ぼし、貴族が私闘で力を失って、平民は通商で豊かになった。金銭が国事（State affairs）に影響を及ぼし、商取引が権力への新しい道を開き、金融業者が蔑まれながらも阿られて、政治的影響力のある地位（a station of political influence）に躍り出た。第五に、知的能力（mental acquirements）が広がり、文芸への嗜好が増大することによって、才能が成功への道を開き、学問（science）が統治の手段（the means of government）に、知性（intelligence）が社会的権力（social power）に通じ、学のある人（the man of letters）が国事に参加するようになった。こうして第六に、家柄の価値が低下し、十一世紀には測り知れない価値があった貴族の地位（nobility）が十二世紀にもなると売買されるようになり、貴族（aristocracy）自身によって平等（equality）が統治の世界（the Government）にもたらされた（TDS: xii–xiii 訳上一〇—一一）。このように七世紀に亙って、貴族は王の権威（the authority of the Crown）に抵抗するために、あるいは同じ貴族から権力を奪取するために政治的権利（political rights）を人民に分け与えたのであった。国王は国王でまた貴族を押さえ込むために下層階級（the lower orders）に権力的地位（a degree of power）をより一層、享受させた。そしてトクヴィルは述べる。フランスでは国王はいつでも平等化の最も積極的かつ恒常的な平等主義者（levellers）であった。野心家にして冒険家の国王（ルイ十一世及びルイ十四世）は人民を貴族にまで高めようとし、穏健ないし無力な国王（ルイ十五世）は人民が己の上にたつことを許した。前者は才能により後者は不徳によっていずれもデモクラシーに力を貸したのである。また社会における新たな要因は普遍的な平等（the　universal　level）を促進する。そして知的営為が力と富との源泉となって、学問や知識、それに着想は人民の側の力の萌芽と成って、デモクラシーの推進に寄与した。それが仮令デモクラシーの敵の手にあったときですら、人間の天賦の偉大さが浮き彫りとなってデモクラシーの大義に貢献したのである。こうしてデモクラシーは文明の進展と知識の進歩とともにその支配領域を拡大し、文芸はすべての人にとって開かれた武器庫となって、弱者や貧者も日々そこに武器を求めに来訪したのであった。トクヴィルはこのように述べ、さらに七百年間の歴史を顧みて大事件といえるもので平等化に役立たなかったものはなかったとすらいう。十字軍と対英戦争は貴族を壊滅させ、土地を細分化させた。自治都市の成立は封建王政下に民主的自由を導入させた。火器の発明は戦場で貴族と農奴とを平等化させ、印刷術は平等な知的糧を提供する。郵便制度は貧者のあばら家にも宮廷にも同じ知識の光を運び、プロテスタンティズムは誰もが平等に天国への道を見出すことができると宣言した。アメリカの発見は冒険家に富と権力をもたらしている。

さらに十一世紀以降五十年ごとにフランスで生起した事件をみれば社会に二重革命が進行しているのを認めざるを得ない、とトクヴィルは述べる。すなわち貴族が益々下降し、平民は一層上昇している。両者は時代が降るに従って接近する。しかもこれはキリスト教世界全体に起こっている状況でもあった。それは関係者の主観的意図とは無関係に、否、意志に反しても結果的に帰結するものであったゆえ、正にトクヴィルにとって「抗しがたい革命」にして宗教的畏怖を覚える程のものであった。平等化は神意とすら言えるものであったのである。しかしトクヴィルはその方向を動かしえないものとは見ていない。その行方についてはしかし未だ「われわれの手中」にあるという。したがって時期を失ってはいけないのである。ここからトクヴィルが「社会を指導する人々」に課した第一の義務は、デモクラシーを教育し、できればその信仰を蘇らせ、習俗を純にして、その動態を規制し、実務の知識でデモクラシーの未熟を漸次補い、盲目の本能に代えてその真の利害を知らしめ、さらに民主政を時と所に適したものとして状況と人間に応じて修正を加える、ことであった。トクヴィルにあって「新しい世界には新しい政治学が不可欠である」所以である。突発的な社会革命はとりわけフランスにおいて急激に進展したのであったが、それは野蛮な本能の赴くまま、親の庇護をうけない子供の如く育っているのである。そこではデモクラシーの弊害を緩和し、その本来の長所を引き出すことに欠けているのであり、そこから福利を引き出すことは未だ必ずしも知られていないのであった（TDS : xiii-xvii 訳上一一―一七）。このようにトクヴィルは常にヨーロッパを視点に据えての比較史的考察をしているのである。

(28) Siedentop, *op. cit.*, p. 8. なおギゾーの「ヨーロッパ文明史概略」の第一回講義は一八二八年四月十八日で以後、七月十八日まで毎週末、都合一四回行われている。

(29) 岡義武「山県有朋」（篠原一・三谷太一郎編『岡義武著作集』第五巻、岩波書店、一九九三年）、三四―三六頁参照。なお、当時の時代風潮をも含めて、本稿の主題とも関連する論稿として、松田前掲論文参照。山県の意図が民衆の公共精神の啓発と政治参加にともなう行政能力の涵養という立憲政治を行うにあたってのプラス面のみならず、「中央政局異動ノ余響ヲシテ、地方行政ニ波及セサラシムルノ利益、亦決シテ鮮尠ナラスト為ス」との回想からも分かるように、中央における政争（政党による）を避ける点にあったことがより重要である（山県有朋「徴兵制度及自治制度確立ノ沿革」国家学会『明治憲政経済史論』有斐閣、一九一九年、二四頁参照）。なお藤田省三『天皇制国家の支配原理』みすず書房、一九九八年、一四―六三頁参照。

(30) 西田長寿・植手通有編『陸羯南全集』第一巻、みすず書房、一九六八年、五六六―六七頁参照。なお石川前掲書、一六〇—九一頁参照。またトクヴィルとの関連をも含めて羯南の政治思想については宮村治雄『関国経験の思想史　兆民と時代精神』東京大学出版会、一九九六年、一九三—二二八頁参照。

(31) トクヴィル『アメリカのデモクラシー』の日本への翻訳は註(15)でもふれたように第一巻ではあるが、英語版からの重訳として、小幡篤次郎の手になる抄訳を除けば、全訳としては明治十四年(一八八一)年から二年に亙って発刊された肥塚龍の『自由原論』(薔薇楼蔵梓)全八冊である。

(32) 石川前掲書、六二頁参照。

(33) 後藤丹治・釜田喜三郎校注『日本古典文学大系34　太平記一』岩波書店、一九六〇年、三二一頁参照。

(34) なお、本書第一章参照。

(35) 前掲拙著一一一—一二、一五三—五四頁参照。社会が進化すれば政治機能は極少化され、ついには無政府になるという意味である(M. W. Tylor, *Men versus the State Herbert Spencer and Late Victori an Individualism*, Oxford: Clarendon Press, 1992, pp. 131-166)。

(36) 松本三之介・山室信一編『日本近代思想体系10　学問と知識人』岩波書店、一九八八年、一二五—二六頁参照。

(37) 前掲拙著、八六—九二、一九二頁参照。

(38) なお、トクヴィルは中国における諸条件の平等化の実態を極めて古くからあると見なしており、その具体例として科挙制度を挙げている(TDB:246訳四三八)。また小幡の人となりについては住田前掲論文及び、同「小幡篤次郎著作目録」、西沢直子「小幡篤次郎略年譜」(慶應義塾福沢研究センター編『近代日本研究』第二十一巻)参照。

(39) 大蔵永常「国産考」(大分県立先哲史料館編『大分県先哲叢書　大蔵永常　資料集』第二巻、大分県教育委員会、一九九九年)五一一頁。

(40) 同上、五一五—一八頁。

(41) 前掲拙著八六—九二頁参照。

(42) Dorothea Beale, *The Student's Text-Book of English and General History from B. C. 100 to the Present Time: with Genealogical Literary Tables, and a Skech of the English Constitution*, London: Bell and Daldy, 1858. p. 149. なお William, Blackstone, *Commentaries on the Laws of England*, Vol. I, Chicago: The University of Chicago Press, 1979, pp. 49-50. では「真正」のところが "right and just" に「報国の心」のところが "patriotism or public spirit" となっている。

(43) 英訳書各種をみてみるとローレンス訳 Alexis de Tocqueville, *Democracy in America*, Edited by J. P. Mayer, a New Travslation by George Lawvence, New York: Doubleday, 1969, p. 373. とペリカン版 Alexis de Tocqueville, *Democracy in America and Two Essays on America*, Translated by Gerald. E. Beran with an Introduction and Notes by Isaac Kramnick, London: Pengin Books, 2003, p. 438. はリーヴにならっているが、シカゴ大学版は直訳して "reflective patriotism" としている。A. d. Tocqueville, *Democracy in America*, Translated, Edited, and with on Introduction by Mansfield and Delba Winthrop, Chicago: The University of Chicago Press, 2000, p. 398. 邦訳では松本訳が「思慮深い愛国心」（訳下三五三）と井伊訳が「反省的愛国心」（A・トクヴィル著・井伊玄太郎訳『アメリカの民主政治』中、講談社学術文庫、一九八七年、四一九頁）と訳されている。トクヴィル愛国心については、中谷猛『近代フランスの自由とナショナリズム』、法律文化社、一九九六年、一四―二〇頁、また合理的公共精神との関連において、佐々木毅『いま政治になにが可能か―政治的意味空間の再生のために―』（中公新書、一九八七年）二一二―一四頁参照。

(44) 明治六（一八七三）年十一月、小幡は「合衆国における出版の自由」を『上木自由論』と題して刊行、次いで明治九年に『家庭叢談』第二十三、二十九、三十四号に第一巻第五章「連邦政府の状態の前に各州の状態を充分吟味する必要性」の一節「合衆国における地方行政制度の政治的影響」、第十四章「アメリカ社会が民主政から引き出している真の利益は何か」の第二節「合衆国における権利の観念」を訳出掲載している。

(45) 明治文化研究会編『明治文化全集』第二巻「自由民権篇」、日本評論社、一九六七年、所収、一二九頁。

(46) 富田正文「後記」（⑦七一五―一六）参照。

(47) Max weber, Gesammelte Autsätze zur Religionssoziologie, I, Tübingen: J. C. B. Mohr, 1947, S. 204. マックス・ウェーバー著・梶山力訳・安藤英治編『プロテスタンティズムの倫理と資本主義の《精神》』未来社、一九九四年、三五七頁参照。またトクヴィルとヴェーバーとの関係については樋口辰雄『近代への責任思考のパトス―福澤・丸山・ヴェーバー・トクヴィル―』御茶の水書房、二〇〇三年、二九七―三四五頁参照。

(48) 本書第五章参照。

(49) この点に関しては不充分ながら、本書第一章参照。

(50) アレクシス・ド・トクヴィル著、小山勉訳『旧体制と革命』ちくま学芸文庫、一九九八、二一六頁参照。

(51) 中村敬太郎訳「自由之理」（明治文化研究会編『明治文化全集　自由民権篇』日本評論社、一九六七年所収）五六頁参照。

(52) Edward Gibbon, *The Decline and Fall of the Roman Empire*, Vol. I, Edited by David Womevsley, London: Penguin Books. 1994, p. 83, 中野好夫訳『ローマ帝国衰亡史』（ちくま学芸文庫）一二〇—一二一頁参照。なお J. Burrow, *That Noble Science of Politics*, Cambridge: Cambridge University Press. 1983, p. 204.

(53) モンテスキュー著、田中治男・栗田伸子訳『ローマ人盛衰原因論』、岩波文庫、一九八九年、一〇三頁。

(54) 福澤百助『杲育堂詩稿』（慶應義塾福澤研究センター、所収）。本詩集は佐藤一郎訳注・『福翁自伝』を読む会補注「福澤百助著『杲育堂詩稿』」（一）〜（四）（『史学』第五十巻記年号、五十一巻一・二号、五十二巻一号、五十三巻二・三号）において見ることができる。なお、西川俊作「福沢百助・黒沢庄右衛門と奥平昌高」（『福澤諭吉年鑑』15、福澤諭吉協会、一九八八年、一八七—二〇〇頁、また拙稿「福澤諭吉における政治原理の構造と展開」（六）、（『甲南法学』第三十二巻、第一・二号）、五六—五七頁参照。

(55) 「士は独立自信を貴ぶ。熱に依り炎に附くの念起こすべからず」（相良亨他校注『日本思想大系46　佐藤一斎　大塩中斎』岩波書店、一九八〇年、三〇頁）。

(56) 本書第五章参照。

(57) Brian Harrison, *The Transformation of British Politics 1860–1995*, Oxford: Oxford University Press, 1996, pp. 21–30, 39–47. ミルは知識的集権と権力的分権の調整の問題にも公共的精神や知性の涵養との視点で論じているが、この点については北村公彦「「第二次世界大戦後におけるイギリス・ローカル・ガヴァメント」研究—戦後イギリスにおける自治的地方行政の理論と実際・その序論的考察—」（『学習院大学法学部研究年報5』学習院大学法学会、一九七〇年）一二〇—一三二頁参照。

(58) トクヴィルが特に森有礼を通じて明六社知識人へ与えた影響については松沢前掲書、三一二頁参照。

(59) 筆者が参照したのは東京大学史料編纂所所蔵、島津家文書にあるものであるが、頁数は記されていないので、以下の参照引用については頁数を記さない。なお旧体制下の格式と威光の支配がいかにすさまじいものであったかについては渡辺浩『東アジアの王権と思想』東京大学出版会、一九九七年、一六一—一六〇頁参照。これを読めば以下論じる如く、福澤が述べるように、薩摩藩が相対的とはいえ、いかに自由であったかが頷けよう。

(60) 薩摩の友人某の某が市来吉之助、後の野村政明であることについては、田中明子「サー・エドワーズ・リードの来日と慶応義塾訪問—市来七之助（野村政明）と福澤諭吉—」（『福澤手帖』第99号）、また野村政明については出原政雄「鹿児島県における自由民権運動─『鹿児島新聞』と元吉秀三郎─」(『志学館法学』第四号)参照。
(61) 司馬遼太郎『この国のかたち』、文芸春秋、一九九〇年、三八─四一頁参照。
(62) 徂徠の武士土着論については「政談」(吉川幸次郎・丸山眞男・西田太一郎・辻達也編『日本思想大系73 荻生徂徠』岩波書店、一九七三年)二七三頁、「徂徠先生答問書下」(島田虔次編『荻生徂徠全集』第一巻「学問論集」みすず書房、一九七三年)四六六頁参照。
(63) 『亀井南冥・昭陽全集』第一巻、葦書房、一九七八年、四七五─七六頁参照。
(64) 池田俊彦『島津斉彬公伝』中公文庫、一九九四年、三三四─三五頁参照。
(65) 「千円の金を借り毎暮五十円づつの利足を払わんと約束し、比暮の字を evening と訳したらば大変ならん。狡猾なる外国人と迂闊なる田舎者と、之に加るに恥を知らざる洋学書生を以てせば、随分出来べき間違なり」と頭書して「湯屋の番頭が預りたる懐中の金を盗まば如何。旅籠屋の主人が客の物を盗まば如何。質屋が質物をすりかへたらば如何。日本橋通りの地面は間口一間は凡百円ならん。之を買て俄に店立てて促したらば如何ん。習慣は法律よりも有力なるものなり。外人の雑居恐る可し」(⑦六八六)と記している。正に「心の習慣」と「知性の習慣」とが必要である所以である。小山勉『トクヴィル 民主主義の三つの学校』ちくま学芸文庫、二〇〇六年、三一五頁参照。習俗については宇野重規『デモクラシーを生きる─トクヴィルにおける政治の再発見─』創文社、一九九八年、一五〇─一六二頁参照。
(66) 福澤における自治論の契機を江戸期に求めたものとして石川一三男『日本的自治の探求』名古屋大学出版会、一九九五年、一一一─一二四頁参照。
(67) 大久保利謙、児玉幸多、箭内健次、井上光貞編『史料による日本の歩み 近代編』吉川弘文館、一九五一年、八八─八九頁参照。
(68) 瀧井一博『文明史のなかの明治憲法─この国のかたちと西洋経験─』講談社選書メチエ、二〇〇三年、一九三頁参照。
(69) 『日本思想体系21 中世政治社会思想 上』岩波書店、一九七二年、三九─四一頁、『丸山眞男講義録 第五冊 日本政治思想史一九六五』東京大学出版会、一九九九年、一一八─二七頁参照。
(70) 由井正臣・藤原彰・吉田裕編『日本近代思想大系4 軍隊兵士』岩波書店、一九八九年、一七三─七四頁参照。
(71) 『福澤諭吉全集』、及び岩波版新旧『福澤諭吉選集』には「国権」となっているが、これは誤植である。なお、松沢前掲書三四二頁では「福澤の手稿の読み誤り」としている。

(72) 昆野前掲「解説」一四一頁参照。

(73) A・ジャルダン『トクヴィル伝』大津真作訳、晶文社、一九九四年、三〇二頁また Henry Reeve, "Preface to this edition" in *Democracy in America* by Alexis de Tocqueville, Translated by Henry Reeve, New Edition, Vol. 1, London: Longmans, Green, 1889, pp. vii–viii. 参照。

(74) なお、これは日本の様々な歴史認識に影響を与えており、明治維新過程をどのように把握するかについての論争、すなわちそれが絶対主義への道であったか否かとの講座派と労農派との論争、これに関してのマルクス主義の歴史発展論の一過程といった視点は、しかし福澤がそうであったように、マルクスを読まなくても、ギゾーなど自由主義者といわれた歴史家のものを読めば、理解可能であり、またマルクスその人も、その階級史観などはギゾーの文明史に由来しているとも言えるのである。

(75) 坂本太郎・家永三郎・井上光貞・大野晋校注『日本書紀（四）』岩波文庫、一九九五年、二七四―七六、二九〇頁。

(76) 平石直昭他編『丸山眞男講義録　第七冊』東京大学出版会、一九九八年、九一頁参照。

(77) Thomas Hobbes, *Leviathan*, Part 2, Chap. 17 参照。

(78) 松沢前掲書、三四一―四二頁参照。

(79) 福澤の陪審論については拙稿「福澤諭吉の西洋法認識」（安西敏三・岩谷十郎・森征一編著『福澤諭吉の法思想』慶應義塾大学出版会、二〇〇二年、三四―四四頁及び三谷太一郎「福沢諭吉と陪審制」（『福澤手帖』第一一二号、二〇〇二年）一―六頁参照。

(80) 中谷猛『トクヴィルとデモクラシー』御茶の水書房、一九七四年、一八六頁参照。

第五章　バジョット問題

――政治社外としての帝室――

一　はじめに

福澤諭吉（一八三五―一九〇一）におけるウォルター・バジョット問題とは何か。それは第一に、福澤がバジョットの著作ないし思想から何を学び摂り、何を疑問として留保し、そして何を自国の問題と関連づけて展開するに至ったのか、という問題である。第二に、福澤がバジョットを取り上げた要因ともいえる国内外の情勢に対する福澤の認識に由来する問題である。第三に、福澤がバジョットを読む思想史的前提、ないし日本思想史におけるバジョット的なるものともいえる問題である。これらはいずれも関連しており、切り離しては考えられないと思われるが、本稿においては第一の問題を主眼としながらも、第二、第三の問題にも留意しつつ福澤におけるバジョット問題を追求していきたい。

しかしそもそもウォルター・バジョット（Walter Bagehot, 1826–1877）なる人物は何者なのか。読者によっては文芸評論家を、あるいは歴史家を想起されるかもしれない。また政治思想家としての名声を挙げる人もあろう。さらには銀行家や経済学者としての活躍を第一とする論者もあろう。事実、バジョット全集全十五巻（*The Collected Works of Walter Bagehot*, Edited by Norman St John-Stevas, London: The Economist, 1965–86）を瞥見すれば、その広範囲な活動を知ることができ、一口でその人物像を論じることはできない。専門分化される以前の知識人ないしフィロゾーフと言えばそれまでであるが、ここではむろん、バジョットの全体像と福澤との関係を取り上げるのではない。福澤全集全二十一巻及び別巻（慶應義塾編纂『福澤諭吉全集』岩波書店、一九六九―七一年）を見ても、バジョットの名はわずかに、「バシーオ」（⑤二九〇）「バジョー」（⑥六二）及び「バゼオット」（⑳一七七）と三ヶ所に登場するのみである。ちなみにバジョットが批判することになるJ・S・ミルは十一ヶ所、A・d・トクヴィルは六ヶ所、福澤全集に登場する。バジョットの名は、福澤全集において、その『英国憲政論』（*The English Constitution*, 1878）及び『自然学と政治学』（*Physics and Politics*, 1872）という政治学の古典ともいえる著作との関係において登場するのであり、福澤署名本として残っている経済学関係の『ロンバード・ストリート』（*Lombard Street*, 1873）の書名を福澤全集に見いだすことはできない[1]。

政治学の古典となっている著作でも福澤が論説に直接引用しているのは、しかしながら『英国憲政論』である。『自然学と政治学』は慶應義塾内外の教師と生徒に福澤が選者として『民間雑誌』第百一号誌上（明治十〈一八七七〉年十二月二十三日）で課した試験問題、「外人内地雑居の利害は如何。自由旅行は如何。帰化は如何　右の問題、明治十一年一月五日文章を以て答ふる事」に対する丙の賞としてであった。ちなみに他は甲が「ドラペル氏「イトルレクチアル　デベロプメント　オフ　イフロッパ」」（John William Draper, *A History of The Intellectual Development of Europe*, The Revised Edition, 1875）、乙が「スペンセル氏「ソシマ《ママ》レスタチックス」」（Herbert Spencer, *Social Statics*, 1864）である（⑳一七七）。甲乙丙が評価序列を示すものとしても、それは恐らく内容によるものというより頁数による価格差によるものであろう。本稿ではしたがって福澤におけるバジョット問題として『英国憲政論』と福澤との関係が中心となる。

二　バジョットへの言及と引用

ヴィクトリア時代の政治体制の叙述において、バジョット『英国憲政論』に増して記念碑的にして影響力を持った作品はない(2)。これがバジョット憲政論に対する後世の評価であり、またその時代を「バジョット体制(3)」と意味づけるのも、そのことを立証していよう。バジョットはしかしながら日本にとっていかなる意味を持っていたのであろうか。何よりもそれは福澤が最初に参照している論稿に現れているように、帝室論＝国体論＝天皇制論との関係であり、この点を問題とせざるを得ない近代日本における立憲政治の確立過程との関係である。

まず福澤の最初の引用箇所を紹介しよう。明治十五（一八八二）年刊『帝室論』には次のような言及がある。「「バシーオ」氏の英国政体論に云く、世論喋々、帝室は須らく華美なる可しと云ふ者あり、須らく質素なる可しと云ふ者あり、甚だしきは華美の頂上を極む可しと云ふ者あれば、之に反対して全く帝室を廃す可しと云ふ者あり、皆是れ一場の空論のみ、今の民情を察して国安を維持せんとするには、中道の帝室を維持すること甚だ緊要なり、理財の点より観察を下すも、例へば百万「ポンド」を帝室に奉じて人心収攬の中心たるを得るは、策の最も良きものにして、百万は百万の用を為すものと云ふ可し、今これを減少して七十五万「ポンド」と為し、其の用法を異にして人心を得ること能はざるときは、七十五万の全損にして拙策の甚だしきもの云々と」（⑤二九〇・CWB:238 訳一〇六）。

これはしかしながら原文にはない重要な文を補い、削った上でのバジョット、否、バジョットが英仏宮廷比較論をしている「高尚な独自の見識を持った人たち」(refined and original observers)――福澤は「世論喋々」としている――の意見として引用しているものの一部である。ここで原文と福澤引用文とを対比してみると、まず福澤が省略したのは「昔、英国の宮廷は余りにも多く国民から金を巻き上げて浪費していた。しかし現在では適切に使っていると信用されるようになったので、国民のお金を巻き上げてはいない」というバジョットの引用文の前半部分である。そして後半の引用文の中で福澤が付け加えたのは、「須らく質素なる可しと云ふ者あり、甚だしきは華美の頂上を極む可しと云ふ者あれば」と、「皆是れ一場の空論のみ、今の民情を察して国安を維持せんとするには、中道の帝室を維持すること甚だ緊要なり、理財の点より観察を下すも」である。そうしてバジョット引用文にある、「しかし質素な宮廷に賛成する議論は見当たらない。人目を奪いたかったら」は省略されている。バジョット引用文が「七十五万ポンドを使って人目を奪えないでいるよりはましである」と相対的評価を下しているのに対して、福澤の評価は断定的である。そうしてバジョットが「この理屈には一理があるかもしれない」としているのに対して、福澤は「言論簡単にして事理を尽くしたるものと云ふ可し」(⑤二九〇)と明確である。

邦訳に伴う翻案的要素を加味しても、福澤が強調しているのは、「今の民情」から見れば国の安寧のためには「中道の帝室」を維持することが緊要であり、経済的側面から判断しても、「帝室」に相応な費用を提供することが「人心収攬の中心」となり得るので得策ということである。ここでの「中道」は「華美の頂上を極む可し」と「帝室を廃す可し」の中間という意味である。これが「人心収攬」(dazzling?)のためには必要である、と福澤は認識しているのである。バジョットは、フランス皇帝はイギリスの君主と異なり、「国家の元首」(the head of the State)ではなく「国家」(the State)そのものであるという。すなわち皇室統治理論によれば、すべてフランス人は平等であり、皇帝は平等の原理を体現している。皇帝を偉大にすればするほど他の一切の人々は平等になり、皇帝以外の者を卑小にすべく皇帝を偉大にする。したがって皇帝費用は膨大になるのである(CWB: 238–39 訳一〇六)。一君万民理論である。かかる理論はすでに福澤にあってはギゾー欧州文明史、さらにはトクヴィル米国民主政論において確認しているものでもあった。(4) その意味ではバジョットを読まずしても、「帝室は独り悠然として一視同仁の旨を体し日本国中唯忠淳の良民あるのみにして友敵の差別を見ることとなし」(⑥二五)と言い得たであろう。福澤はしかしここではバジョット理論を引き続き紹介することなく、帝室費についてフランスとイタリアの例を引き、それぞれ人心の離散を防ぎ、政治上の風波も沈静したことを挙げる。そして「帝室の徳義の民心に通達するは一種微妙のものにして、冥々の間に非常の勢力を逞ふするを得べし」として、「万乗の皇帝、微行して一夫の貧を救ひ、以て一地方の人民をして殖産の道に進ましむることあり。一士卒の負傷を尋問して、三軍の勇気を振はしむることあり」と論じる。その意味で「帳簿にも記す可らざる」領収書不要の皇室費が必要であると主張するのである（⑤二九一）。

ただし、それは「一般臣民の奉公心」に勝るものではない。福澤は明治二十八（一八九五）年に発表した「我帝室に財産の必要なしとの事は吾輩の持論」として、皇室の株券保有を批判し、他国の帝室と違って「永遠無窮の財産」を「奉公心」に求めているからである（⑤四三〇―三二）。

第二に福澤がバジョットを挙げているのは、『帝室論』刊行から十年後に出した『国会の前途　国会難局の由来　治安小言　地租論』（明治二十五・一八九二年六月）においてである。「又千八百七十九年英国出版バジョー氏の英政論に、女皇が、上院の否決にも拘わらず、皇室の特権を以て陸軍の売官法を廃止したるに付いては、一般の国民は其の異例を怪しむ者多しと雖も、女皇が法律上に国会の議を俟たずして擅行す可き其の特権の条々を枚挙して、前記の事の如きは唯僅かに特権中の最小部分のみとの次第を示したらば、其の驚愕更に大なる可し。今その一、二を云はんに、女皇は特権を以て能く陸軍を解散し（法律上定数以上の兵を募るを得ざれども全く兵備を解くには妨げなし）、大将以下の将校士官を免じ、又海軍一切の水兵を罷め、軍艦武器を売却し、コーン・オールの一県を割いて隣国と和を講じ、又ブリタニー（仏領）を略取せん為に戦いを開き、合衆王国の男女を挙げて尽く貴族に取り立て、合衆王国所在のバリ《〔ママ〕》シュを大学と為し、一切の文官を免罷し、一切の囚徒を赦免すること、勝手次第なり。之を約言すれば、女皇は国家の政務を全廃し、無名不利の戦線講和をおこなふて立国の体面を汚し、海陸の軍備を廃して吾々人民を外敵の呑噬《どんぜい》に委棄するの大特権を有する者なり。云々」（⑥六二―六三、CWB : 182 訳三二二―二三）。

福澤が引用しているのは、バジョットの有名な第二版の序文――福澤が一八七九年英国出版と表記している所以である――にある、憲法上の君主の地位の向上と大権行使の多用が注目されるようになった、と述べているところである。これはやはり福澤の翻訳上の工夫もあるけれども、英国憲法における国王大権に触れたところをほぼ忠実に紹介している。しかしこの時、明治憲法の天皇大権事項を念頭におきつつ天皇の政治からの独立を図ろうとする福澤にとって、この引用文の次の箇所にある「何故われわれは女王がかかる行動をし、あるいはそれに近い行動に出るかもしれないことを恐れないのか」（CWB : 182 訳三二三）は慎重にも、あるいは逆説的にも省略すべき一文であった。

以上が直接バジョットの名を出して福澤が引用しているところである。しかしむろんこれで福澤におけるバジョット問題が終わるのではない。なぜならば、他の事例の如く福澤は参照文献を一度は明示する、だがそれは福澤にあっては他の箇所についても参照していることをも意味するからである(5)。

三　明治憲法制定期におけるバジョット問題

周知の如く、いわゆる明治十四年の政変で英国型憲法構想が挫折を見、福澤系官僚が野に下ると同時に明治二十三（一八九〇）年に国会が開設される旨の詔書が発せられた。そうして政変後から翌年にかけて自由党、立憲改進党、さらには立憲帝政党などが結成され、在朝在野を問わず、政界は明治二十三年に向けて走り出した。明治十五年三月三日には伊藤博文（一八四一―一九〇九）が憲法調査のためヨーロッパに赴き、ベルリンやウィーンでグナイストやシュタイン、あるいはモッセらの講義を受け、翌年の八月三日に帰国している。以後、明治十七年には宮中に制度取調局が設置され、伊藤博文や井上毅（一八四三―九五）らが憲法と皇室典範の起草に着手し、華族令、内閣制度など、憲法体制を支える制度も着々と制定されていった。こうした政治情勢の下、当然にも様々な立憲構想が野にあっても唱えられた。各政治勢力は政党を結成し、国会を通じてその政治目標の実現を図ろうとしたのである。正に「日本の政治は立憲国会政党の風に一変する」ことになるのである（⑤二六二）。そのことは当時の新聞や雑誌において、政党内閣制、議会制、選挙制度、主権所在論など、立憲政治に関わる議論ないし論争が紙上を賑わしていたことからも察せられよう。福澤も「国権の利害を標準」に「不偏不党」の新聞紙の発行を決意し、憲政論についても一石を投じる決意をしたのであった（⑧）。

ところで明治十四年の政変は権力の再編成を促し、長州と薩摩という明治維新を担った藩閥体制＝有司専制がより強固になり、民権運動に対抗する明治政府の体制構想が本格化することを意味した。そこで福澤が試みた当時の政治状況の史的分析が「藩閥寡人政府論」（明治十五・一八八二年）である。そこで福澤は明治維新以降の政府の有様を検討して、十四年に発せられた勅諭以降の諸新聞の論説を紹介する。すなわち「人民」が「自由改進の主義」に基づく「人民自由の国柄」である英国モデルの憲法を志向し、「自由で寛裕」な社会を希求しているのに対して、政府は「英露の間」である「帝政武断の政治」を行っているドイツ、すなわちプロイセンモデルの憲法を志向しており、両者の対立は激しさを増している。つまるところそれは「命令の権」（プロイセンモデル）と「請願の理屈」（英国モデル）との戦いであり、官民不調和の一層の拡大をもたらしている。しかし元々は「官民同源一帯の流れ」――明治六年の政変以降分岐――であり、「官民調和」の場としての国会でなければならない（⑧一四五）。この論説は官民両派から批判の対象となり、『時事新報』は発行停止を余儀なくされたが、しかし福澤はその紙面を通じて以後、「官民調和」の有意味性を説き、プロイセンモデルを押しすすめる政府に対して、さらにはそれに準拠した大日本帝国憲法下の立憲政治に対して、バジョット憲政論をも参照し、英国モデルを念頭に置きつつ福澤独自の日本憲政論とも言うべき論説を展開する。その一つの柱が天皇の位置づけである。バジョットも君主制の持つ第五の特徴として論じている「立憲君主」(constitutional royalty)は仮装して行動する、との独特の機能の問題である。すなわち立憲君主は国民に気づかれることなく真の指導者を交替させることができる。「先行する絶対君主制」(a preceding absolute monarchy)から「議院内閣制」(a cabinet government)へと転換する時、最も頼りになるのは議院内閣制に好意を示し、その実現を公約している国王が即位することである。首相が有する権力は理性に頼りすぎて本能に頼ることが少ない。そこで「世襲君主」(the hereditary monarch)のもつ伝統の力によって、内乱を伴わない円滑な体制移動が可能となるのである(CWB:240訳一〇八)。この時期であれば福澤といわなくとも、バジョットの見解に学ぶであろう。福澤が『帝室論』、あるいは『尊王論』を著す一つの根拠ともそれはなり得たと思われる。

『帝室論』は明治十五(一八八二)年五月、立憲政治が確実となることが明らかにされたほぼ半年後に出版された。『尊王論』は明治二十一(一八八八)年十月、憲法が発布されるほぼ四ヶ月前という時期に発表された。ともに『時事新報』に掲載されたものを纏めたものである。『帝室論』は『時事新報』発刊まもない時期の公表であるが、その発表動機はその序章ともいうべき「立憲帝政党を論ず」において明確である。それは福澤が政党名に由来する政争の激化を恐れたものであり、名に由来する正統異端論争の生起を阻止する目的をもったものであった。政党名は一般にそのイデオロギーを反映するからである。福澤は立憲帝政党の綱領が、「万世不易の国体を保守する」と称して、この党名と綱領で他の政党とを区別しようとすれば、「我輩は甚だ之を怪しまざるを得ず」と断言する。そして「抑も立憲とは、国に政体を定めて国民共に之を遵奉し君上と雖も容易に之を変易し給はざる所の憲法を立てるの義にして、帝政とは天皇陛下この憲法政体の下に在る億兆に君臨し給ふとの義ならん」と述べる。ただしこれだけなら問題はない。問題は「王統代迭の悪習慣」がある海外諸国とは異なり、日本にあって「帝政」を冠する政党の出現が唐突にして人を驚かしめ、人を疑わしめ、「帝政」という掲示がかえって人の盗み心を引き出すことに陥ることである。過去の勤王党と佐幕党は唯政権の所在を争ったまでのことであり、立憲帝政党の如く綱領に「万世不易の国体」を謳うことはなかった（⑧六九―七〇）。立憲帝政党は政府首脳部の画策を受けて福地源一郎（一八四一―一九〇六）や水野寅次郎（一八五四―一九〇九）、それに平田派国学を学んだ丸山作楽（一八四〇―九九）らを中心として結成された御用政党であるが、彼らが「皇学者流」とどのような関係にあったかはしばらくおくとしても、福澤の論鋒のこの時期の対象やその内容から同グループと看做しても差し支えない。

さらにこの時期、福澤にとって困ったことは民間に改進党自由党などが結成され、これらを民権党と名づけ、民権に反対する者は官権であり官権党との名称が生まれていることである。『帝室論』の中で福澤は官の字義の説明をしながら、「官吏は純然たる帝室の隷属」であり帝室と政府との間には界がなく、それが明治元年よりの政体であると断ずる。帝室の威光の中に在る官権が、あるいは帝室の大権中の一部分ともいうべき官権が、党を加え官権党を名乗るとは何事ぞ、ということである。結局それは帝室を独占することによって立憲帝政党と同様の機能を持ち得る。上古乱世の時代はともかく明治にあって、それは「夢にも想像す可らざるの不祥なり」となる。帝室重視のあまりにかえって新たな敵を作ることは「帝室の大恩徳を空ふする者」である（⑤二七五―七六）。福澤は、正にバジョットが君主の秘匿性の効用に由来する尊敬の意味について論じているところ、すなわち君主は政治的葛藤に引き込まれることなく、政争から自由であることによって立憲君主制における不可知的権力を発揮する（CWB：243訳一一一―一二）を、恐らくは念頭において、断固として述べる。「帝室は万世無欠の全璧」にして、「人心収攬の一大中心」であって、日本の人民が「玉壁の明光」に照らされてその中心に輻輳し、国内の社会秩序を維持して、国の独立を確固としたものにするためには「宝玉に触る可らず、其の中心を動揺す可らず」でなければならない。官権民権の争いは唯「小児の戯」である。現在の官権が党となるならば、帝室から離れて他の政党と合併すればよいのである（⑤二七八―七九）。

福澤はバジョットの君主についての第二の特徴、すなわち英国君主制は「宗教的な力」(the strength of religion) によって政府を補強している、との説の箇所を応用しているのである。議会・法律・言論機関は人間の作った制度であるが、君主制は神聖な制度である。アン女王治世第六年第七号法律によって統治されているのではなく、「神の恩寵」(God's grace) によって統治されているというのが多数者の答えである (CWB: 230–32 訳九五—九八)。超越的存在にして神聖性を独占している君主は宗教的承認に支えられて政治秩序全体を強化する。君主は国民大衆の安易な服従心を動員することによって国家機構全体を強化する。君主は崇敬の伝統と宗教的に神聖化されていなければならない所以である。神聖性を確保するには、君主に触れさせないでおくのが最善である。つまり君主を「実際の尺度」(real measurement) で測らずして超然かつ孤立 (aloof and solitary) させるとき、神聖であるがゆえに誤りはないとの君主制の真の長所が明らかになるのである (CWB: 232–33 訳九九—一〇〇)。バジョットはさらに言う。「国民は党派に分かれているが、国王には党派がない (the crown is of no party)。国王は表面的には政務から切り離されている。そしてこのために憎しみから解き放され、神聖さを汚されたりすることなく、神秘性 (mystery) を保つことができる。またこのため国王は相争う党派を緩和させる (to combine the affection of conflicting parties) ことができ、象徴を必要とする教養なき大衆に対しては目に見える統合の象徴 (a visible symbol of unity) となることができる」(CWB: 234 訳一〇〇)。

社会的混乱要因の多くが形態よりは精神に在る以上、その解決策として情誼に訴える象徴が益々必要となる。福澤はバジョットに学びながらそれを帝室に求めているのである。「我が帝室は日本人民の精神を収攬するの中心なり。其の功徳至大なりと云ふ可し」と述べ、国会は政党の争いの場であり、盛夏の様でもあり、厳冬の様でもあるが「帝室は独り万年の春」と特徴づける。人民はそれによって和気を催すが、法令は水の様に冷たく、紙の様に薄情である。まことに「帝室の恩徳は其の甘きこと飴の如く」であり、そして人民は温和になる。「西洋の一学士、帝王の尊厳威力を論じて之を一国の緩和力と評したるものあり。意味深遠なるが如し。我が国の皇学者流も又民権者流もよく此意味を解し得るや否や。我輩は此流の人が反覆推究して、自から発明せんことを祈る者なり」と、バジョットを念頭に置きながら、「帝室」の「一国の緩和力」としての機能を福澤は具体例を挙げながら訴えているのである（⑤二六五）。福澤は「帝政」あるいは「官権」を冠した政党ができることが「天下の人心」を苛烈に導く恐れのみならず、それらが「国体」を独占することから、異端尋問への道を拓く可能性があり、このことが内乱要因と化し、国際情勢に鑑みても列強の思う壺になることを示唆したのである（⑤二五三）。『文明論之概略』（一八七五年）でJ・S・ミルから学び摂って主張した「国体の存亡は其の国人の政権を失ふと失はざるとに在るものなり」（④二八）の文脈の一層の深刻化である（⑤二七一―七二）。あるいはバジョットのいう国民が国民を統治する「自由統治」(free government)、ないし国民に政策決定権がある「民衆統治の原則」(the principle of popular government)(CWB: 306, 222 訳一九三、八七）の喪失の危機である。「日本国の帝室は国民一般の仰ぎ奉る所」であるが故にそれを独占する政治勢力は、「国体」という錦の御旗よろしく有無をいわさない帝室利用をなし、福澤の言う国体喪失への道程を拓くことになる。福澤にとって政治勢力から帝室を切り離し、それをバジョットに倣って人心収攬の中心とし、内乱防止の機能とすることがかくて急務の課題となる。と同時にバジョットも述べているように、体制移行期における君主の役割を念頭において、改めて儒流皇学流の私論ともいうべき宗教論的帝室論及びその批判者である民権派の論拠曖昧帝室論を批判ないし応答するものとして、福澤は『帝室論』を執筆するのである（⑤二五九）。

四　政治社外としての帝室

『帝室論』は次のような文言で始まる。「帝室は政治社外のものなり。苟も日本国に居て政治を談じ政治に関する者は、其の主義に於いて帝室の尊厳と其の神聖とを濫用す可らざるとの事は、我輩の持論にして、之を古来の史乗に徴するに、日本国の人民が此尊厳神聖を用ひて直に日本の人民に敵したることなく、又日本の人民が結合して直に帝室に敵したることもなし」(⑤二六一)。また『尊王論』は、「我が大日本国の帝室は尊厳神聖なり。吾々臣民の分として之を仰ぎ尊まざる可らずとは、天下万民の知る所にして、其れこれを尊むや、為にする所あるに非ず」(⑥五)。『尊王論』はこのように述べた後、尊王の大義は日本国民の性情であるが、これに加えて「経世の要用」が等閑視できないとして、第一に経世上の要用、第二に帝室の尊厳神聖の由縁、第三に尊厳神聖を維持する工夫について述べるものであり、その力点が対症療法となって原理論的側面は少なくなっているとの評価も可能であり(6)、ここでは『帝室論』を中心に論ずる。

『帝室論』の主題は明確である。帝室は「尊厳と神聖」を有する超越した存在＝政治社外であるがゆえに「万機を統るものなり万機に当るものに非ず」(⑤二六五)である。ここにバジョット問題の本質が登場する。すでに文明論において福澤は、「至尊の位」と「至強の力」とが武家政治の到来とともに分化し、「至尊必ずしも至強ならず、至強必ずしも至尊ならざるの勢と為り、民心に感ずる所にて至尊の考と至強の考とは自ずから別にして、恰も胸中に二物を容れて其の運動を許したるが如し」(④二五)と、あるいは「理外の威光」としての「政府の虚位」と「実の威光」としての「政府の実威」とに区分して論じ(④三四—七〇)、バジョット的なるものを提示しているからである。否、福澤諭吉の故郷である中津近辺にあっても、福澤の父百助が師事した日出藩家老にして儒者であった帆足萬里(一七七八—一八五二)も、その国家構造論ともいうべき『東潜夫論』(弘化元・一八四四年)において、「至尊の位」としての王室、「覇府」としての幕政＝中央政治、それに「諸侯」としての藩政＝地方政治を論じており、すでにバジョット的なるものをそこに見出すことが可能である(7)。さらに遡れば、「尊氏より下は、朝家はたゞ虚器を擁せられしまゝにて、天下はまつたく武家の代とはなりたる也(8)」との新井白石(一六五七—一七二五)の史的分析も福澤のいう虚実論、ひいてはバジョット的観点の受容基盤となったであろう。

バジョットは国家構造を民衆に尊敬の念を喚起保持させる「尊厳的部分」(the dignified parts) ＝王室と、現に活動し支配する「実効的部分」(the efficient parts) ＝内閣（及び議会）とに分別する。古くから存在する著名なすべての政体はまず権威 (authority) を得て、しかる後にそれを行使する。つまり人間の忠誠と信頼を勝ちとり、それから得た尊敬の念を統治活動に用いるのである。バジョットは「尊厳的部分」が統治に力 (force) を与え、なおかつ権力 (power) を発動させ、「実効的部分」はその権力を使用するのみであるゆえ、統治に生命力を与える「お飾り部分」(the comely parts) として、「尊厳的部分」の必要性を説くのである (CWB : 206–07 訳六八)。

バジョットはしかし「尊厳的部分」は、教養ある人間に比して無智にして向上心を持たない偏狭な人間が多数を占めるという状況において意味を持つと論じる。この教養なき多数者の政治的重要性を指摘し、バジョットは感覚に訴え、最大の人間的想像の化身と自負するもの、または超人間的起源を誇り、最大の尊敬の念を呼び起こしやすい「演劇的要素」(the theatrical elements) の政治的意味を説くと同時に、多数者に限らず人間を導くものは「堅固な額縁」ともいえる伝統的な生活習慣であるがゆえに「尊厳的部分」が存在するのであるとも説く (CWB : 207–09 訳六九―七二)。そこで英国の国家構造における「実効的部分」は簡易にして容易に機能することができ、「尊厳的部分」は「歴史的にして入り組んだ堂々たる演劇的部分」としての役割をするものとして古くから受け継がれ、民衆の心を捉えるとともに、目に見えないが絶大な力によって被治者大衆を動かすことができるというのである。英国憲法の本質は近代的簡潔性を有する強さにあるが、同時にその外観はゴシック時代の壮麗さを持った尊厳性にあるのである。そうしてバジョットは、「尊厳的部分」は英国と類似した歴史や同じ政治的素材を持った国民にしか移植できない、と断言する (CWB : 210 訳七二―七三)。福澤はある意味でこれに応答し、『英国憲政論』を下敷きにして『帝室論』や『尊王論』とともに、後に触れる如く日本憲政論とも言うべき時事論文を執筆し、日本における憲政の可能性について考察することになのである。

福澤の『帝室論』に戻ろう。福澤は帝室を尊厳神聖であるがゆえに「万機を統るものなり」、とその機能を明らかにした。すなわちバジョットのいう国家構造における統合機能を有する「尊厳的部分」としての帝室である。また「万機に当るもの」は統治機能を有する「実効的部分」としての国会と内閣である。(9) しかしバジョットも論ずるように、「尊厳的部分」の「君臨」(reigning)と「実効的部分」の「統治」(governing)との区別は熱狂しやすい民衆には区別でき難い(CWB:370 訳二七二)。福澤はバジョットが選挙政治に必要な条件として挙げている選挙人同士の相互信頼、国民の冷静さ、それに合理性についての視点(CWB:368-76 訳二七〇―七二)を恐らくは活かして、政治が形態の秩序を維持し整理する機能を有するもので、本来合理的なものであるがゆえに「殺風景」であるとして、そこに統合機能を認めない。というより認める程度にバジョットではないが輿論が成熟していないと見る。(10) 国会はしたがって「国法を議定して之を国民に頒布するもの」であり、「人心の心服」を得るものではない。「元来政治法律は道理部内の事」なのである(⑥一七)。そうである以上、帝室こそが「日本人民の精神を収攬するの中心」であって、それゆえに怨望の対象であってはならない(⑤二六五)。正に「帝王の威厳威力」は「一国の緩和力」であり、「緩解調和の力」となるのである(⑥一〇)。その意味では「意味深遠なるが如し」である。バジョットの英国君主制の第二の特徴である。もちろん一般的に立憲君主制にあって君主は国家元首として中立的権力を獲得し、他の諸権力を相互に支えて理解させ合い、調和ある行動をとらせることに、その関心があるとの考えもあろう。(11)

ところでバジョットは君主制が強固な統治形態といわれる所以を分かりやすさに求めている(CWB:226 訳九一)。人間は想像力の弱さによって支配されるのである。フランス革命の教えるところは多数者支配である共和制は想像でき難く、多数者に支配されたいと人は思わないということであった(CWB:226 訳九一―九二)。そこで英国の「尊厳的部分」の特徴は第一に、英雄時代の王が未開社会を統治していたときの感情と、文明が進歩して立憲政治が行われてきた歴史時代の感情とを併せ持っているということである。立憲君主制は教養ある少数者のみが理解できる複雑な法律や観念を持つと同時に、教養なき多数者にも理解可能な君主を戴いているから理解されやすい。君主が測り知れない価値を有するのは多数者が分かりやすい要素をそこに見るからである。「王室」(a family on the throne) もまた興味深い観念である、とバジョットは述べる。王室は「誇り高き主権者」(the pride of sovereignty) を「取るに足りない生活水準」(the level of petty life) に引きおろすからである。と同時に王室は人々の心情に訴え、人々の思想を捉える政治と無縁な上品で優雅な事件によって政治に色を添えるからである。したがって君主制は興味深い行動をとる一人の人間に国民の注意を釘付けにする統治形態となる。これに比して共和制は多数の興味をひきつけない人間に注意を分散させる統治形態である。人間の感情は強く理性は弱い。君主制は感情に働きかけるゆえに強固であるが、共和制は理性に訴えるゆえに弱体である。ここに立憲君主制の強みがあるとバジョットは言う (CWB : 229-30 訳九五)。

第二の特徴である宗教力についてはすでに触れた。第三の特徴は女王がイギリス社会の頂点 (the head of our society) に位しているということである。これは国民が冷静な哲学者でないがゆえの外見生活の繕われ方と関係する。ここに華美と質素の問題が生じる。福澤がバジョットの名を挙げて引用しているところであった。政治の場で君主が政争に介入すると基本的な効用が失われるように、生活面で君主が自己宣伝宜しく豪勢さを見せびらかすと弊害がもたらされるのである (CWB : 239 訳一〇六)。

第四の特徴は、英国人が国王を「道徳の模範」(the head of our morality) と仰ぐようになっているということである。ヴィクトリア女王やジョージ三世の美徳 (virtue) が民衆の心に銘記され、「有徳の主権者」(a virtuous sovereign) を戴けるものと国民は信じ、また君主は玉座にあって万民に卓越している如く、立派な「家庭道徳」(the domestic virtues) の保持者であるにちがいないと民衆が信じるようになったことがその証である (CWB : 239 訳一〇七)。

第五の特徴としてバジョットが挙げている仮装して行動する立憲君主についてはすでにふれた。福澤はしかしバジョットを読みながらも、否、読むにつけてもバジョットとは異なり、徹頭徹尾、帝室の政治からの超越を図り、そして政治をこれまた徹頭徹尾、それこそバジョットではないが「討論による統治」(government by discussion) = 官民調和からくる合理の世界 (rationality) と位置づける (CWB : 191, 202 訳三三三、三四六)。それはまた帝室の下に置くべきと主張した学術・軍・芸術などの政治からの分離の問題であり、逆にそれらの政治への介入批判でもある。

第一に学術の政治からの解放は、福澤の学者政治批判に見ることができる。福澤は「政治は活発にして動くものなり、学問は沈深にして静なる者なり」と述べ、歴史的に見ても日本では学者が権力を持つことなく、顧問に留まっていたことを挙げる。その反対に「支那の趙宋に於いて学者の朋党、近世日本の水戸藩に於いて正党奸党の争乱の如きは、何れも皆教育家にして国の行政に関《あず》かり、学校の朋党を以て政治に及ぼし、政治の党派論を以て学校の生徒を煽動し、遂に其の余毒を一国の社会に及ぼしたるの悪例なり」、と『帝室論』の翌年に公刊された『学問之独立』で論じ、さらに政党政治が到来して学者が政治に巻き込まれるとなるとその弊害を説き、学者ないし学問の政治からの独立を図り、学問が政治に付着したその惨状を「彼の趙宋、旧水戸藩の覆轍に陥ることはなかる可きやと、憂苦に堪えざるなり」と論じるのであった。政治価値への一極集中に伴う惨状を認識すればするほど帝室の下に学問を置いて、学問の政治からの独立を図ってそれを私立化し、政治と学問の関係の健全化を図るのである(⑤三七一―七七)。この時、福澤はアルバート公在世時代の英国を念頭においていると見ても不思議ではない。福澤自ら「好んで文学技芸を奨励し、国中の碩学大家は無論、凡そ一技一芸に通達したる者にても、親しく公の優待を蒙らざるものなし」とアルバート公を称え、英国の治安と繁栄が公の力によること大であると認識しているが(⑤二八三)、これはバジョットがゲーテに比してアルバート公の綿密な性格、すなわち学者肌の資質を称讃していることから連想できるからである。同時に国王大権としての大学認可権を念頭に置いていることもあろう。「王家帝室の名声を以て一国の学事を奨励し、其の功徳の永遠にして洪大なること以て知る可し」である（⑤二八三、CWB : 255, 182 訳一二六―一二七、三二―三三）。学者を世間が疎んじ、それゆえに政談に走る。政治社外の帝室の下であれば純然たる学者社会が生まれ、人事が繁多になり、「文明開化」すなわち多元的価値の発展となるのである（⑤二八五）。

第二に軍人政治批判を見てみよう。福澤にとってこの時、緩急と考えたのは、すでに述べた如く寡頭政治が廃止され、国会が開設されたさいに予想される政党間の争いの問題である。西洋諸国も暴力沙汰を招いている。日本でも推して知るべしである。その意味では「文政天保の老眼」から見れば「誠に言語道断」であって、国会などない方が望ましい。しかし政党間の争いの中から社会の秩序が保たれ、人を活発に導くので、それを恐れることはない。問題となるのは「政党の一方が兵力に依頼して兵士が之に左袒する」という恐るべき一事が生まれる可能性である。政党に兵力が加担するとき国会は「人民の論場に非ずして軍人の戦場」と化す。これを避けるためには軍人の心を収攬してその運動を制することが不可欠である。それをなし得るのは帝室のみである。「帝室は遥かに政治社会の外に在り。軍人は唯この帝室を目的にして運動するのみ。帝室は偏なく党なく、政党の孰れを捨てず又孰れをも援けず。軍人も亦これに同じ」である。軍の政治介入を軍人を帝室の下に置くことによって福澤は回避しようとしているのである。「国会は文を以て成るもの」であり、「名を重んずる軍人」が国会に心服しないのは明らかである。そこで軍人を帝室の下に置き、政府は平和か戦争かのいずれかを帝室に奏し、その上で「最上の一決御親裁」に出るならば、軍人も安心して帝室のために進退し、帝室のために生死するものとの覚悟で戦陣に向うことができる。「帝室の徳」は「至上至重」なのである（⑤二六九）。また福澤は「自然に法に戻らざるの習慣を成して始めて立憲政体の無病なるもの」の有意味性を認識し、宣戦布告は帝室の特権にして、帝室は兵馬の大権を有しているけれども、軍隊の維持に関する法律は国会の議決によるがゆえに「帝室には兵馬の権あるも兵馬の実物を得ざるの奇観を呈す」るはずである。しかし「古来曾《かつ》て斯かる奇観を観たることなし」とバジョットを念頭におきつつ、軍が関与しない国会に宣戦布告や講和の問題の最終的決定者をみ、それに君主が従い、その大権を行使していることを述べる（⑥六二、CWB: 268, 349 訳一四三、二四七）。武断政治に対する恐怖は福澤にとって正に文明世界の大不幸というべきものであったのである（⑥九一）。

第三に福澤は芸術についても帝室の役割を提唱する。帝室の下にそれを置けば、「諸芸術を保存して其の衰退を救はせ給ふ可きものなり」となるからである。無味乾燥な法律と規則に依頼して道理に拘束され、国民の外形を治める政府の役所が人事不用な芸術を支配して奨励することは想像外のことである（⑤二八六）。これについてはバジョットは既述した政治における演劇的要素を認める以外に何も語っていない。また英国の政治家は民衆の注目を惹く「舞台俳優」（the actors on the scene）である（CWB: 235 訳一〇二）、との政治における芸術的要素に着眼する必要性を指摘しているのに留まっている。ただバジョットと異なり福澤は学術と同様に芸術を帝室の下におくことによって、廃仏毀釈に見られるような政府の神仏分離政策に端を発する、その意味で政治による文化遺産の破壊を防ぐと同時に、芸術価値の上昇を図っているのである。この点、福澤は人事を御するのに必要なものは勧懲賞罰であるとして、勧賞が懲罰と同様に必要であるが、法律書には懲罰規定はあっても勧賞規定はないと指摘する。したがって「国民の善を勧めて其の功を賞する者は必ず政府の外に在りて存すること緊要」なのであるとして、栄誉の源泉としての帝室の役割に着眼するのである。ここでバジョットの、“The Crown is ‘according to the saying,’ the ‘fountain of honour;’”（CWB: 211 訳七四）を引用する。「結局国民の栄誉は王家に関するものにして、西洋の語に王家は栄誉の源泉なりと云ふことあり、以て彼の国情の一斑を見る可し」。したがって「一国の王家は勧る有て懲らす無く、賞する有りて罰するなきものなり」ということになる（⑤二八一）。芸術が懲罰対象ではなく推奨対象である以上、王家の栄誉に与えることによって、その地位を高め、政治への価値の一極集中を防ぐことができるのである。

バジョットはしかし歴史的な偶然の所産であることを知っている少数の学者を除いて、英国社会のみならずヨーロッパでは中世宮廷文化の遺産として、距離のパトスよろしく君主に近いほど偉く、君主に遠いほど偉くなくなり、統治の頂点に居るものが同時に社会の頂点でもあるようになったと論じる（CWB: 235 訳一〇二）。その意味では福澤はバジョットの議論に留保し、それを逆手にとっているといえる。福澤は帝室の下に統治と無縁な政治社外の職種の人々を置くことによって、やはり栄誉価値の多元的配分を図っているといえよう。

ところで福澤はバジョットを念頭に置いて帝室の道徳的機能についても触れる。それは法律が次第に精密になり、社会も法律を重視するようになることからかえって必要とされる。すなわち政治も法に依拠して運営され、法律外については為す術をもたなくなる。しかし社会は法律によってのみ成り立つものではない。「政府の容量は小にして、社会の形は大なり」であるからである。したがって「小を以て大を包まんとす、固より得べからず」というのが現実である。しかも政治は法律によって運営されるものである以上、道理部内のことで、人情の世界に関与するものではない。「国民の名代たる国会議員の政府は道理の府なるが故に情を尽くすを得ざるなり」である。そうであるがゆえに「人情の世界を支配して徳義の風俗を維持」すべき場が必要となる。それは日本にあっては帝室以外にありえない（⑤二七九―八〇）。そして西洋諸国では宗教が「人心を収攬して徳風を存する」けれども、日本の宗教はその功徳が俗事に通じていなく、唯わずかに寺院内の説教に留まっている程度のものであって、「国民の徳風を維持するに足らざる」こと明らかである。ゆえにそれは「帝室に依頼するの要用なること益明なりと云ふ可し」（⑤二八〇）となる。道徳の指導者としての王家はしかし、バジョットが説いているように（CWB: 239 訳一〇七）、キリスト教国英国においても指摘されていた。伊藤博文のこの点への着眼は有名であるが[12]、福澤は「一国の帝王は一家の父母の如し」となるゆえに、帝室のみが道理の中に窒息している人民を窒息から救って国中に温暖の空気を流通させ、「世海の情波を平にして民を篤きに帰せしむる」と論じるのである（⑤二八一）。

それでは家族国家を福澤も推奨しているのではないかとの感想も起ころう。確かにバジョットの英国国家構造論が「家族国家」(domestic country)と言われる考えを持ち合わせているとしても[13]、福澤は明確に家族の論理の政治への波及を批判する。それはどこまでも福澤がバジョットを一面、反面教師として政治を道理部内と考え主張していることから容易に推察できる。福澤は文明社会にあっては「政府と人民と相対し、其の関係を支配するものは唯一片の法律あるのみ」として、「官民は親子に非ず骨肉に非ざる」が故に「古風の恩威を想像」して[14]、「尊卑の別を造り」て施政をすれば利する所がなく、「物論の製造者たる上流社会の歓心を失ふ」(⑫一二一)、と明確に家族国家を批判しているからである。

福澤にとって保守派も進歩派も「無智の罪」であるがゆえに帝室の効能を知らない。両派が宗旨論に陥ったり、水の如き言及しかできない所以である。帝室は「人心収攬の中心」となり、「国民政治論の軋轢を緩和し、海陸軍人の精神を制して其の向かふ所を知らしめ、孝子節婦有功の者を賞して全国の徳風を篤くし、文を尚び士を重んずるの例を示して我が日本の学問を独立せしめ、芸術を未だ廃せざるに救ふて文明の富を増進する」、その功徳は至大至重である(⑤二八九)。かくて帝室は「新たに偏せず古に党せず、蕩々平々、恰も天下人心の柄《へい》を執って之と共に運動するものなり。既に政治党派の外に在り。焉《いずくん》ぞ復た人心も党派を作らんや。謹みて其の実際を仰ぎ奉る可きもの」と結論できるのである(⑤二九二)。

五　おわりに

さて日本が立憲政体に向けて進んでいるとき、国民はどのようなそれを想定していたのであろうか。憲法が発布された明治二十二年すなわち一八八九年の『時事新報』によれば、多くの人々は国会といえばプロイセンではなく英国を想像しており、英国政治の到来を予想しているという。所謂政党内閣制である。すなわち「責任執政」であって、政権交代可能な政党政治である（⑫七四—七五）。これに対して『時事新報』の立場は否定的である。どこの国の制度を模範にしようとも、日本で設けられる国会は日本の国会である。名実ともに英国憲政の如くなることは容易ではない。国会を日本に移すときは日本立憲政となるのであって、日本人相応の智徳習慣に基づいた国会となるのである。西洋諸国からの立憲制度の導入を図ったとしても、それは日本流のものとなり、日本固有の立憲政治として定着発展すると論ずるのである（⑫七五—七六）。そして福澤が国会にまつわる『時事新報』で展開した「国会の前途」などの日本憲政論ともいえる論説を纏めたのも、日本での憲法政治の定着に否定的なグナイストやスペンサーらに対する応答として、[15]また官制憲政論とは異なる憲政論を日本政治の歴史構造的分析を通じて論じるためであった。それは「我が日本社会の歴史を詳らかにし其の政事人事の由来に照らして国会の前途を推察するときは必ずや上首尾なる可しと断言せざるを得ず」という確信からくるものであった（⑥三六）。

福澤の議論で興味深いのは、なるほど「北条氏以後は日本政治界の暗黒時代にして政の観る可きものなし」（⑫六一五）と言いながらも、鎌倉以降の乱臣賊子といわれた北条足利、あるいは徳川の治世を積極的に評価して、それが「至尊」＝「尊厳的部分」と「至強」＝「実効的部分」の国家構造をもたらし（④二五・⑥三九）、日本の憲政の歴史的前提として高く評価していることである。それに比し明治十五（一八八二）年一月四日に陸軍卿大山巌に下された軍人勅輸を見れば分かるように、官制歴史は武士政権の到来を「我国体に戻り、且は我が祖宗の御制に背き奉り、浅間しき次第」と断定し、「天子は文武の大権を掌握するの義を存して、再び中世以降の如き失体なからんことを望むなり」とされる如く、正に中世以降の武家支配の歴史を全否定しているのである。[16]さらに明治憲法の官制註釈書で伊藤博文の名の下で刊行された『憲法義解』を見ても、そこに登場する憲法の史的根拠付けは、維新政府が王政復古を存在理由としていることを考慮しても、武家政権時代の国家構造を無視していることは、福澤の説と比して興味深い。

むろん国会開設後の政治情勢に福澤が楽観的であった訳ではない。バジョットが説く如く、討議機関である議院にあって指導者に相応しい資質は世襲や領地の大きさに比例するものではない（CWB：266 訳一四〇）。国会は国民の族籍家柄を問わず、唯民間に才名徳望あるものが国政に参加する場で、その精神は門閥政治の正反対であって、正に維新の精神の具現化にその存在理由があった（⑫二九四）。しかし明治憲法を支えるものとして制定された華族制度は、維新の精神を体現した政治的に有能な人間を華族に列せしめることになってしまい、衆議院にはその結果、政治に未熟な議員の寄せ集め集団と化すに至った。福澤は功臣こそが衆議院に席を得て内閣を構成し、それこそ英国憲政の如き責任内閣制の確立を訴える（⑥一〇七―一〇九）。華族は公卿と旧大名のみに限定して、政治的に有能な人材の貴族院への帰属を避けることを福澤は考えているのである（⑫六〇九）。貴族院は皇族・華族、及び学者・財産家等で構成されるものとし、「上流社会」の代表者として、「実効的部分」の「尊厳的部分」として衆議院の過激な議決を緩和する機能を持つことで良しとした[17]のである（⑫三三五―三三六）。

さて福澤は後年、多分にスペンサーの進化論を念頭におきつつ、スペンサーと共通の思想史的位相にあるバジョット、その『英国憲政論』の読後感とも思える、「竊《ひそか》に我輩の所見を以てすれば、今の文明国に君主を戴くは国民の智愚を平均して其の標準尚ほ未だ高からざるが故なり、其の政治上の安心尚ほ低くして公心集合の点を無形の間に観ずること能はざるが故なり、彼の政客輩が一向に共和説を唱ふるは、身躬から多数の愚民と雑居して共に其愚を与にするの事実を忘れたるが故なりと、断言して憚らざる者なり」（⑥三六三）と述べている。バジョットは十九世紀英国民の文明レベルに相応しいのは「偽装された共和国」（disguised republic）である、と論じている（CWB：396 訳三〇一）。これはバジョットにとって「教養ある一万人の基準」（the standard of the educated 'ten thousand'）（CWB：208 訳六九）から見た場合であるが、逆に教養が全国民的規模に拡大すれば「偽装」が解除されることをそれは意味する。外観と現実との区別、あるいは見せかけと実態との区別への評価を持ちながらも、[18]バジョットにとって下院という人民代表としての「実効的部分」への教養の拡大に伴う実質的な主権付与は、ギゾーではないが偽装された人民主権となろう（GG : 277 訳二四二）。福澤はバジョットを読み、福澤固有の憲政論を描き出したが、そこにおける帝室の位置づけは、バジョットの統治の枠内における君主の位置づけと異なり、政治の世界から切り離すところにあった。そして福澤は所謂国体強化というよりも文明化を推進する機能に帝室の存在理由を求めた。またこれが福澤のいう国体を維持することにも通じるのであった。したがって智徳の進歩が拡充すれば、また政治の世界が合理的になれば、そこに先の福澤の見解が生まれても不思議ではない。その意味では福澤の『帝室論』や『尊王論』は偽装された文明論とも言えよう。[19]

註

（1）現在、慶應義塾福沢研究センターに所蔵されている福澤関係本のなかには、福澤一太郎蔵書の『英国憲政論』（*The English Constitution, and Other Political Essays*, 1889）ともに福澤署名本として『ロンバード　ストリート』（*Lombard Street*, 1873）があるが、前者は同じく福澤署名本として所蔵されているJ・S・ミル『代議政治論』（J. S. Mill, *Considerations on Representative Government*, 1890）とともに書き込みやアンダーラインがあるが、これはそのノートから福澤諭吉のものではなく、佐志傳氏の談によれば福澤一太郎のものである。なお、『ロンバード　ストリート』にはノートはない。『慶應義塾福沢研究センター資料（7）福澤一太郎蔵書目録（付　福澤宗家寄贈洋書）』（慶應義塾福沢研究センター、一九九八年）参照。

（2）T. A. Jenkins, *Parliament Party and Politics in Victorian Britain*, Manchester: Manchester University Press, 1996, p. 5.

（3）Brian Harrison, *The Transformation of British Politics 1865–1995*, Oxford: Oxford University Press, 1996, pp. 13–53.

（4）福澤のギゾーにおけるこの点の確認については、本書第二章参照。なおバジョットは憲政論においては歴史家ギゾーではなくて政治家ギゾーを取り上げている（CWB : 241, 322 訳一〇八―〇九、二一五）。トクヴィルについては㈥㈤参照。バジョットがトクヴィルを参照しているのはナポレオンの行政機構についての箇所と、特に皮肉っている、その自治体信仰についてである（CWB: 339, 394-95 訳二三六、二九八）。

（5）例えば福澤が『文明論之概略』（明治八・一八七五年）においてJ・S・ミル『代議政治論』（J. S. Mill, *Consideration on Representative Government*, 1861）――バジョットが英国憲政論において批判の一対象としたもの――の一節にある、"nationality"を援用して、唯一ともいえる「国体」の定義をしているが、そこにミルの名はない（④二七）。しかし別の箇所で、すなわち民主政治における選挙の公平性如何の問題で「「ミル」氏代議政治論」が登場するのである（④四七）。なお、福澤の国体観念の意味転換については本書第三章参照。本章はその「おわりに」の補完ともいうべき位置にあるのみならず、例えば米原謙『近代日本のアイデンティティと政治』（ミネルヴァ書房、二〇〇二年）に見られるように、福澤が脱亜論とリンクさせて近代日本の通俗的意味における国体観念に強い影響力を与えたとの研究（同上、一七―二三頁）に対する別の立場からの追求である。また福澤の政党内閣論との関係でバジョットを取り上げているものとして山田央子『明治政党論史』（創文社、一九九九年）五九―一四七頁参照。なおミル『代議政治論』の主要な問題点と議会政治論の古典中の双壁のあと一つであるバジョット『英国憲政論』とについて、山下重一『J・S・ミルの政治思想』木鐸社、一九七六年、一七三―二一五頁参照。また英国における陸軍士官の位階購買制については村岡健次『近代イギリスの社会と文化』ミネルヴァ書房、二〇〇二年、一六五―二一六頁参照。

（6）石田雄『近代日本の政治文化と言語象徴』岩波書店、一九八三年、七五頁参照。なお明治十四年の政変以後の政府側と福澤らとの憲法構想や皇室の有様をも含めた政治と思想の相克については伊藤彌彦『維新と人心』東京大学出版会、一九九九年、一二一―二一一頁参照。

（7）帆足記念図書館編『増補　帆足萬里全集』第一巻、ぺりかん社、一九八八年、三五―八一頁参照。なお、拙稿「福沢諭吉における政治原理の構造と展開（一）」（『甲南法学』第二十三巻、第三・四合併号）六二―六八頁参照。また丸山眞男「政事の構造」（松沢弘陽他編『丸山眞男集』第十二巻、岩波書店、二〇五―三九頁）を読めば、記紀時代から日本政治はバジョット的と見ることができなくはない。

（8）新井白石著・村岡典嗣校訂『読史余論』岩波文庫、一九三六年、一四頁。

（9）ちなみに大日本帝国憲法第一条「大日本帝国ハ万世一系ノ天皇之ヲ統治ス」を伊東巳代治本は、'The Empire of Japan shall be reigned over and governed by a line of Emperors unbroken for ages eternal.' と英訳し（宮沢俊義校註・伊藤博文『憲法義解』岩波文庫、一九四〇年、二四頁）、天皇の君臨と統治とを一体としている。

(10) バジョット政治思想における輿論の意味、及び日本のバジョット研究の現在については、南谷和範「世論の国制」(『政治思想研究』第五号、二〇〇五年五月)一六三—八一頁、また岸田理『ウォルター・バジョットの研究』(ミネルヴァ書房、一九七九年)参照。なおバジョットの人となりについてはAlastair Buchan, *The Spare Chancellor—The Life of Walter Bagehot—*, London: Chatto and Windus, 1959 参照。

(11) Benjamin Constant, *Political Writings*, Translated and Edited by Biancamaria Fontana, Cambridge: Cambridge University Press, 1988, p. 184.

(12) 松沢他編『丸山眞男集』第七巻、岩波書店、一九九六年、二一三—二〇頁参照。

(13) Norman St John-Stevas, "The Political Genius of Walter Bagehot" (CWB : 86) 参照。

(14) 福澤は文明論で「仁徳天皇民家に炊煙の起るを見て朕既に富めりと云ひしも、必竟愛人の本心より出て、民の富むは猶我富むが如しとの趣意にて如何にも虚心平気なる仁君と称す可しと雖ども、天下を一家の如く視做して之を私有するの気象は窺ひ見る可し」(④一五〇)と論じ、家族国家観が、「古風の恩威」であることを指摘している。

(15) この点、瀧井一博『文明史のなかの明治憲法』講談社、二〇〇三年、一八九頁以下、また鳥海靖「伊藤博文の立憲調査」(鳥海他編『日本立憲政治の形成と変質』吉川弘文館、二〇〇五年、所収)一一二—四〇頁参照。

(16) 由井正臣・藤原彰・吉田裕編『日本近代思想体系4　軍隊　兵士』岩波書店、一九八九年、一七三—七四頁参照。

(17) 拙著『福沢諭吉と西欧思想—自然法・功利主義・進化論—』名古屋大学出版会、一九九五年、一四〇—四一頁参照。

(18) John Burrow "Sense and Circumstances: Bagehot and the Nature of Political Understanding" in *That Nobel Science of Politics—A Study in Nineteenth-Century Intellectual History—*Edited by Stefan Collini Donald Winch & John Burrow, Cambridge: Cambridge University Press, 1983, p. 175. S・コリーニ、D・ウィンチ、J・バロウ著・永井義雄・坂本達哉・井上義郎訳『かの高貴なる政治の科学—19世紀知性史研究—』ミネルヴァ書房、二〇〇五年、一五〇頁参照。

(19) 昭和十五(一九四〇)年刊行の改造文庫版『福翁百話・百余話』には君主観が掲載されている「政論」は省略されている。また昭和十二年「帝室論」を収めた『福澤文選』を慶應義塾大学予科学生の参考書にしようとしたが、文部省から「帝室論」は適当でないとされ、再版で削除させられたことも「帝室論」を読む上で興味深い(富田正文「後記」⑤六五四参照)。

あとがき

今から十五、六年前のことと思う。拙稿にいつも適切なコメントをくださっている松沢弘陽先生（前国際基督教大学教授）から、当時刊行中の『丸山眞男集』に収録する『「文明論之概略」を読む』について、誤植などの検証をしてほしいとの書簡を頂いた。そこで一言一句それを、福澤が参照に供したギゾーやバックルの文明史、福澤手沢本をも併せて、改めて読み直した。その結果ともいうべく生まれたのが序章と第四章の冒頭部を除く、本書に収められた諸論文の基になったものである。したがってこれらは丸山眞男先生との福澤をめぐる対話といいうと言い過ぎであるが、丸山福澤論を直接念頭において執筆したものである。序章と第四章冒頭部についても丸山福澤論が提起している問題に接近するものとして著したものであり、その意味では丸山福澤論と無関係ではない。また特に序章は駆け出しの研究者であった筆者に対する丸山先生からの有益な批評を伺ったものであり、思い出深いものとして筆者の脳裡に刻まれている。旧著『福沢諭吉と西欧思想―自然法・功利主義・進化論―』（名古屋大学出版会、一九九五年）以降、筆者は『甲南法学』に掲載中の論文（「福沢諭吉における政治原理の構造と展開―西欧近代思想導入との関連―」）を完成させるべく考えていたのであるが、蘭学関係の史料収集に手間取っていることもあり、これはそのままにして、再度、旧著の続編ともいうべきいくつかの論稿を松沢先生の要請が契機となって、以下に述べるような事情から発表することになった。本来、福澤研究の手段的なものであったが、これはこれで意味を持つと考え、再びそれらの論稿に加筆修正を施して一冊に纏めた次第である。

序章は筆者が未だ大学院在籍中に最初の福澤手沢本について考証を試みたもので、『福澤諭吉年鑑』第5号（福澤諭吉協会、一九七八年)に掲載したものである(原題「福沢諭吉とJ・S・ミル『女性の隷従』」)。その後、杉原四郎氏(元甲南大学学長)の要請によって同氏編『近代日本とイギリス思想』(日本経済評論社、一九九五年)に若干の修正とその後の研究史を加えて、「福沢諭吉とJ・S・ミル『婦人の隷従』」と改題し再録した。思えば『福澤諭吉年鑑』も未だ五号しか出ておらず、現在の福澤研究の場としての隆盛を思えば隔世の感がする。当時の福澤諭吉協会は富田正文氏と土橋俊一氏が中心に運営されており、今は亡き両氏に稚拙な論稿を掲載して頂いたことに改めて感謝したい。この論稿は福澤の国体観念がミル『代議政治論』の一節に由来していることを指摘したこともあって、丸山前掲書にも参照されており、内容や文体などの問題はさておいて、筆者にとって格別なものである。本書に再録するにあたって若干の註を加えた。元々単なる考証の意味合いもある論文であったので、当初は躊躇したが、最終段階で掲載することにした。

第一章は、前記丸山集の点検で気づいた問題が直接の契機となったもので、『法学研究』第七〇巻第七号(慶應義塾大学法学研究会、一九九七年)の奈良和重教授退職記念号に「福沢諭吉とF・P・G・ギゾー、そしてJ・S・ミル──「独一個人の気象」考──」と題して寄稿したものである。今回の収録にあたっては、結論部に若干の加筆を施した。

第二章は慶應義塾大学法学部政治学科開設百年記念論文集である『近代国家の再検討』(慶應義塾大学出版会、一九九八年)に鷲見誠一先生(慶應義塾大学名誉教授)とともに編者であった慶應義塾大学法学部の蔭山宏氏の要請に応えて寄稿したもので、ギゾーの各版や講義録を調査中でもあったので、「福澤諭吉における国民(ネーション)の構想──ギゾー『ヨーロッパ文明史』福澤手沢本再読──」と題名を決め、在外研究の滞在先オックスフォードの近郊ヘディントンの寓居で執筆したものである。なお、有益な研究環境を提供して頂いたオックスフォード大学セント・アントニーズ・コレッジと日産日本研究所の関係各位、特にアン・ワッソー氏とアーサー・ストックイン氏にお礼申し上げたい。

オックスフォード在留中は学生に戻ったつもりで、主として政治思想関係の講義やゼミナールを聴講した。同大学は三学期制で、一学期は一コマ六〇分授業が八回、主として午前中に開講され、日本の大学に比して講義時間は極めて少ないが、これはケンブリッジと共に世界で最も優れた教育方法であると言われているチュートリアルシステム、すなわち個別指導に力点が置かれているためであろう。講義は顔見世的色彩が強いとも、あるいは権威あるものとも言われるが、中でも印象に残っているものは以下の講義であった。

まず渡英前に手にしたペリカンクラシック版ギゾー『ヨーロッパ文明史』ハズリット英訳版に優れた序文を執筆していたトクヴィル学者L・シーデントップの政治思想入門である。これにはルソー、トクヴィル、J・S・ミル、それにマルクスが取り上げられていた。また氏の属するケブル・コレッジでは社会科学の思想として十七世紀のフランス思想から始まってスコットランド啓蒙を経てトクヴィル、ミル、それにウェーバーに終わる思想が講じられ、政治思想史ゼミナールも開かれていた。ゼミナールといっても研究者を招聘しての研究会といってよく、日本でもよく知られているケンブリッジ大学の近代史欽定講座の教授になったばかりのQ・スキナーがホッブズについて、ロンドン大学政治経済学院（L.S.E.）にオックスフォードから移ったばかりのG・グレイがJ・S・ミルについて、若手研究者を思わせる態度で研究発表をしていたことが殊に興味深かった。

また日本で「十九世紀英国社会・政治思想における進歩の観念」と題した講演をし、ミルの個性論についての卓抜な議論をしていたJ・バローがサセックスからオックスフォードに移って、やはり十九世紀から二十世紀初頭のヨーロッパ社会・政治思想を講じて、ヘルダーからマッテイーニに至る国民性論や社会有機体説としてのH・スペンサーの自由進化論、あるいはカルヴィニスト、無神論、あるいは変人と銘打ったJ・S・ミルの個性の概念について解説していた。氏の属するベイルリオル・コレッジでの昼食を挟んでの研究室とコモン・ルームでの日欧比較思想といえば大げさであるが、個性論を巡っての氏との議論は良い思い出となった。

またミルの『論理学体系』の重要性を社会科学の哲学で説いたり、その『功利主義』について講義をしたりしていたA・ライアンは学寮長という多忙の身でありながら、ニュー・コレッジの学寮長室で筆者の素朴な質問に答えてくださった。百年以上も前に福澤が精読し、慶應義塾において教科書として採用されていたミル『功利主義』が、功利主義者たちが創設したロンドン大学でならともかく、彼らが批判的であったオックスフォード大学で、しかも想定されるような小規模講義ではなく、優に五百人は入ると思われるスクールズといわれる建物の中の最大の教室で二学期に亙って行われていること自体が筆者には驚きであった。ライアンの他は同じコレッジに属する倫理学者グロバーによるものであったが、旧著で考察した正義と功利について学生に考えさせる方針が大学、ないし社会科学系の学部にあったとしか考えられない講義であった。これには英米系の政治哲学ないし法哲学においてJ・ロールズの正義論以降、正義をめぐる研究が隆盛を見ていることと無縁ではなかろう。他に、G・A・コーヘンが社会・政治理論としてオール・ソールズで、J・ラズが法理学・政治理論としてベイルリオルで、さらにR・ドゥオーキンが道徳・政治哲学としてユニバーシティー・コレッジで正義やそれに付随する問題に関した講義を開いていた。

またミル親子についての研究を物にしているW・トーマスもクライスト・チャーチでの研究室で筆者の質問に熱心に答えてくれた。そしてK・トーマスの下コーパスクリスティーで研究していた友人でもある甲南大学文学部の中島俊郎氏によって私ども夫婦が晩餐会の招待を受けたが、その場にはバーリンの名を冠した講座で客員教授として英国政治思想を担当すべく来英していたジョンズ・ホプキンス大学のJ・G・A・ポーコックとも居合わせた、その席でバジョット研究者でもある英国政治史のW・ハリソンと知り合い、後日バジョットについて話を聞くことができた。

こうして、福澤が学びとろうとした西洋政治思想史上、自由主義の範疇に入る代表的思想家についての専門家と、語学の壁があるにもかかわらず接しえたことは、筆者にとって実に幸運であった。バーリン講座が行われていた日にバーリンの訃報が入り、ポーコックはその日の講義をバーリンの歴史哲学から始め、ホッブスやロック、そしてミルなどを経て、バーリンに戻れと結んだ（一九九七年十一月五日）。新聞各紙がバーリンの死を大きく取り上げたのは言うまでも無いが、BBCのクラッシック専門チャンネルでは音楽好きのバーリンの功績を讃えて彼の好んだ曲を流していた。日本ではちょっと考えられないことであった。その他、M・フリーデンのイデオロギーと政治理論、M・フィリップのマキアヴェリからルソーに至る政治思想などの講義を聴講した。こうした異文化の地で日本の思想を考える機会を与えられた甲南大学法学部には改めてお礼申し上げる次第である。もちろんこの貴重な経験を本書にどれだけ活かすことができたかは疑わしいけれども、一年間、時代を忘れさせる魅力をもった、それこそ丸山先生の言葉通りの落ち着いた環境で過せたことは、主観的には実に有意義であった。

第三章の基は在外研究から帰国したばかりのある日、大学院時代からの友人であり、現在慶應義塾福沢研究センター所長を務めている慶應義塾大学経済学部の小室正紀氏より要請されて、『近代日本研究』第十五巻（一九九九年）に寄稿したものである（原題「福沢諭吉における国体観念の転回」）。これは後に若干の修正を加えて甲南大学文学部の西條隆雄氏が研究幹事として出版した甲南大学総合研究所叢書60『ヴィクトリア朝の社会と文化』（二〇〇〇年）に転載した。またその年の主要な日本史関係の論文を纏めて掲載している『日本史学年次別論文集・近現代3』（学術文献刊行会、一九九九年）にも要請されて再録した。国体観念はつかみどころが無いとも言われ、研究がその観念の持つ歴史的重要性——その意味では「国体」よりも「國體」が相応しい——に比して少ないので、またミルの「ナショナリティー」と福澤の「国体」との関係を指摘したこともあったので、福澤に即して考察した次第である。

第四章は、大学院時代より史料公表などをしていたが、なかなか本論を著すことができなかった課題で、トクヴィル研究者である早稲田大学教育学部の松本礼二氏の誘いもあって二〇〇五年に東京大学と日仏会館で開催されたトクヴィル生誕二〇〇年記念の国際シンポジウムに参加し、それに刺激されて、また『福澤諭吉の法思想―視座・実践・影響―』（慶應義塾大学出版会、二〇〇二年）を共に編集することによって知己となった慶應義塾大学法学部の岩谷十郎氏から福沢研究センター主催の今や重要文化財に指定されている演説館での公開講演会の講演要請を受けたことから、思い切って長年の宿題を果たすべき講演を引き受け、その時の講演内容が原型となっている。ただし、甲南大学ヴェーバー研究会の会員が中心となって、同僚の黒田忠史氏を幹事とする甲南大学総合研究所での研究課題と同名の論文集『マックス・ヴェーバーにおける民族問題とその周辺』に寄稿した「「天稟の愛国心」と「推考の愛国心」―福澤諭吉におけるナショナリズム問題小考―」（甲南大学総合研究所叢書82、二〇〇五年）と、前述の講演の原稿化である「福澤におけるトクヴィル問題―西南戦争と『アメリカのデモクラシー』―」（慶應義塾福沢研究センター『近代日本研究』第二十二巻、二〇〇五年）を論文体に改めたものとを合わせて、「福沢諭吉とA・d・トクヴィル『アメリカのデモクラシー』（一）」「同（二・完）」として、『甲南法学』第四七巻第二号（二〇〇六年）、同第三号（二〇〇七年）に発表した論稿が第四章の直接の基になっている。さらにこれに『福澤諭吉年鑑』第6号（一九七九年）に掲載した「福沢諭吉とA・D・トクヴィル『アメリカにおけるデモクラシー』序説」の一部を加筆して冒頭に加えた。また、本書の巻末に参考史料として『福澤諭吉年鑑』第9号（一九八二年）に転載（初出『法学研究』第五四巻一号、慶應義塾大学法学研究会、一九八一年）した史料（「福沢手沢本 A. d. Tocqueville, *Democracy in America*, Tr. by H. Reeve. 再現」）を収めた。演説館での講演の前にトクヴィル研究者である中谷猛氏（立命館大学名誉教授）が中心となって開催されている関西政治思想講書会でその見取り図について話し、また講演の後、学習院の関西における同窓会である関西桜友会主催の二木会でも同じ話をした。これらの機会を与えられ、なお講演を原稿にするように勧められた小室氏を始め、諸氏に感謝したい。

第五章は先にも触れたが甲南大学総合研究所でのヴィクトリア朝研究会ともいえる研究会の当初からの指導的メンバーで、甲南大学から大手前大学に移られた松村昌家氏の要請によって「福沢諭吉におけるW・バジョット問題」（松村昌家・川本皓嗣編『ヴィクトリア朝英国と東アジア』思文閣出版、二〇〇六年）と題して寄稿したものである。刊行一年に満たないかどうかの論稿であるにもかかわらず、掲載について快諾くださった思文閣出版に感謝したい。なおこの論稿の一部は第四章の一部とともに内山秀夫先生（慶應義塾大学名誉教授）主宰の「戦後民主主義研究会」で「福澤諭吉と明治憲法体制」と題して発表したものである。

甲南大学総合研究所を通じての学際研究によって、英国史や英文学、それに経済政策や西洋経済史、さらには西洋法史や法哲学など政治学畑とは専攻を異にする専門家とも議論できることは、先のオックスフォードでの専門を越えた学者が延々と議論をする晩餐会ではないが、筆者にとっては異なった視点や問題意識を喚起させられる良い機会であり続けている。甲南大学ヴェーバー研究会とともに、甲南大学総合研究所から派生した研究会の諸氏にも感謝したい。

本書は前にも述べたように筆者にとって旧著『福沢諭吉と西欧思想』の続編ともいえるものである。旧著の索引作成を迎えたときに阪神淡路大震災に遭遇した。冬の澄み切った青空と太陽の光が反射して眩しい淡路島を望む震源地である明石海峡の、何事もなかったの如く平穏な様相を呈している海原を電車の窓越しに大蔵海岸から須磨浦海岸にかけて眺めた美観ともいうべき光景と対照的な瓦礫の町を、交通手段を変えながら、時には線路上をも歩道として使うなどして、何時間も費やして大学に行き、倒壊した書棚から落ちた書籍によって、文字通り本の山となった研究室で、それこそその山に登って学生への電話連絡をとった日々が昨日の出来事のようである。また今は亡き丸山眞男先生には震災後の筆者の家族と甲南大学への気遣いを受け、単なる学恩以上のものを改めて感じている。

旧著出版から一巡した年に、稚拙な論稿を纏めるように勧めてくださったのは、前記『福澤諭吉の法思想』を担当して頂いた慶應義塾大学出版会の前島康樹氏である。氏との出会いが本書を出版する直接の契機となったが、その後を受けて飯田建氏が本書の製作を担当してくださった。両氏に厚くお礼申し上げたい。筆者の無造作な仕事は、本として原稿を整理するのにも当てはまるが、二ヶ月前に逝去した父のように、毎日、日誌をつけ、書簡や公報の類もきちんと整理する気質を受け継いでいたならば、と今となって思う次第である。

本書の完成には、むろん筆者自身に全責任があることは言うまでもないが、すでに触れた人々と共に、同学の士の計り知れない学恩に負っている。中でも東京大学法学部の渡辺浩氏、成蹊大学法学部の宮村治雄氏、それに東京大学社会科学研究所の平石直昭氏の三氏は年齢的に少し上ということもあり、いろいろ刺激をうけている。また福澤諭吉協会の竹田行之氏には福澤論のみならず学者のあり方についても教えられること大である。また史料収集に関して、慶應義塾福沢研究センター助教授の西澤直子氏、それに係主任の赤堀美和子氏や職員の方々には、前の福沢研究センター所長であられた坂井達朗氏と共にお世話になった。厚くお礼申し上げたい。また甲南大学図書館や慶應義塾図書館は言うまでもないが、オックスフォード大学ボードリアン図書館、同オールソールズ・コレッジ・コドリントン図書館、同ナッフィールド・コレッジ図書館、同近代史学部図書館、同社会研究学部図書館、それに東京大学史料編纂所にも史料その他でお世話になった。改めて関係各位にお礼申し上げたい。また決して興味がわくとは思えない筆者の日本政治思想史講義を聴講してくれている甲南大学法学部と京都大学法学部の学生諸氏にも感謝しなければならないであろう。近年は『丸山眞男講義録』を利用して近現代を織り交ぜながら古代の記紀神話から近世の武士道論や儒学思想に至る政治思想を扱っているのであるが、「読書渡世の一小民」として「僕は学校の先生にあらず、生徒は僕の門人にあらず」と宣言し、「一社中」で以て出発した福澤の決意の程を現在の教育研究の場にあっても活かしたいと考えるにつけ、そう思う次第である。

最後に慶應義塾大学大学院時代に指導教授を引き受けてくださった内山秀夫先生が喜寿を迎えられたこと、また学部一年次以来ご指導を賜っている森永毅彦先生が古希を迎えられて学習院大学を定年で退職されることを記念して両先生に、加えて結婚後も筆者の自由な生活を許してくれている妻訓子に本書を奉げたい。

二〇〇七年初春

犬山栗栖にて

安西敏三

安西敏三（あんざい　としみつ）

甲南大学法学部教授、法学博士、日本政治思想史専攻。

1948 年愛知県に生まれる。1972 年学習院大学法学部政治学科卒業。

1979 年慶應義塾大学大学院法学研究科博士課程単位取得退学。

〔主要著書〕『福沢諭吉と西欧思想―自然法・功利主義・進化論―』名古屋大学出版会、1995 年。『福澤諭吉の法思想―視座・実践・影響―』（岩谷十郎、森征一との共編著）慶應義塾大学出版会、2002 年。

福澤諭吉と自由主義　個人・自治・国体

2007 年 5 月 10 日　　初版第 1 刷発行

著　者 ――― 安西敏三
発行者 ――― 坂上　弘
発行所 ――― 慶應義塾大学出版会株式会社
〒 108-8346　東京都港区三田 2-19-30
TEL〔編集部〕03-3451-0931
〔営業部〕03-3451-3584〈ご注文〉
〔　〃　〕03-3451-6926
FAX〔営業部〕03-3451-3122
振替　00190-8-155497
http://www.keio-up.co.jp/
装　丁 ――― 廣田清子（office SunRa）
印刷・製本 ―― 精興社
カバー印刷 ―― 太平印刷社

Printed in Japan　ISBN978-4-7664-1352-6

参考史料

福澤手沢本　A. d. Tocqueville,
Democracy in America,
Tr. by H. Reeve. 再現

1

ここで紹介する史料は，主として本書第四章で論じる福澤諭吉と福澤手沢本であるAlexis de Tocqueville, *Democracy in America*, Translated by Henry Reeves [*sic*], With an Original Preface and Notes by John C, Spencer, New York: A. S. Barnes & Co., 1873. との関連を究明するためへの文字通りの福澤手沢本再現としての史料編である。したがって，本史料の読者に対しては，特に本書第四章を併せ読まれんことをお願いしたい。福澤と福澤手沢本であるA. d. Tocqueville, *Democracy in America*, Tr. by H. Reeve. を私がなぜ問題にするか，ということについても，そこで触れておいたから再説しない。ここでは本史料を読者が理解する上で必要な記述上の前提を，二，三述べておきたい。

福澤手沢本再現としての史料編といったけれども，福澤手沢本そのものを掲載して，福澤の様々なノートそのものをここに記すことは技術上不可能である。そこで私は以下2において福澤のノートが明確なものについての部分のすべてを記し，3において福澤のノートが疑わしいものを表にして記す。

2での紹介は，福澤手沢本の原文に拙訳を加えてそのまま記す（拙訳にあたっては直訳を旨としたが，凡例であげたフランス原著からの邦訳本を参照することができた)。その際，福澤のノート如何によってはパラグラフ全体，題目全体，あるいは一頁全体が記されることになる。改行については，福澤手沢本の改行そのものに従うことが不可能であるため，任意である。

次に記号であるが，／は頁数が変わることを，※は赤の不審紙貼付箇所を，＃は不審紙貼付跡が明確な箇所を，＋は福澤のノートが疑わしい箇所を各々示す（＋は本来ならば3で紹介するべきものであるが，2で紹介する史料についているがゆえに2で記す)。鉛筆による余白への書き込み，和紙の貼付による毛筆での書き込み，また和紙の貼付のみがあってメモの部分が切れてなくなっているものについては，その旨を原文の後の〔　〕の中に記す。ただし，サイドライン，アンダーラインについてはそのまま記す。これらはすべて福澤手沢本にならう。

3の場合，通し番号は2の場合と区別するためにアラビア数字で記す。また，頁数については凡例にある現在入手可能なものを選んで次の要領で原文史料の後の（　）内に記す。すなわち，手沢本TDR，それと同じ英訳の覆刻版TDS，トクヴィル全集TOD 1，TOD 2，井伊玄太郎訳講談社学術文庫版上，中，下，松本礼二訳岩波文庫

版（上）・（下）の順で，例えばTDR：2，TDS：xii，TDB：4，TOC 1：2，井上23，松上11の具合である。3では表に記すが，頁数の後の点線で区切ってある行数についてはいわゆる柱は数えないし，洋書の場合は上から，邦訳書の場合は右から数える。またこの場合，脚註への施しの場合はnを記して，脚註の行数を示す。手沢本の頁数については，一つの文章を単位としてその頁数を記す。

その他，私が気付いた点，あるいは補足説明を要する所はやはり〔 〕の中に記す。また原文の一部の単語などが，印刷ミスで欠落している所もその欠落を補って〔 〕でくくって示す。

2

㈠ While the kings were ruining themselves by their great enterprises, and the nobles exhausting their resources by private wars, the lower orders were enriching themselves by commerce. The influence of money began to be perceptible in state affairs. The transactions of business opened a new road to power, and the financier rose to a station of political influence in which he was ※ at once flattered and despised.

Gradually the spread of mental acquirements, and the increasing taste for literature and art, opened chances of success to talent; science became the means of government, intelligence led to social power, and the man of letters took a part in the affairs of the state 〔.〕（TDR：2，TDS：xii，TDB：4，TOC 1：2，井上23，松上11）

王たちが大遠征によって自ら零落し，貴族らが私闘によって資力を使い果している間に，下層社会の人々は通商によって富を蓄えていった。金銭の力が国事に威力を顕し始めた。交易が権力への新たな途を開いた。こうして金融業者はおもねられると同時に軽蔑されながらも，政治的影響力を持つ地位に躍り出たのであった。

少しずつ学識，それに文学や芸術に対する嗜好が人材として成功への機会を開いた。学問は統治の手段になったし，知性は社会的権力に通じた。そうして学識者が国事に参加するに至った。

㈡ From the time when the exercise of the intellect became the source of strength and of wealth, it is impossible not to consider every addition to science, every fresh truth, and every new idea, as a germe of power placed within the reach of the people. Poetry, eloquence, and memory, the grace of wit, the glow of imagination, the depth of thought, and all the gifts which are bestowed by Providence with an equal hand, turned to the advantage of the democracy; and even when they were in the possession of its adversaries, they still served its cause by throwing into relief the natural greatness ※of man; its conquests spread, therefore, with those of civilization and knowledge; and literature

became an arsenal, where the poorest and weakest could always find weapons to their hand.（TDR : 3, TDS : xiv, TDB : 5, TOC 1 : 2, 井上 25, 松上 13）

知的営為が力と富との源泉となって以来，学問のあらゆる発展，あらゆる瑞々しい真理，そしてあらゆる新たな着想を，人民の手の届く権力の根源，とみなさないのは不可能なことである。詩情，雄弁，そして記憶力，智徳，想像への熱情，思考の深さ，及び公平な御手をおもちになっている神の御意によって授けられたすべての天賦の才は，デモクラシーを有利に導いた。しかもそれらがデモクラシーの敵の手中にあったときにすら，人間の天性の偉大さを浮き彫りにすることによって，それらはデモクラシーの大義に貢献した。デモクラシーはそれゆえ，文明と知識の進展とともに，その領域を拡大し，そうして文学が武器庫となって，最も貧しい者や最も弱い者は，いつも容易にそこから武器を見出すことができたのであった。

㈢　#The crusades and the wars of the English decimated the nobles, and divided their possessions; the erection of communes introduced an element of democratic liberty into the bosom of feudal monarchy; the invention of firearms equalized the villain and the noble on the field of battle; printing opend the same resources to the minds of all classes; the post was organized so as to bring the same information to the door of the poor man's cottage and to the gate of the palace; and protestantism proclaimed that all men are alike able to find the road to heaven. The discovery of America offered a thousand new paths to fortune, and placed riches and power within the reach of the adventurous and the obscure.（TDR : 4, TDS : xiv, TDB : 5, TOC 1 : 3, 井上 25, 松上 13）

十字軍と数次にわたるイングランド人との戦争は〔フランスの〕貴族たちを零落させ，彼らの土地を細分化した。自治都市の設立は封建的君主政下に民主的自由の要素をつけ加えた。火器の発明は農奴と貴族とを戦場において対等にし，印刷術はすべての階級の人々に同一の知的な糧を提供した。郵便は組織化され，貧しい人のあばら屋の戸口にも，宮殿の門にも，同じ情報をもたらした。そしてすべての人々が同じように天国への途を見出し得る，とプロテスタンティズムは宣言した。アメリカの発見は幸運への数多くの新しい途を提供し，冒険心に富んでいる人や名もない人に及ぶかぎりの富と権力とを用立てた。

㈣　※ A new science of politics is indispensable to a new world.（TDR : 6, TDS : xvi, TDB : 7, TOC 1 : 5, 井上 28, 松上 16）

新しい世界には，政治についての新しい学問が不可欠である。

㈤　※ In former ages slavery has been advocated by the venal and slavish-minded, while the independent and the warm-hearted were struggling without hope to save the liberties of mankind. But men of high and generous characters are now to be met with, whose opinions are at variance with their inclinations,

and who praise that servility which they have themselves never known. Others, on the contrary, speak in the name of liberty as if they were able to feel its sanctity and its majesty, and loudly claim for humanity those rights which they have always disowned. (TDR : 11, TDS : xxi, TDB : 12, TOC 1 : 10, 井上 37, 松上 24)

過去数世紀，隷属が報酬目当で奴隷根性を持った人々によって鼓吹されてきた。これに対して，独立心を持ち，思いやりのある人々は，人類の諸々の自由を救うために望みなき闘いをしていた。けれども今や高潔にして寛容な人格を備えた人々がその性向と矛盾する意見を持ち，しかも自身は決して知ることのなかったあの追従を称讃するに至った。その反対に，自由の名において恰もその神聖さ及びその威厳さを感じ得るかの如く語り，しかも通常は否認していた諸権利を人間性のために声高く要求する別の人々がいるのである。

(六) M10-6-24

DEMOCRACY IN AMERICA

FIRST PART. (TDR : 17, TDS : 1, TDB : 17, TOC 1 : 17, 井上 46, 松上 33)

〔「M-10-6-24」は通読開始を示す書き込み。〕

アメリカにおけるデモクラシー

第一部

(七) #A few quotations will throw more light upon the spirit of these pious adventurers than all we can say of them. Nathaniel Morton*, the historian of the first years of the settlement, thus opens his subject: —— (TDR : 32, TDS : 15, TDB : 32, TOC 1 : 31-32, 井上 72, 松上 55)

これら〔ピューリタン〕の敬虔な冒険者たちの精神については，われわれが彼らについて語ることができるすべてよりも，むしろ二，三の文書の引用の方が，より明らかにするであろう。〔ニュー・イングランド〕植民の初期についての歴史家であるナサニエル・モートンは，その主題について次のように説明している。

(八) Among these documents we shall notice as especially characteristic, the code of laws promulgated by the little state of Connecticut in 1650. ‡

The legislators of Connecticut § begin with the penal laws, and, strange to say, they borrow their provisions from the text of holy writ.

"Whoever shall worship any other God than the Lord," says the preamble of the code, "shall surely be put to death." This is followed by ten or twelve enactments of the same kind, copied verbatim from the books of Exodus, Leviticus, and Deuteronomy. Blasphemy, sorcery, adultery, ‖ and rape were punished with death; / an outrage offered by a son to his parents was to be expiated by the same penality.

*See Pitkin's History, pp. 42, 47.

† The inhabitants of Massachusetts had deviated from the forms which are preserved in the criminal and civil procedure of England: in 1650 the decrees of justice were not yet headed by the royal style. See Hutchinson, vol. i., p. 452.

‡ Code of 1650, p. 28. Hartford, 1830.

§ See also in Hutchinson's History, vol. i., pp. 435, 456, the analysis of the penal code adopted in 1648, by the colony of Massachusetts: this code is drawn up on the same principles as that of Connecticut.

‖ Adultery was also punished with death by the law of Massachusetts; and Hutchinson, vol. i., p. 441, says that several persons actually suffered for this crime. He quotes a curious anecdote on this subject, which occurred in the year 1663. A married woman had had criminal intercourse with a young man; her husband died, and she married the lover. Several years had elapsed, when the public began to suspect the previous intercourse of this couple; they were thrown into prison, put upon trial, and very narrowly escaped capital punishment. (TDR : 37, TDS : 20, TDB : 37, TOC 1 : 36–37, 井上 78–79, 90–91, 松上 62, 330–33)

これら〔ニュー・イングランド初期の史蹟や立法の諸記録〕の文書のなかから，とりわけ特徴のあるものとして，われわれは，小さな州であるコネティカットにおいて1650年に発布された法典に言及しよう‡。

コネティカット§の立法者たちは，まず刑法から始めている。そして不思議な話であるが，彼らはその法の規定を聖書の原句よりとりいれているのである。

「主にあらざる神を礼拝する者は，だれもが疑いなく死刑に処せられるであろう」とその刑法の前文は唱えている。出エジプト記・レヴィ記・申命記の諸書から文字通り写した同種の10乃至12の制定条項が以下続いている。瀆神，魔術，姦淫‖，そして強姦は死刑で以て罰せられ，子の両親に対する暴行も同じ刑罰によって償われるのであった。

*ピトキン『歴史』42，47頁参照。

† マサチューセッツの住民たちは，イングランドの刑事及び民事訴訟において守られている書式から，逸脱していた。1650年には，司法に関する諸々の布告は，王風によって未だ頭書されてはいなかった。ハンチンソン，第1巻，452頁。

‡『法典』1650年，28頁，ハートホード，1830年。

§ ハンチンソン『歴史』第1巻，435，456頁のマサチューセッツ植民地によって1648年に採用された刑法の分析をも参照。この刑法はコネティカットの諸原則と同様の諸原則に基づいて作成されている。

‖ 姦淫はマサチューセッツの法律においても同様に死刑で以て罰せられるのであった。またハンチンソンは第1巻441頁において，多くの人々が現にこの犯罪のために死刑に処せられた，と言っている。彼は1663年に起こったこの問題についての，好奇心をそそるような奇談を引合いに出している。ある既婚女性がある若い男性と罪深い情愛関係をもつようになった。彼女の夫が死んで彼女はその愛人と結婚した。世間の人々がこのカップルにあった以前の情愛関係を疑うようになり始めたときには，すでに数年の歳月が流れていた。彼と彼女は投獄され，裁判にかけられ，そして辛うじて死罪を免れたのであった。

(九)　※＃In the laws of Connecticut, as well as in all those of New England, we find the germe and gradual development of that township independence, which is the life and mainspring of American liberty at the present day. The political existence of the majority of the nations of Europe commenced in the superior ranks of society, and was gradually and always imperfectly communicated to the different members of the social body. In America, on the other hand, it may be said that the township was organized before the county, the county before the state, the state before the Union.（TDR：40，TDS：22，TDB：40，TOC 1：39，井上 82，松上 65-66）

ニュー・イングランドのすべての地域の法律と同じく，コネティカットの法律においても，われわれはあの町村の自立の芽ばえと漸進的発展をみいだすが，それは現在のアメリカ的自由の生命にして主因なのである。ヨーロッパ諸国の大多数の政治上の構成は，社会の上位に始まり，少しずつしかも常に不完全に，社会の組織を構成している各々の部分に伝播するのであった。これに反してアメリカでは，町村が郡以前に，郡が州以前に，州が連邦以前に創立された，といわれてもよいのである。

(一〇)　※ The state of Maryland, which had been founded by men of rank, was the first to proclaim universal suffrage*, and to introduce the most democratic forms into the conduct of its government.（TDR：59，TDS：38，TDB：57，TOC 1：56，井上 118，松上 92）

メリーランド州，それは上層階級の人々によって創立されたが，その州は普通選挙権を宣言し，しかもその政治を運営するにあたって，最も民主的な形態を採り入れた最初の州であった。

(一一)　※ In America, not only do municipal bodies exist, but they are kept alive and supported by public spirit. The township of New England possesses two advantages which infallibly secure the attentive interest of mankind, namely, independence and authority. Its sphere is indeed small and limited, but within that sphere its action is unrestrained; and its independence would give to it a real importance, even if its extent and population did not ensure it.（TDR：68，TDS：48，TDB：66，TOC 1：65，井上 136，松上 107）

アメリカには，自治都市的な諸団体があるばかりでなく，それらが公的精神によって活気づけられ，そして維持されているのである。ニュー・イングランドの町村は，人間にとって意を注ぐに価する利益をまちがいなく保障する二つの利点，すなわち独立と権威を所有している。町村の区域はなるほど小さく制限されてはいるが，その区域内での町村活動は抑制されてはいない。しかも仮令その広さと人口とによって，町村が存立しえなくなったとしても，町村のもっていた独立は，町村に対して真の価値を伝え残そうとするであろう。

(一二)　＃THE COUNTIES OF NEW ENGLAND.

THE division of the counties in America has considerable analogy with that of the arrondissements of France. The limits of the counties are arbitrarily laid down, and the various districts which they contain have no necessary connexion, no common traditional or natural sympathy; their object is simply to facilitate the administration of public affairs. (TDR:71, TDS:50, TDB:68, TOC 1:71, 井上141, 松上112)

ニュー・イングランドの郡。

アメリカの郡の区画は，フランスの郡の区画と著しく類似している。郡の区域は独断的に定められ，そしてそこにある各々の区は，相互に必要な結合，相互に共通な伝統的ないし自然的感情をもってはいない。すなわちその目的は，たんに公事に関する行政を円滑に行うことである。

㈢ #We have already seen that the independent townships of New England protect their own private interests; and the municipal magistrates are the persons to whom the execution of the laws of the state is most frequently intrusted.* Beside the general laws, the state sometimes passes general police regulations; but more commonly the townships and town officers, conjointly with the justices of the peace, regulate the minor details of social life, according to the necessities of the different localities, and promulgate such enactments as concern the health of the community, and the/peace as well as morality of the citizens.* Lastly, these municipal magistrates provide of their own accord and without any delegated powers, for those unforeseen emergencies which frequently occur in society. † (TDR:73, TDS:53, TDB:71, TOC 1:70–71, 井上146, 松上116)

ニュー・イングランドの独立した町村がその固有の利益を守るということ，そして自治体の役職者たちが州法の執行をもっとも頻繁に委任される人々であるということをわれわれはすでに見てきた。一般の法律の他に，州はときどき一般警察規則を可決する。けれどもより通例的には，町村と町村の役人たちが治安判事たちと協力して，個々の地方の必要に応じて，社会生活に関する比較的重要でない項目の規則を作り，加えて共同体の衛生及び市民の品行並びに治安に関する法令を公布する。最後にこれらの町村の役職者たちは，自発的に，かつ何ら委任権なくして，社会にしばしば起こる予測すべからざる出来事に備えるのである。

㈣ The magistrates of the township, as well as those of the county, are bound to communicate their acts to the central government in a very small number of predetermined cases. ‖ But the central/government is not represented by an individual whose business it [is] to publish police regulations and ordinances enforcing the execution of the laws; to keep up a regular communication with the officers of the township and the county; to inspect their conduct, to direct

their actions, or to reprimand their faults. There is no point which serves as a | centre to the radii of the administration.（TDR : 74-75, TDS : 54, TDB : 72, TOC 1 : 72, 井上 147, 松上 117）

〔サイドラインの右余白に「アトミニストレーションノ中心ナシ」と記されている。〕

町村の役職者たちは郡の役職者たちと同様に，あらかじめ決定されている極めて少数の場合，自分たちの裁量を中央政府に報告する義務がある。けれども，警察の服務規律，及び法の執行を強いる条令を公布したり，町村や郡の役人たちと定期的に連絡を保ったり，彼らの行為を検閲したり，彼らの裁量を監督したり，彼らの過失を懲戒したりする職務をもった個人によって，中央政府は代表されてはいない。行政機関の活動領域の中心として機能するような特質はないのである。

㈤ LEGISLATIVE POWER OF THE STATE.

※ Division of the Legislative Body into two Houses. ──Senate. ──House of Representatives. ─Different functions of these two Bodies.（TDR : 86, TDS : 64, TDB : 83, TOC 1 : 86-87, 井上 169-70, 松上 132-33）

州の立法権。

立法部は二院に区分されている。──上院。──下院。──これら二院の異なる諸機能。

㈥ The whole military power of the state is at the disposal of the governor. He is commander of the militia and head of the armed force. When the authority, which is by general consent awarded to the laws, is disregarded, the governor puts himself at the head of the armed force of the state, to quell resistance and to restore order.

Lastly, the governor takes no share in the administration of townships and counties, except it be indirectly in the nomination of justices of the peace, which nomination he has not the power to revoke. †

The governor is an elected magistrate, and is generally chosen for one or two years only; so that he always continues to be strictly dependant on the majority who returned him [.]

〔原文のライン〕

POLITICAL EFFECTS OF THE SYSTEM OF LOCAL ADMINISTRATION IN THE UNITED STATES.

Necessary Distinction between the general Centralization of Government, and the Centralization of the local Administration. ──Local Administration not centralized in the United States; great general Centralization of the Government. ──Some bad Consequences resulting to the United States from the local Administration. ──Administrative Advantages attending this Order of things.

——The Power which conducts the government is less regular, less enlightened, less learned, but much greater than in Europe. ——Political Advantages of this Order of things. ——In the United States the Interest of the Country are everywhere kept in View. ——Support given to the Government by the Community. ——Provincial Institutions more necessary in Proportion as the social Condition becomes more democratic. ——Reason of this.

CENTRALIZATION is become a word of general and daily use, without any precise meaning being attached to it. Nevertheless, there exist two distinct kinds of centralization, which it is necessary to discriminate with accuracy.

* Practically speaking, it is not always the governor who executes the plans of the legislature; it often happens that the latter, in voting a measure, names special agents to superintend the execution of it.

† In some of the states the justices of the peace are not nominated by the governor [.]

（TDR：88, TDS：66-67, TDB：85, TOC 1：86-87, 井上 173-74, 松上 136-37）

〔頁の左下余白にメモの部分が切れた和紙の貼付のみがみられる。〕

知事は州の全軍事力をその手中に収めている。彼は民兵の指揮官にして全軍の長である。全体の同意によって法律に委ねられている権限が無視されるとき，その知事は州の全軍の長として抵抗を鎮圧して，秩序を回復するために指揮をとる。

最後に，知事は町村や郡の行政に関与しない。間接的に治安判事の任命に関与することを除いて。その場合でも，彼はその任命を取り消す権力を持ってはいない†。

知事は選挙によって選ばれた役職者であり，一般にはほんの一ないし二年の任期で選出される。それゆえ，彼は常に彼を選出した多数者に完全に依存し続けるのである。

合衆国における地方行政制度に関する政治的諸効果について。

統治に関する一般的中央集権と中央集権化された行政との必然的区別。——合衆国には中央集権化された行政はない。しかし統治についての際だった中央集権がある。——非常に地方分権化された行政の結果として合衆国にもたらされるいくつかの悪い結果。——この制度に伴う行政的利益。——行政権力は，ヨーロッパにおけるよりもよりゆるやかに規制され，開明の度合いも低いし，学問的に体系化されてはいないが，はるかに偉大である。——この制度に伴う政治的利益。——合衆国では，どこへいっても祖国への関心が感じられる。——共同体による政府への支持。——社会状態がますます民主化するに応じて，ますます必要な地方的諸制度。——その理由。

中央集権は，それに備わっている正確な意味を何ら考慮することなく一般的かつ日常的に使用される用語となっている。にも拘らず，それにはまったく異なる二種類の中央集権がある。しかも正確にそれを識別する必要があるのである。

＊実際的に言って，州議会の計画を施行する者は必ずしも知事ではない。後者〔州議会〕は議案を可決するさいに，それの施行を監督する特別代理人を任命することがしばしばある。

†州の中でもいく州かは，治安判事が知事によって任命されるということはない。

(七) Nor can the prodigious exertions made by certain people in the defence of a country, in which they may almost be said to have lived as aliens, be adduced in favour of such a system; for it will be found that in these cases their main incitement was religion. The permanence, the glory, and the prosperity of the nation, were become parts of their faith; and in defending the country they inhabited, they defended that holy city of which they were all citizens. The Turkish tribes have never taken an active share in the conduct of the affairs of society, but they accomplished stupendous enterprises as long as the victories of the sultans were the triumphs of the Mohammedan faith. In the present age they are in rapid decay, because their religion is departing, and despotism only remains. Montesquieu, who attributed to absolute power an authority peculiar to itself, did it, as I conceive, undeserved honour; for despotism, taken by itself, can produce no durable results. On close in-/spection we shall find that religion, and not fear, has ever been the cause of the long-lived prosperity of absolute governments. Whatever exertions may be made, no true power can be founded among men which does not depend upon the free union of their inclinations; and patriotism and religion are the only two motives in the world which can permanently direct the whole of a body politic to one end.（TDR : 96–97, TDS : 74，TDB : 93，TOC 1 : 97，井上 186–87，松上 149–150）

〔メモの部分がなくなっている和紙が前頁の右下余白に貼付されている〕

祖国を防衛しようとして，ほぼ外国人のように祖国で生活している一群の人々によって行われる並はずれた大業が，かくの如き体制のために引き出されているとは，到底いえない。なぜならば，かかる場合において，彼らの主要な動機は宗教であった，ということが理解されるはずであるからである。その国の永存，栄光，そして繁栄は，彼らの信仰の一部になっていた。そして彼らが居住している祖国を防衛するにあたって，すべてがその市民であるあの神聖な都を彼らは防衛したのであった。トルコ民族は決してその社会の公務に積極的役割を果しはしなかった。しかし彼らは，サルタンたちの勝利がマホメット教の大勝利である限りにおいて，驚嘆すべき事業をなしとげたのであった。彼らは今のところ，その宗教が衰えてしかも専制政治のみが残っているがために，急速に没落している。モンテスキューは絶対的権力にもそれに固有の権威ありとしたが，それは，思うに，絶対的権力に，それに値せぬ敬意を表したことになる。というのは，専制政治それ自体をとってみれば，専制政治は何ら永続性ある成果を生み出しえない，ということがわかるからである。くわしく調査すれば，従来，恐怖ではなくて宗教が専制的支配の永きに亙って栄えた原因であることをわれわれは知るであろう。如何なる努力がなされ得るとしても，人々の意思の自由な統一によらないような真の力は，世間にはありえないのである。そうして，政治体の全体を同一

目的に永きに亙って駆りたて得るこの世での唯二つの動機は，愛国心とか宗教なのである。

(六) The constant tendency of these nations is to concentrate all the strength of the government in the hands of the only power which directly represents the people: because, beyond the people nothing is to be perceived but a mass of equal individuals confouded together. But when the same power is already in possession of all the attributes of the government, it can scarcely refrain from penetrating into the details of the administration; and an opportunity of doing so is sure to present itself in the end, as was the case in France. In the French revolution there were two impulses in opposite directions, which must never be confounded; the one was favourable to liberty, the other to despotism. Under the ancient monarchy the king was the sole author of the laws; and below the power of the sovereign, certain vestiges of provincial institutions half-destroyed, were still distinguishable. These provincial institutions were incoherent, ill-compacted, and frequently absurd; in the hands of the aristocracy they had sometimes been converted into instruments of oppression. The revolution declared itself the enemy of royalty and of provincial institutions at the same time; it confounded all that had preceded it—despotic power and the checks to its abuses—in an indiscriminate hatred; and its tendency was at once to republicanism and to centralization. This double character of the French revolution is a fact which has been adroitly handled by the friends of absolute power. Can they be accused of laboring in the cause of despotism, when they are defending/of the 〔rev〕olution?* In this manner popularity may be concihaed with hostility to the rights of the people, and the secret slave of tyranny may be the professed admirer of freedom. (TDR : 99-100, TDS : 76-77, TDB : 95-96, TOC 1 : 97, 井上 191-92, 松上 154-55)

〔前頁の右下余白にメモの部分がなくなっている和紙が貼付されている〕

これら〔民主的状態下の〕諸国民の恒常的傾向は，人民を直接代表する唯一の権力を手中にし，統治力の一切を集中していることである。なぜならば，人民が国民たろうとしていないところでは，無造作に一緒になっている平等な諸国人のマス以外の何者をも認められないからである。だがその同じ権力が，統治にまつわるすべての属性を占有している場合には，それが行政の細事にまで干与するのは差し控える，ということはほぼありえない。そうしてこのようなことを行う機会は，フランスの場合がそうであったのと同様に，結局は確実に現われるのである。フランス革命には，相反する方向性をもった二つの推進力があった。それらは決して混同されてはならないものであって，一方は自由への，他方は専制政治への希求であった。往古の君主政下にあっては，王は諸法の唯一の創造者であった。そしてその主権者の権力の下では，半ば

破壊された地方制度の疑う余地のない痕跡が依然として識別できたのであった。これらの地方制度は，ばらばらでまとまりのない，そしてしばしば不合理なものではあったが，貴族の支配下では，ときにそれらは圧制の手段に転化されたのであった。したがって〔フランス〕革命は，王権を敵とすると同時に，地方制度をも敵とする，と自ら宣言したのであった。革命は，革命に先行していたすべてのもの――専制権力，及びその濫用を抑制するもの――を玉石の区別なく，憎悪して破壊した。そしてその趨勢は一挙に共和主義と同時に中央集権を樹立しようとすることにあった。このフランス革命の二重性格は，絶対的権力を支えている人々によって巧みに統制されている，という事実にある。彼らが革命のもたらした偉大な新制度の一つである中央集権化された行政を擁護しているとき，彼らは専制政治のために奮闘している，と告訴されることがありうるのではないだろうか。この様に，民衆は人民の諸権利に対する敵と和解することができるし，また僭主の秘密奴隷は公然と自由の讃美者と名乗りをあげることができたのであった。

㈩ OTHER POWERS GRANTED TO THE AMERICAN JUDGES.

In the United States all the Citizens have the Right of indicting the public Functionaries before the ordinary Tribunals. —How they use this Right. —Art. 75 of the An VIII. —The Americans and the English cannot understand th Purport of this Clause.

IT is perfectly natural that in a free country like America all the citizens should have the right of indicting public functionaries before the ordinary tribunals, and that all the judges should have the power of punishing public offences. The right granted to the courts of justice, of judging the agents of the executive government, when they have violated the laws, is so natural a one that it cannot be looked upon as an extraordinary privilege. Nor do the springs of government appear to me to be weakened in the United States by the custom which renders all public officers responsible to the judges of the land. The Americans seem, on the contrary, to have increased by this means that respect which is due to the authorities, and at the same time to have rendered those who are in power more scrupulous of offending public opinion. I was struck by the small number of political trials which occur in the United States; but I have no difficulty in accounting for this circumstance. A lawsuit, of whatever nature it may be, is always a difficult and expensive undertaking. It is easy to attack a public man in a journal, but the motives which can warrant an action at law must be serious. A solid ground of complaint must therefore exist, to induce an individual to prosecute a public officer and public officers are careful not to furnish these grounds of complaint, when they are afraid of being prosecuted.

This does not depend upon the republican form of American institutions, for

the same facts present themselves in England. These two nations do not regard the impeachment of the principal officers of state as a sufficient guarantee of their independence. But they hold that the right of minor prosecutions, which are within the reach of the whole community, is a better pledge of freedom than those great judicial actions which are rarely employed until it is too late. (TDR : 107, TDS : 83-84, TDB : 103-04, TOC 1 : 105, 井上 206-07, 松上 167-68)

〔サイドラインの右余白に「君側ノ悪ヲ除クノ拙ナル以テ知ル可シ」と記され，頁右下余白にメモの部分がなくなっている和紙が貼付されている。また「悪」は「患」とも判読できるが「奸」とは読めない〕

アメリカの裁判官に与えられている別の諸権力。

合衆国では通常裁判所に公務員を告訴する権利を全市民がもっている。——彼らはこの権利をどのように使用するのであろうか。——共和国 8〔1800〕年の第 75 条。アメリカ人もイギリス人もこの条項の趣旨を理解することはできない。

アメリカのような自由な国では，すべての市民が通常裁判所に公務員を告訴する権利を当然もっていること，及びすべての裁判官が公罪を罰する権力を当然もっていること，これらは全く自然なことなのである。執行権の受託者である官吏が法を犯したさい，法廷に認められているこの官吏を裁く権利はあまりにも自然なそれであるので，それが一つの例外的な特権とみなされることはありえない。合衆国では，その土地の裁判官にすべての公務員に関する責任を負わせるという風習が，統治の活力を弱めている，とは到底私には思われない。それどころかこの方法によって当局にむけられる尊敬を増大させ，そして同時に，権力の地位にある人々が世論に逆らうことに対して，より細心で臨むようにアメリカ人はしむけているように思われる。合衆国でおこる政治的訴訟の極めて数少ないことに私は衝撃を受けた。しかしこの事情を説明するのは私にとってむつかしいことではない。それがどんな性質のものであれ，訴訟は常に困難と費用とを要する企てである。ジャーナリズムで公人を攻撃することは容易であるけれども，訴訟を正当化しうる動機は真剣たらざるをえない。それゆえ，個人を口説いて公務員を告訴するためには告訴についての確実な根拠が存在しなければならない。そして公務員たちが告訴されるのを恐れるとき，これらの告訴の根拠を与えないように彼ら〔公務員たち〕は注意しているのである。

これはアメリカ人の諸制度の基礎となっている共和政体によるものではない。というのは同じような事実がイギリスにおいても起っているからである。これら二国民は国家第一級の公務員の弾劾を彼らの独立の十全な保証とみなしてはいないのである。ただ，手遅れになってからまれにわれわれが行使する大司法的行為の如き訴訟の権利よりも，むしろ一地域社会全体に行き渡る小さな訴訟の権利の方が，よりよく自由を保証する，と彼らは信じているのである。

㈢ CHAPTER VII

※ POLITICAL JURISDICTION IN THE UNITED STATES.

Definition of political Jurisdiction. —What is understood by political Jurisdiction in France, in England, and in the United States. —In America the political Judge can only pass Sentence on public Officers. —He more frequently passes a Sentence of Removal from Office than a Penalty. —Political Jurisdiction, as it Exists in the United States, is, notwithstanding its Mildness, and perhaps in Consequence of that Mildness, a most powerful Instrument in the Hands of the Majority.（TDR : 109, TDS : 85, TDB : 106, TOC 1 : 127, 井上 210, 松上 171）

第七章　合衆国における政治裁判

政治裁判の定義。――フランス，イギリス，そして合衆国において政治裁判はどのように理解されているのであろうか。――アメリカでは政治裁判の判事は公務員に判決を下しうるのみである。――彼は刑罰よりもむしろ公務の罷免判決をしばしば下す。――合衆国に現に存在している政治裁判は，その寛大さにも拘らず，そして恐らくはその寛大さの結果，多数者の手中にある最も強い機関である。

㈢ #If the executive power is feebler in America than in France, the cause is more attributable to the circumstances than to the laws of the country.（TDR : 135, TDS : 105, TDB : 126, TOC 1 : 127, 井上 246, 松上 202）

執行権がフランスよりもアメリカの方が弱いとするならば，その原因はその国の法よりもむしろその環境に帰することができる。

㈢ In America the president exercises a certain influence on state affairs, but he does not conduct them; the preponderating power is vested in the representatives of the whole nation. The political maxims of the country depend therefore on the mass of the people, not on the president alone; and consequently in America the elective system has no very prejudicial influence on the fixed principles of the government. But the want of fixed principles is an evil so inherent in the elective system, that it is still extremely perceptible in the narrow sphere to which the authority of the president extends.

The Americans have admitted that the head of the executive power, who has to bear the whole responsibility of the duties he is called upon to fulfill, ought to be empowered to choose his own agents, and to remove them at pleasure: the legislative bodies watch the conduct of the president more than they direct it. The consequence of this arrangement is, that at every new election the fate of all the federal public officers is in suspence. Mr. Quincy Adams, on his entry into office, discharged the majority of the individuals who had been appointed by his predecessor; and I am not aware that General Jackson allowed a single removeable functionary employed in the federal service to retain his place beyond the first year which succeeded his election. It is sometimes made a sub-

ject of complaint, that in the constitutional monarchies of Europe the fate of the humble servants of an administration depends upon that of the ministers. But in elective governments this evil is far greater. In a constitutional monarchy successive ministries are rapidly formed; but as the principal representative of the executive power does not change, the spirits of innovation is kept within bounds; the changes which take place are in the details rather than in the principles of the administrative system; but to substitute one system for another, as is done in America every four years by law, is to cause a sort of revolution. As to the misfortunes which may fall upon individuals in consequence of this state of things, it must be allowed that the uncertain situation of the public officers is less fraught with evil consequences in America than elsewhere. It is so easy to acquire an independent position in the United States, that the public officer who loses his place may be deprived of the comforts of life, but not of the means of subsistence.（TDR : 135，TDS : 109–10，TDB : 130–31，TOC 1 : 132–33，井上 254–55，松上 209–11）

〔サイドラインの右余白に「衣食足リテ免職モ苦シカラズ」と記され，さらに頁右下余白にメモの部分がなくなっている和紙が貼付されている〕

アメリカでは，大統領は国事に一定の影響力を行使しているが，彼がそれを指導することはない。優越的権力は全国から選出された代議士に帰属しているのである。それゆえ，その国の政治的公理は人民大衆に依存しているのであって，独り大統領のみに依存しているのではない。その結果，アメリカでは統治に関する定着した原則に極めて不利となる影響を選挙制度が及ぼすことは決してない。けれども，定着した原則が欠けることは選挙制度にまつわっている固有の悪であるから，大統領の権威が及んでいる限られた範囲で，それでもなお気付かれるのである。

遂行を要求される職務の全責任を負わねばならない執行権者が，自分自身の官吏を選ぶ権利を付与され，しかもその官吏を随意に解任しえて然るべきである，ということをアメリカ人は容認している。立法部は大統領の行為を指導するというよりは，むしろ大統領の行為を監視しているのである。この制度の結果，新たな選挙のたびごとに，連邦政府のすべての公務員の身の成り行きがあやふやになる。クインシー・アダムス氏は公職に就任すると同時に，彼の先任者によって任命されていた大多数の個人を免職処分にした。また連邦の公務職に雇用されているたった一人の免職可能な公務員に対して，ジャクソン将軍がその選挙後に続く一年を経過してもその公職に留まることを許可した，ということを私は知らない。ヨーロッパの立憲君主政体の国では，行政府の微賤な役人の身の成り行きは大臣の身の成り行き次第である，ということが時々不平の原因になっている。しかし選挙政体の国では，この悪ははるかに大きい。立憲君主政体の国では，後任の大臣がすばやく組織されるが，しかし執行権の主たる代表者が変わらないので，革新の精神はある限界内に留められているのである。変化

が起きる場合，その変化する所は行政機構の主要部においてであるよりも，むしろ細部においてである。しかし，アメリカでの法によって四年ごとに行われるような，あるシステムを以て他のそれに変更することは，ある種の革命の原因となる。この諸般の事情の結果，個人に降りかかってくるであろう不幸については，アメリカでは他の国よりも公務員の地位の不安定が悪い結果を伴うことは少ない，ということが認められなければならない。合衆国では，独立した職を得ることがあまりにも容易なので，その地位を失う公務員が生活の安楽を奪われることはあっても，生活の手段を奪われることはないのである。

㈢ ※ MODE OF ELECTION.

Skill of the American Legislators shown in the Mode of Election adopted by them. —Creation of a special electoral Body. —Separate Votes of these Electors. — Case in which the House Representatives is called upon to choose the President. —Results of the twelve Elections which have taken Place since the Constitution has been established.（TDR : 137，TDS : 111，TDB : 132，TOC 1 : 133，井上 257，松上 212）

選挙方法。

アメリカの立法者によって採用されている選挙方法にみられる，アメリカの立法者の手腕。――特別選挙団体の創立。――これら選挙所有者の分離投票。――下院が大統領を選出する目的で召集される場合。――憲法が制定されて以来行われてきた12の選挙結果。

㈣ ※ As the constitution of the United States recognized two distinct powers, in presence of each other, represented in a judicial point of view by two distinct classes of courts of justice, the utmost care which could be taken in defining their separate jurisdictions would have been insufficient to prevent frequent collisions between those tribunals. The question then arose, to whom the right of deciding the competency of each court was to be referred.（TDR : 148，TDS : 121–22，TDB 142 : TOC 1 : 144，井上 277–78，松上 229–30）

裁判でまったく異なる見解を下す２種類の裁判所に代表されるまったく異なる二つの権力が互いに存在することを，合衆国憲法は認めていた。それゆえ，それらの司法権を限定するうえで考えられうる最大の心配事は，それらの裁判所間でしばしば起こる衝突を防止するに充分な力量の欠如であろう。その際，各々の法廷の権限を決定する権利を誰に帰属させるべきか，という問題が生ずるのであった。

㈤ Thus the jurisdiction of the general courts extends not only to all the cases which arise under the laws of the Union, but also to those which arise under laws made by the several states in opposition to the constitution. The states are prohibited from making *ex-post-facto* laws in criminal cases; and any person condemned by virtue of a law of this kind can appeal to the judicial power of

the Union. The states are likewise prohibited from making laws which may have atendency to impair the obligations of contracts.* If a citizen/thinks that an obligation of this kind is impaired by a law passed in his state, he may refuse to obey it, and may appeal to the Federal courts.

*It is perfectly clear, says Mr. Story (Commentaries, p. 503, or in the large edition § 1379), that any law which enlarges, abridges, or in any manner changes the intention of the parties, resulting from the stipulations in the contract, necessarily impairs it. He gives in the same place a very long and careful definition of what is understood by a contract in federal jurisprudence. 〔以下略〕(TDR : 153, TDS : 126, TDB : 147, TOC 1 : 149, 井上 285-86, 松上 236-37)

〔右頁下が内側に折り曲げられている〕

かくして連邦裁判所の権限は，連邦法に関するすべての訴訟ばかりでなく，憲法に違反する個々の州の制定法に関するすべての訴訟にまで拡がっている。刑事事件における訴訟について，州が遡及法を制定することは禁止されている。そしてこの種の法律によって有罪を宣告されたいかなる人も，連邦の司法権に上訴することができる。同様に，州は契約に基づく義務を損うような法律を制定することが禁止されている。もしある市民が，この種の義務が自分の住んでいる州で通過した法によって損なわれていると思うならば，彼はその義務に従うことを拒否できるし，連邦裁判所に訴訟をおこすことができる。

*ストーリー氏が述べているが（『憲法註解』503頁。あるいは普及版§1379），契約に含まれている諸条件から生ずる契約当事者たちの意志をどのようにもせよと拡大したり，縮小したり，あるいは変更させる一切の法律が当の契約を損うものである，ということは完全に自明である。彼は同じところで，連邦法が契約を如何様に解釈しているかを極めて注意深く定義して明確化している。〔以下略〕

㈥ #When we have successfully examined in detail the organization of the supreme court, and the entire prerogatives which it exercises, wes hall readily admit that a more imposing judicial power was never constituted by any people. The supreme court is placed at the head of all known tribunals, both by the nature of its rights and the class of justiciable parties which it controls. (TDR : 159, TDS : 130, TDB : 150, TCO 1 : 152, 井上 292, 松上 242)

われわれは最高裁判所の組織，及びそれの及ぼす充分な特権について，詳細にかつ首尾よく吟味してきたが，このときこれほどの堂々たる司法権はいかなる国民によっても設立されなかった，ということを容易にわれわれは認めるであろう。最高裁判所は，その正義性とその統制下にある裁判に付せられるべき当事者層とによって，既知の法廷のすべての中で最上位におかれているのである。

㈦ ※In small nations the scrutiny of society penetrates into every part, and the spirit of improvement enters into the most trifling details; as the ambition

of the people is necessarily checked by its weakness, all the efforts and resources of the citizens are turned to the internal benefit of the community, and are not likely to evaporate into the fleeting breath of glory. The desires of every individual are limited, because extraordinary faculties are rarely to be met with. The gifts of an equal fortune render the various conditions of life uniform; and the manners of the inhabitants are orderly and simple. Thus, if we estimate the gradations of popular morality and enlightenment, we shall generally find that in small nations there are more persons in easy circumstances, a more nu-/merous population, and a more tranquil state of society than in great empires.（TDR : 169–70, TDS : 139, TDB : 160, TOC 1 : 162, 井上 309, 松上 257–58）

小さな国々では，社会の穴のあく程の視線が隅々に至るまで行き渡っている。そして改良の精神は，たわいない微細なことに至るまで入りこんでいる。人々の野心は国力の弱さのために必ず抑制されているので，市民たちのすべての努力と資力とは，その国全体の内部の利益に向けられるのであって，栄誉の果敢なき息吹として蒸発するようなことはありえない。すべての個人の願望は制限される。なぜならば非凡な能力はまれに願望をみたすからである。平等な財産の賜物は，様々な生活条件を画一的なものにしている。そして住民のマナーは几帳面でかつ質素である。このようにして，もしわれわれが民衆の道徳性と開明性の段階を評するならば，大帝国より小国の方が，概して気楽な境遇にいる人々がより多く，そして社会状態がより平穏である，ということにわれわれは気づくであろう。

㈷　＃＊I do not speak of a confederation of small republics but of a great consolidated republic.〔脚注〕（TDR : 170, TDS : 140, TDB : 161, TOC 1 : 163, 井上 317, 松上 363）

私は小共和国間の連合についてではなく，広大な統合された共和国について述べているのである。

㈷　※It profits a people but little to be affluent and free, if it is perpetually exposed to be pillaged or subjugated; the number of its manufactures and the extent of its commerce are of small advantage, if another nation has the empire of the seas and gives the law in all the markets of the globe. Small nations are often empoverished, not because they are small, but because they are weak; and great empires prosper less because they are great than because they are strong. Physical strength is therefore one of the first conditions of the happiness and even of the existence of nations. Hence it occurs, that unless very peculiar circumstances intervene, small nations are always united to large empires in the end, either/by force or by their own consent; yet I am unacquainted with a more deplorable spectacle than that of a people unable either to defend or to

maintain its independence.（TDR：172-73，TDS：142，TDB：162-63，TOC 1：164-65，井上 313，松上 262）

小国が絶えまなく略奪され，あるいは征服される危機にさらされているならば，その国民に豊かさと自由をもたらす，ということはまずありえない。もし他国が海上支配権をもち，すべての市場をその手中におく法律を公布するならば，小国の製品総数，及び通商範囲といった問題はあまりその国の利益の問題と結びつかない。小国は小さいがゆえにではなく，弱いがゆえにしばしば疲弊せしめられる。そうして大帝国は大きいがゆえにというよりは，強いがゆえに栄える。物理力である兵力の強さはそれゆえ，国の繁栄の，及びその存立すらの第一次的条件の一つである。ここから極めて特殊な事情が介在しない限り，小国は常に強制的に，あるいは小国自身の同意によって，最終的には大帝国に併合されるということが起こるのである。しかもその独立を守るか，あるいは保つかのいずれをも不可能とする国民の光景以上に惨澹たる光景を，未だ私は知らない。

㈢　#I HAVE hitherto examined the institutions of the United States; I have passed their legislation in review, and I have depicted the present characteristics of political society in that country. But a sovereign power exists above these institutions and beyond these characteristic features, which may destroy or modify them at its pleasure; I mean that of the people. It remains to be shown in what manner this power, which regulates the laws, acts: its propensities and its passions remain to be pointed out, as well as the secret springs which retard, accelerate, or direct its irrestible course; and the effects of its unbounded authority, with the destiny which is probably reserved for it.（TDR：184，TDS：153，TDB：173，TOC 1：176，松下 9）

私はこれまで合衆国の諸制度を吟味してきた。すなわち合衆国の立法について通観し，そして合衆国の政治社会にみられる特徴を私は詳説してきた。しかしこれらの諸制度に優越し，さらにこれらの特徴的な諸形態に優越している主権があるのである。すなわち随意にそれらを破壊し変容させることができるものであって，私は人民主権のことをいっているのである。法律や条例を規制するこの権力を，どんな方法で紹介するかが，まだ残っている。すなわちその性質とその情熱とは，その把握し難き経路を妨害したり速めたり，あるいは方向づけを行う秘密ゼンマイと同様に，まだ指摘されてはいないのである。そして多分それがために定められている運命を有したその無限の権威の効力についても。

㈢　※Neither of these kinds of centralization exists in America. The United States have no metropolis; the intelligence as well as the power of the country is dispersed abroad, and instead of radiating from a point, they cross each other in every direction; the Americans have established no central control over the expression of opinion, any more than over the conduct of business. These are

circumstances which do not depend on human foresight; but it is owing to the laws of the Union that there are no licenses to be granted to the printers, no securities demanded from editors, as in France, and no stamp duty as in France and England. The consequence of this is that nothing is easier than to set up a newspaper, and a small number of readers suffices to defray the expenses of the editor.（TDR : 199, TDS : 165–66, TDB : 185–86, TOC 1 : 189, 井中 36, 松下 30）

これら〔新聞発行の場所及び新聞発行人の集中化といったこと〕のいずれもアメリカにはない。合衆国には中心的都市がない。国の権力と同様に知識は広く行き渡っている。そしてそれらは一点から放射する代わりに相互にあらゆる方向に交差しているのである。アメリカ人は事業の経営に関するのと同様に，言論に関しても中央統制を確立してきはしなかった。これらは人の先見の明に頼ることのない環境のせいなのである。しかしながらフランスの様に発行者に免許状を与えないこと，編集者から提供される保証金がないこと，さらにフランスやイギリスにみられる様な印紙税のないことなどは，合衆国の法のおかげである。その結果，新聞を発行すること以上にやさしいことはなく，しかも編集者の必要経費を支払うのに少数の購読者で充分賄えるのである。

㊂ The citizen of the United States is taught from his earliest infancy to rely upon his own exertions, in order to resist the evils and the difficulties of life; he looks upon the social authority with an eye of mistrust and anxiety, and he only claims its assistance when he is quite unable to shift without it. This habit may even be traced in the schools of the rising generation, where the children in their games are wont to submit to rules which they have themselves established, and to punish misdemeanors which they have themselves defined. ※ The same spirit pervades every act of social life. If a stoppage occurs in a thoroughfare, and the circulation of the public is hindered, the neighbors immediately constitute a deliberative body; and this extemporaneous assembly gives rise to an executive power, which remedies the inconvenience, before anybody has thought of recurring to an authority superior to that of the persons immediately concerned. If the public pleasures are concerned, an association is formed to provide for the splendour and the regularity of the entertainment. Societies are formed to/resist enemies which are exclusively of a moral nature, and to diminish the vice of intemperance: in the United States associations are established to promote public order, commerce, industry, morality, and religion; for there is no end which the human will, seconded by the collective exertions of individuals, despairs of attaining.（TDR : 204–05, TDS : 170–71, TDB : 191–92, TOC 1 : 194–95, 井中 45–46, 松下 38–39）

合衆国の市民は，生活上の災害と難局に対処するために自分自身の努力に頼る，ということが出生以来教えられてきている。また社会的権威を邪推と懸念で以て看做す。そして社会的権威なくしてはすまされないときにのみ，その手助けを求めるのである。この自分自身の努力に頼る，という習慣は次の世代の学校においてすら求めることができる。そこでは子供たちがゲームをするさい，自分たち自身で決めた規則に従い，自分たち自身で決めた罰則に基づいて罰する，というのを常としているのである。同じ精神は社会生活のあらゆる行為に行き渡っている。もし往来で差止めに会うならば，また，公衆の通行が邪魔されるならば，近隣の人々が直ちに審議機関をつくる。そしてこの即席の集会が不都合なものを改善する行政権力の基礎となるのである。誰かがすぐに当事者の権威よりも上位の権威を思い起こす以前に，それは行われるのである。一般の人々の娯楽についていうならば，催し物の華麗さと調和を備えるために協会が創設される。道徳的本性と相容れない諸悪を食い止めるために，そして放縦という悪徳を減らすために社会が形成される。すなわち合衆国においては，自発的結社が治安・商業・産業・道徳，及び宗教を促進するために設立されるのである。なぜならば諸個人の集合的尽力によって支えられている人間の意志にとって，到達しようとして望みを捨てるような目的はないからである。

㊂ Moreover, the democracy is not only deficient in that soundness of judgment which is necessary to select men really deserving of its confidence, but it has neither the desire nor the inclination to find them out. It cannot be denied that democratic institutions/have a very strongly tendency to promote the feeling of envy in the human+heart; not so much because they afford to every one the means of rising to the level of any of his fellowcitizens, as because those means perpetually disappoint #the persons who employ them. Democratic institutions awaken and foster a passion for equality which they can never entirely satisfy. This complete equality eludes the grasp of the people at the very moment when it thinks to hold it fast, and "flies," as Pascal says, "with eternal flight"; the people is excited in the pursuit of an advantage, which is the more precious because it is not sufficiently remote to be unknown, or sufficiently near to be enjoyed. The lower orders are agitated by the chance of success, they are irritated by its uncertainty; and they pass from the enthusiasm of pursuit to the exhaustion of illsuccess, and lastly to the acrimony of disappointment. Whatever transcends their own limits appears to be an obstacle to their desires, and there is no kind of superiority, however legitimate it may be, which is not irksome in their sight.（TDR : 215–16, TDS : 180–81, TDB : 201, TOC 1 : 204, 井中 63, 松下 54–55）

なお，デモクラシーは真に信頼に値する人物を選ぶのに必要な思慮分別ある判断に事欠くばかりでなく，それはまた信頼に値する人物を看破する望みも意欲もともに持

たない。民主的諸制度が人心に妬みの感情を助長する極めて強い傾向を持っている，ということは否定されえない。その理由は，民主的諸制度はだれに対してでも，かれと同じ市民であるだれもが対等になる手段をもたらすからではなく，むしろ絶えまなくそれらの手段を用いる諸個人をそれらの手段が失望させるからである。民主的諸制度はそれらが完全には決してその条件を満たしえない平等への情念をめざめさせ，そして促進させるのである。この完全な平等を確実に掌握した，と人々が思うやいなや，この完全な平等は人々の合点をかわして逃がれるのである。そしてパスカルがいう様に「果しなき飛翔をつくして飛びつづける」のである。人々は有利な地歩を求めてやっきになっているし，それはより尊重されている。何となればそれは未知であるには余りにもかけ離れてはいないし，あるいは享受されるには余りにも近いからである。下層社会の人々は成功への機会に扇動されており，彼らはその不安にじらされている。そして彼らは成功を追求する熱狂から一転して，不成功における消耗を，またついには苛酷なまでの失望を経験する。彼ら自身の限界を超えるいかなるものも彼らの欲望の障害となって現われるのであり，そしてそれがどんなに道理に適ったものであろうと，彼らの眼からみれば厄介なものとならない様な卓越した類のものはないのである。

㈢　※WHEN a state is threatened by serious dangers, the people frequently succeeds in selecting the citizens who are the most able to save it. It has been observed that man rarely retains his customary level in presence of very critical circumstances; he rises above, or he sinks below, his usual condition, and the same thing occurs in nations at large. Extreme perils sometimes quench the energy of a people instead of stimulating it; they excite without directing its passions; and instead of clearing, they confuse its powers of perception. The Jews deluged the smoking ruins of their temple with the carnage of the remnant of their host. But it is more common, both in the case of nations and in that of individuals, to find extraordinary virtues arising from the very imminence of the danger. Great characters are then thrown into relief, as the edifices which are concealed by the gloom of night, are illuminated by the glare of a conflagration. At those dangerous times genius no longer abstains from presenting itself in the arena; and the people, alarmed by the perils of its situation, buries its envious passions in a/short oblivion. Great names may then be drawn from the urn of an election. (TDR : 217-18, TDS : 182, TDB : 202-03, TOC 1 : 205-06, 井中 66, 松下 57-58)

国が容易ならぬ危機にさらされようとするとき，国民はしばしばそれを解決する最も有能な市民を選ぶのに成功する。人が重大な危機状況に直面すれば，人はその平常の生活レベルを滅多に維持しない，といわれている。人はその常態を超越したり，あるいはその常態から下落したりするのである。そうして同様なことは一般に諸国民間にあっても見受けられるのである。極端な危機は，ときとして一国民を元気づける代

わりに滅ぼしてしまう。それは国民の激情を指導することなくいきりたつ。そして国民の理解力を明晰化する代わりに狼狽させるのである。ユダヤ人はその大多数が虐殺され，その残骸がある彼らの寺院の煙たつ廃墟に殺到したのであった。けれども諸国民にあっても，諸個人にあっても，正に切迫する危機から生ずる異例なまでの美徳を見出すことはさらにありふれたことなのである。偉大な人物はその時，夜の薄暗がりで隠れている建物が大火災の焔によって照らし出される様に，あざやかに登場する。そうした時代に，天才が活動の舞台に登場することを差し控える必要はもはやない。その環境の危機に気づかう国民はその羨望の念を一時忘れる。そのとき選挙のつぼから偉大な名前を引き出すことができるのである。

㊲ #BEFORE we can affirm whether a democratic form of government is economical or not, we must establish a suitable standard of comparison. The question would be one of easy solution if we were to attempt to draw a parallel between a democratic republic and an absolute monarchy. The public expenditure would be found to be more considerable under the former than under the latter; such is the case with all free states compared to those which are not so. It is certain that despotism ruins individuals by preventing them from producing wealth, much more than by depriving them of the wealth they have produced: it dries up the source of riches, while it usually respects acquired property. Freedom, on the contrary, engenders far more benefits than it destroys; and the nations which are favoured by free institutions, invariably find that their resources increase even more rapidly than their taxes.（TDR：230, TDS：193, TDB：212-13, TOC 1：216, 井中 86, 松下 74）

民主政体が経済的であるか否かをわれわれが確信しうるには，適当な比較の基準をわれわれは定めなければならない。もしわれわれが民主共和政と専制君主政とを比較しようとするならば，その問題は簡単に解決できるものとなろう。公費は前者の下での方が後者の下でよりもより多い，ということが理解されよう。それはすべての自由諸国とそうでない諸国とを比較する場合についてもいえるのである。諸個人が生み出してきた富を彼らから奪うことによってよりも，むしろより一層諸個人を妨害して富を生み出させないことによって，独裁政治は諸個人を零落させる，ということは確かである。それは取得された財産を通常重んじていながら，同時に財の源泉をすっかり乾かしてしまうのである。それに反して，自由は自由が破壊するものよりもはるかに多くの利益を醸し出す。そうして自由な諸制度によって支えられている諸国民は，いつもその財力がその税よりもなお一層の速さで増加していることを悟るのである。

㊳ The Americans, as we have seen, have four separate budgets; the Union, the states, the counties, and the townships, having each severally their own. During my stay in America I made every endeavour to discover the amount of the public expenditure in the townships and counties of the principal states of

the Union, and I readily/obtained the budget of the larger townships, but I found it quite impossible to procure that of the smaller ones. I possess, however, some documents relating to county expenses, which, although incomplete, are still curious. I have to thank Mr. Richards, mayor of Philadelphia, for the budgets of thirteen of the counties of Pennsylvania, viz: Lebanon, Centre, Franklin, Fayette, Montgomery, Luzerne, Dauphin, Butler, Allegany, Columbia, Northampton, Northumberland and Philadelphia, for the year 1830. Their population at that time consisted of 495, 207 inhabitants. On looking at the map of Pennsylvania, it will be seen that these thirteen counties are scattered in every direction, and so generally affected by the causes which usually influence the condition of a country, that they may easily be supposed to furnish a correct average of the financial state of the counties of Pennsylvania in general; and thus, upon reckoning that the expenses of these counties amounted in the year 1830, to about 72, 330 *l.*, or nearly 3*s.* for each inhabitant, and calculating that each of them contributed in the same year about 10*s.* 2*d.* toward the Union, and about 3*s.* to the state of Pennsylvania, it appears that they each contributed as their share of all the public expenses (except those of the townships), the sum of 16*s.* 2*d.* This calculation is doubly incomplete, as itapplies only to a single year and to one part of the public changes; but it has at least the merit of not being conjectural. 〔脚注〕 (TDR : 240n, TDS : 202n, TDB : 221-22n, TOC 1 : 225n, 井中 106-07, 松下 433-34)

〔後頁左下余白に「ペンシルヴェニヤ税ノ割合」とメモされた和紙が貼付されている〕

われわれがこれまでみてきたように，アメリカ人は四つに分割された予算をもっている。連邦・州・郡そして町村が各々自らの予算をもっているのである。私のアメリカ滞在中，私は合衆国の主要諸州の町村，及び郡の公費の総額を明らかにする可能な限りの努力を行った。そして私は直ちに大町村の予算資料を入手したが，小町村の予算資料を入手することはまったく不可能であることを知った。けれども私は郡支出金についてのいくつかの文書を所持している。それはなるほど不完全なものではあるけれども，しかしながら好奇心をそそるものなのである。1830 年度のペンシルヴァニアの 13 の郡，すなわちレバノン，センタル，フランクリン，ファイエット，モンテゴメリー，ルガーン，ドーフィン，バトラー，アレガニー，コロンビア，ノーサンプトン，ノーザンバーラント，そしてフィラデルフィアの予算資料に対して，私はフィラデルフィア市長であるリチャード氏に感謝しなければならない。当時これらの郡人口は 495,207 人の住民よりなっていた。ペンシルヴァニアの地図を眺めていると，これら 13 の郡はあらゆる方向に四散しており，しかも一般的にいって，一国の状態に影響を及ぼす諸原因に常に左右されているので，概してこれら 13 郡はペンシルヴァニ

アの諸郡の財政状態の正確な平均を供出することになりうる，ということにすぐ気づくであろう。したがってこれらの諸郡の支出が1830年度におよそ72,330ポンド，あるいは各々の住民にとって3シリング近くに達していることを計算に容れれば，そしてそれら諸郡の住民の各々が同年度に連邦に対して約10シリング2ペンスを，またペンシルヴァニア州に約3シリングを納入していることを算定すれば，それらの諸郡の住民は各々そのすべての公費の分担として（町村費を除いて）総額16シリング2ペンスを納入していることが明らかになるようである。この計算はそれが1ヶ年度のみの公費の一部のみに充てるゆえ，二重の意味で不完全である。しかし少なくともそれは憶測ではない価値をもっているのである。

㊷　※ A DISTINCTION must be made, when the aristocratic and the democratic principles mutually inveigh against each other, as tending to facilitate corruption. In aristocratic governments the individuals who are placed at the head of affairs are rich men, who are solely desirous of power. In democracies statesmen are poor, and they have their fortunes to make. The consequence is, that in aristocratic states the rulers are rarely accessible to corruption, and have very little craving for money; while the reverse is the case in democratic nations.（TDR : 243, TDS : 205–06, TDB : 225, TOC 1 : 229, 井中 110–11, 松下 91）

貴族政の原理も民主政の原理も共に腐敗を助長する傾向にある，と互いに他を非難しあうならば，両者の区別が設けられなければならない。貴族政体下では総理大臣になる諸個人は富裕な人々であって，専ら権力を望む。民主政下では政治家は貧しく，そして自らの財産を作らなければならない。その結果，貴族政的な国では治者たちが腐敗に陥ることはまれであって，金銭を切望することは滅多にない。ところが民主的な諸国民のなかではその逆なのである。

㊸　※ In America the use of conscription is unknown, and men are induced to enlist by bounties. The nations and habits of the people of the United States are so opposed to compulsory enlistment, that I do not imagine that it can ever be sanctioned by the laws. What is termed the conscription in France is assuredly the heaviest tax upon the population of that country; yet how could a great conti-/nental war be carried on without it? The Americans have not adopted the British impressment of seamen, and they have nothing which corresponds to the French system of maritime conscription; the navy, as well as the merchant service, is supplied by voluntary engagement. But it is not easy to conceive how a people can sustain a great maritime war, without having recourse to one or the other of these two systems. Indeed, the Union, which has fought with some honour upon the seas, has never possessed a very numerous fleet, and the equipment of the small number of American vessels has always been

excessively expensive.（TDR : 246-47, TDS : 208-09, TDB : 228, TOC 1 : 232, 井中 115-16, 松下 96）

アメリカでは徴兵制の効用が知られていないので，男性は奨励金によって兵役に服することが勧められている。合衆国民の考え方や習慣は強制募兵にあまりに反しているので，私はそれが法によって強制されうるとは思わなかった。フランスで徴兵制と名付けられているものは，確かにその国の住民にのしかかる最も重い税である。けれどもそれなくして巨大な大陸戦争を如何にして持ちこたえたであろうか。アメリカ人はイギリスの水兵強制徴集を採ってはこなかった。またアメリカ人はフランス海軍の徴兵制に相当するものを何らもってはいない。商人の勤めと同様に海軍は自発的契約によってみたされているのである。だがこれら二つの制度の一方，あるいは他方に依存することなくして，大規模な海戦に耐えうるかを考え出すのは容易なことではない。なるほど海上で栄誉を以て闘ってきた合衆国は，極めて多数からなる艦隊を夥しく所有してはいなかった。しかもアメリカ合衆国の数少い船の装備には，常に法外な費用がかかっているのである。

㊴ But it is this distinct perception of the future, founded upon a sound judgement and an enlightened experience, which is most frequently wanting in democracies. The populace is more apt to feel than to reason; and if its present sufferings are great, it is to be feared that the still greater sufferings attendant upon defeat will be forgotten.（TDR : 248, TDS : 209, TDB : 229, TOC 1 : 233, 井中 117, 松下 98）

〔左余白に「討論不怠」と記されている。「怠」は「急」とも判読できる。〕

だがデモクラシーに最もしばしば欠けているのは，確かな判断力と啓発された経験に立脚するこの先見の明である。大衆は理性的であるよりもむしろ感情的でありやすい。そして仮にその目下の苦痛がどれほど大きくても，敗北に伴うなお一層大きな苦痛が忘却のかなたに追いやられることは，恐るべきことである。

㊵ ※THERE is one sort of patriotic attachment which principally arises from that instinctive, disinterested, and undefinable feeling which connects the affections of man with his birthplace. This natural fondness is united to a taste for ancient customs, and to a reverence for ancestral traditions of the past; those who cherish it love their country as they love the mansion of their fathers. They enjoy the tranquillity which it affords them; they cling to the peaceful habits which they have contracted within its bosom; they are attached to the reminiscences which it awakens, and they are even pleased by the state of obedience in which they are placed. This patriotism is sometimes stimulated by religious enthusiasm, and then it is capable of making the most prodigious efforts. It is in itself a kind of religion: it does not reason, but it acts from the impulse of faith and of sentiment. By some nations the monarch has been

regarded as a personification of the country; and the fervour of patriotism being converted into the fervour of loyalty, they took a sympathetic pride in his conquests, and gloried in his power. At one time, under the ancient monarchy, the French felt a sort of satisfaction in the sense of their dependance upon the arbitrary pleasure of their king, and they were wont to say with pride: "We are the subjects of the most powerful king in the world." (TDR : 262, TDS : 222-23, TDB : 241-42, TOC 1 : 245-46, 井中 139, 松下 119)

人の愛着をその出生地に結びつける，例の本能的で公平無私にして定義し難き感情から生ずるある種の愛国心がある。この生まれながらにもっている愛着心は，古来の習慣に対する好み，及び過去に関する祖先伝来のいい伝えに結びつけられている。それを大事にする人々は，その父の邸宅を自らが愛するのと同様に，その国を愛するのである。彼らはそれが彼らにもたらす平安を楽しむ。彼らはその胸の内につきまとっている平隠な習性に執着する。彼らはそれが呼び起こす懐古に愛着を抱く。そうして彼らは服従を要求する国にすら自分が住んでいるので満足しているのである。この愛国心なるものは時には宗教的熱狂によって高揚される。このとき愛国心は最も驚異的な力を発揮することができるのである。それはそれ自体一種の宗教である。すなわち愛国心は理性を行使することからではなくて，信仰の，そして感情の衝動からおこるのである。いくつかの諸国民は君主をその国の化身とみなしてきている。そうして愛国心の熱情が忠誠の熱情に転化されることによって，彼らは君主の征服に共感的な誇りを示して，君主の権勢を自慢するのである。かつて存在した古代君主政下でフランス人は，その王の専制的欲望に自らが依存している，という自覚にある種の満足を感じていた。そして「われらは世界中で最も強い王の臣下である」と誇りをもって語るのを，彼らは常としていたのであった。

㈣　※ CHAPTER XV.

UNLIMITED POWER OF THE MAJORITY IN THE UNITED STATES, AND [I]TS CONSEQUENCES.

Natural Strength of the Majority in Democracies. —Most of the American Constitutions have increased this Strength by artificial Means. —How this has been done. —Pledged Delegates. —Moral Power of the Majority. —Opinion as to its Infallibility. —Respect for its Rights, how argumented in the United States. (TDR : 275, TDS : 235, TDB : 254, TOC 1 : 257, 井中 162, 松下 139)

第 15 章

合衆国における多数者の際限なき権力，及びその結果。

デモクラシーにおける多数者の本来の力。――アメリカの大抵の州憲法は人為的手段によってこの力を増大させている。――いかにしてこれがなされてきたのであろうか。――誓約させられた代表者。――多数者の道徳的権力。――その不可謬性に関する見解。――その権力の尊重が如何に合衆国において拡大したのであろうか。

㊃ ※HOW THE UNLIMITED POWER OF THE MAJORITY INCREASES, IN AMERICA THE INSTABILITY OF LEGISLATION AND THE ADMINISTRATION INHERENT IN DEMOCRACY.

The Americans increase the mutability of the Laws which is inherent in Democracy by changing the Legislature every Year, and by vesting it with unbounded Authority. —The same Effect is produced upon the Administration. —In America social Melioration is conducted more energetically, but less perseveringly, than in Europe.（TDR：278，TDS：238，TDB：257，TOC 1：259，井中 167，松下 143）

アメリカでは，多数者の際限なき権力がデモクラシーに本来備わっている立法，及び行政の不安定を如何に拡大するのであろうか。

アメリカ人はデモクラシーに本来備わっている法の有為転変性を，年ごとに立法者を交代させることによって，及び立法者にはほとんど無制限の権威を付与することによって，拡大させている。——同様な結果は行政においても生み出される。——アメリカでは社会的改良はヨーロッパにおけるよりも精力的に行われるが，持続的ではない。

㊃ POWER EXERCISED BY THE MAJORITY IN AMERICA UPON OPINION.

In America, when the Majority has once irrevocably decided a Question, all Discussion ceases. —Reason of this. —Moral Power exercised by the Majority upon Opinion. —Democratic Republics have deprived Despotism of its physical Instrument. —Their Despotism sways the Minds of Men.

It is in the examination of the display of public opinion in the United States, that we clearly perceive how far the power of the majority surpasses all the powers with which we are acquainted in Europe. Intellectual principles exercise an influence which is so invisible and often so inappreciable, that they battle the toils of oppression. At the present time the most absolute monarchs in Europe are unable to prevent certain nations, which are opposed to their authority, from circulating in secret throughout their dominions, and even in their courts. Such is not the case in America; so long as the majority is still undecided, discussion is carried on; but as soon as its decision is irrevocably pronounced, a submissive silence is observed; and the friends, as well as the opponents of the measure, unite in assenting to its propriety. The reason of this is perfectly clear: no monarch is so absolute as to combine all the powers of society in his own hands, and to conquer all opposition, with the energy of a majority, which is invested with the right of making and of executing the laws.〔頁折〕（TDR：284，TDS：244，TDB：263，TOC 1：265–66，井中 178–79，松下 152–

53）

アメリカにおける多数者の世論に及ぼす権力。

アメリカにおける多数者がある問題を取り消さないと一度決定するならば，すべての討論は停止する。――この理由。――多数者の世論に及ぼす道徳的権力。――民主共和政はその物的手段の専制に適合してきた。――それらの専制は人々の精神を支配している。

多数者の権力がヨーロッパにおいて知られているあらゆる権力に比してどの位優越しているかを，われわれが明確に了解するのは，合衆国における世論の顕示を検討することによってである。知性の原理が影響力を行使はするけれども，その影響力は目に見えなくて，しかもしばしば捉え難いものであるゆえ，圧政という戦いと戦っている位である。今日のヨーロッパの大抵の専制君主たちは，その権威に抵抗するある種の観念が自らの支配に，そして宮廷内ですら内密に流布しているのを禁止することができないのである。多数者が依然として疑いの念を抱いている限り討論は続く。しかし一旦その議決が取り返しのつかないように下されると，直ちに従順な沈黙が認められ，しかもその議案の議決の反対者も賛成者もその議決の適切さに一致して同意するのである。この理由は全く自明である。法を作り，かつ執行する権利を付与されている多数者の勢力を以てすれば，社会のあらゆる権力を己れ自身の手中下において，なおあらゆる抵抗を制圧する程の絶対的な君主は，存在の余地がないのである。

㊹ CHAPTER XVI.

※CAUSES WHICH MITIGATE THE TYRANNY OF THE MAJORITY IN THE UNITED STATES.

〔原文のライン〕

ABSENCE OF CENTRAL ADMINISTRATION.

The national Majority does not pretend to conduct all Business. —Is obliged to employ the town and county Magistrates to execute its supreme Decisions.

（TDR：295，TDS：252，TDB：271，TOC 1：273，井中 193，松下 166）

第 16 章　合衆国における多数者の圧制を緩和する原因

中央集権化された行政の欠如。

国民の多数者はすべての仕事を行おうとはしない。――その最高権威の決断としての意思を執行するために，町，及び郡の首長たちを雇わざるをえない。

㊺ Men who have more especially devoted themselves to legal pursuits, derive from those occupations certain habits of order, a taste for formalities, and a kind of instinctive regard for the regular connexion of ideas, which naturally render them very hostile to the revolutionary spirit and the unreflecting passions of the multitude[.]

The special information which lawyers derive from their studies, ensures them a separate station in society; and they constitute a sort of privileged body in the scale of intelligence. This notion of their superiority perpetually recurs to them in the practice of their profession: they are the masters of a science which is necessary, but which is not very generally known: they serve as arbiters between the citizens; and the habit of directing the blind passions of parties in litigation to their purpose, inspires them with a certain contempt for the judgement of the multitude. To this it may be added, that they naturally constitute *a body*; not by any previous understanding, or by an agreement which directs them to a common end; but the analogy of their studies and the uniformity of their proceedings, connect their minds together, as much as a common interest would combine their endeavours.

A portion of the tastes and of the habits of the aristocracy may consequently be discovered in the characters of men in the profession of the law. They participate in the same instinctive love of order and of formalities; and they entertain the same repugnance to the actions of the multitude, and the same secret contempt of the government of the people. I do not mean to say that the natural propensities of lawyers are sufficiently strong to sway them irre sistibly [*sic*]; for they, like most other men, are governed by their private interests and the advantages of the moment.

In a state of society in which the members of the legal profession are prevented from holding that rank in the political world which they enjoy in private life, we may rest assured that they will be the foremost agents of revolution. But it must then be inquired whether the cause which induces them to innovate and to destroy is accidental, or whether it belongs to some lasting purpose which they entertain. It is true that lawyers mainly contributed to the overthrow of the French monarchy in 1789; but it remains to be seen whether they acted thus because they had studied the laws, or because they were prohibited from co-operating in the work of legislation.（TDR : 298, TDS : 254–55, TDB : 273–74, TOC 1 : 275–76, 井中 197–98, 松下 170–71）

〔頁の左下余白に「ローヤルハ自カラ貴族ノ風アリ」とメモされた和紙が貼付されている〕

とりわけ格別に法の研究に身を捧げている人々は，それに従事していることから，秩序に対する疑問の余地のない習慣，形式的手続に対する委細な眼，そして合法的見解にある種の本能的関心を身につけている。このことが彼らを自然に民衆の革命的情熱，及び無分別な情熱に強く反対させているのである。

法を学ぶことによって身につける専門知識によって，法曹は世間にあって独立した

身分を保障されている。しかも彼らは知識階級の中である種の団体を設立している。この彼らの優越意識は，その職の業務に従事しているとき，絶えずくり返して彼らの心に浮かぶのである。つまり彼らは必要ではあるが余り一般に知られていない学問の精通者なのである。したがって彼らは市民の間にあって仲裁人として勤務する。そして訴訟において，当事者の曖昧な感情を彼らの目的に仕向ける習慣が，彼らに民衆の判断力に対する疑問の余地のない軽蔑の念を抱かせるのである。これに加えて彼らは本来的に「団体」を構成するが，それは何ら前もった約束によってではなく，あるいは彼らを共通の目的に向けさせる合意によってではなく，共通の利益が彼らの努力を一つにするのと同じように，彼らの調査研究の類似性，並びに彼らの訴訟手続きの画一性が，彼らの心を共通に結びつけるのである。

その結果，貴族の趣味，及び習慣の一部が法を職業とする人々の気質の中に見出されるのである。彼らは秩序，及び形式的儀式についての貴族と同じ本能的愛を持っているのである。しかも彼らは民衆の行為に対して貴族と同じ嫌悪を，さらに人民の統治に対して貴族と同じ秘かな軽蔑心を抱いているのである。私は法曹の本来の性癖が，止むなく自分を一方に傾けさせるのに極めて得意である，といっているのではない。というのは，他の多くの人々と同様，彼らは私利，及び当面の利益に支配されているからである。

ある社会状態の下では，法を職業とする人々が，私的生活で享有しているあの地位を政治の世界で占めることはできない。彼らが革命運動の先鋭分子になる，ということをわれわれは自信を持って見極めることができるのである。けれどもその場合，彼らを社会にあって革新運動や破壊活動に駆りたてている原因が偶然的なものかどうか，ということが尋ねられなければならない。1789年のフランス君主制の転覆にあたって，法律家たちが主役として参加した，ということは本当である。しかし彼らがそのように行動したのは，彼らが法を研究してきたがゆえなのか，それとも法を作ることを禁止されていたがゆえなのかどうか，ということが依然として検討されなければならない。

(四) Five hundred years ago the English nobles headed the people, and spoke in its name; at the present time, the aristocracy supports the throne, and defends the royal prerogative. But aristocracy has, notwithstanding this, its peculiar instincts and propensities. We must be careful not to confound isolated members of a body with the body itself. In all free governments, whatsoever form they may be, members of the legal profession will be found at the head of all parties. The same remark is also applicable to the #aristocracy; for almost all the democratic convulsions which have agitated the world have been directed by nobles.

A privileged body can never satisfy the ambition of all its members; it has always more talents and more passions than it can find places to content and to

employ; so that a considerable number of individuals are usually to be met with, who are inclined to attack those very privileges, which they find it impossible to turn to their own account.（TDR : 299, TDS : 255, TDB : 274, TOC 1 : 276, 井中 198–99, 松下 171–72）

500年前，イングランドの貴族たちは人民の先頭に立ち，人民の名において発言していたが，今日では貴族階級は王座を支え，しかも国王大権を擁護している。しかし貴族はそれにも拘らずその固有の本能と性向とをもっている。われわれは集団における個々の成員と集団自体とを混同しないように注意しなければならない。すべての自由な政体においては，その形態如何を問わず，法曹界のメンバーがすべての政党の首脳となるであろう。同様な見解は貴族階級にもあてはまる。というのは世界を動かしてきているほとんどすべての民主的変動は，貴族たちによって指導されてきているからである。

特権集団はそのメンバーのすべての野心を決して満足させえない。それは常に用いられるべき場を見い出し得る以上の，より多くの才能とより多くの情念をもっている。だから己れ自身に活用することが不可能であると知っている，正にそれらの特権を攻撃しようとする諸個人の中の少からぬ数に達している特権集団のメンバーに通常出くわすのである。

㉒ The institution of the jury, if confined to criminal causes, is always in danger; but when once it is introduced into civil proceedings, it defies the aggressions of time and of man. If it had been as easy to remove the jury from the manners as from the laws of England, it would have perished under Henry VIII. and Elizabeth; and the civil jury did in reality, at that period, save the liberties of the country. In whatever manner the jury be applied, it cannot fail to exercise a powerful influence upon the national character; but this influence is prodigiously increased when it is introduced into civil causes. # The jury, and more especially the civil jury, serves to communicate the spirit of the judges to the minds of all the citizens; and this spirit, with the habits which attend it, is the soundest preparation for free institutions. It imbues all classes with a respect for the thing judged, and with the notion of right. If these two elements be removed, the love of independence is reduced to a mere destructive passion. It teaches men to practise equity; every man learns to judge his neighbour as he would himself be judged: and this is especially true of the jury in civil causes; for, while the number of persons who have reason to apprehend a criminal prosecution is small, every one is liable to have a civil action brought against him. The jury teaches every man not to recoil before the responsibility of his own actions, and impresses him with that manly confidence without which political virtue cannot exist. It invests each citizen with a kind of magistracy; it

makes them all feel the duties which they are bound to discharge toward society; and the part which they take in the government. By oblging men to turn 〔t〕heir attention to affairs which are not exclu-/sively their own, it rubs off that individual egotism which is the rust of society.（TDR : 311–12, TDS : 265–66, TDB : 282–83, TOC 1 : 285–86, 井中 214–15, 松下 186–88）

陪審制度が刑事訴訟に限定される場合，通常それは危機に瀕する。しかし一度それが民事上の案件に導入されるならば，それは時間と人間との介入を無視する。もし陪審がイングランドの法からと同様，生活様式からも容易に払拭されていたならば，それはヘンリー八世やエリザベスの下で無力化していたであろう。ついでに付け加えていえば，そのとき本当にその国の自由を救出したのは他ならぬ民事陪審であった。どの様にであれ陪審が適用されれば，それは国民性に強烈な影響を及ぼさざるをえない。しかもこの影響は，陪審が民事訴訟に導入されるとき，驚異的に増大する。陪審，ことに民事陪審はすべての市民の心に裁判官の精神を伝えるのに役立つ。そうして陪審に参列する習慣になって身につく精神は，自由な諸制度のための手堅い準備となるのである。陪審はすべての階級に，裁判された事柄についての関心と権利についての考えとを染み込ませる。もしこれらの二つの要素が余儀なく取り除かれるならば，不羈独立への愛好はたんなる破壊的熱情に解消される。陪審は人々に公明正大に振るまうことを教える。だれでも自分自身が裁かれるように自らの隣人を裁くことができるようになる。そしてこれは特に民事訴訟の陪審についていえるのである。というのは刑事訴追を理解する理性を有している人数は少いのに比し，誰もが訴訟を受けもつ義務をそれは負っているからである。陪審はすべての人に，自分の訴訟についての責任を前にして後ずさりしないことを教える。そして人間にあの男性的な信頼の念を銘記させるのであって，これがないところに政治的美徳はありえない。陪審は各々の市民に一種の治安判事職を授けるのであり，各々の市民のすべてに，自分が社会の為に尽くす義務，及び自分が社会の統治に参加しているとの感情を喚起させるのである。人々に自分自身よりも他人の諸事に自分の留意を向けさせることを余儀なくさせることによって，陪審は社会の錆たるあの個々の利己主義をすり落とすのである。

㈣　# What I have hitherto said applies to all nations; but the remark I am now about to make is peculiar to the Americans and to democratic peoples. I have already observed that in democracies the members of the legal profession, and the magistrates, constitute the only aristocratic body which can check the irregularities of the people. This aristocracy is invested with no physical power; but it exercises its conservative influence upon the minds of men: and the most abundant source of its authority is the institution of the civil jury. In criminal causes, when society is armed against a single individual, the jury is apt to look upon the judge as the passive instrument of social power, and to mistrust his advice. Moreover, criminal causes are entirely founded upon the evidence of

facts which common sense can readily appreciate; upon this ground the judge and the jury are equal. Such, however, is not the case in civil causes; then the judge appears as a disinterested arbiter between the conflicting passions of the parties. The jurors look up to him with confidence, and listen to him with respect, for in this instance their intelligence is completely under the control of his learning. It is the judge who sums up the various arguments with which their memory has been wearied out, and who guides them/through the devious course of the proceedings; he points their attention to the exact question of fact, which they are called upon to solve, and he puts the answer to the question of law into their mouths. His influence upon their verdict is almost unlimited.（TDR : 312–13, TDS : 266–67, TDB : 285–86, TOC 1 : 286–87, 井中 216–17, 松下 189–90）

以上述べた〔陪審制度の効用〕はすべての国民にあてはまる。しかし私がいまここで正に述べる見解は，アメリカ人，及び民主的人民に固有なものである。私はすでに，デモクラシー下では法曹の成員と治安判事とが人民の不正を検査する唯一のアリストクラティックな集団を構成する，と述べてきた。この貴族は何ら物理的権力を付与されてはいない。けれどもそれはその保守的な影響を人々の精神に及ぼす。またその権威の最も多くの源泉は民事陪審の制度である。刑事訴訟で社会がたった一人の個人と争うとき，陪審員は裁判官を社会的権力の言いなりになる手先と看做しがちであり，かつその助言を疑いがちである。さらに刑事訴訟では，常識によって容易に判定可能な証拠物件に完全な根拠が置かれている。この根拠に立脚すれば裁判官と陪審員は対等である。このようなことは然しながら民事訴訟の場合にはみられない。この場合，裁判官は当事者同士の情念の争いの間にあって，公平な仲裁者として現われる。陪審員は信頼の念を以て彼を見上げ，そして敬意を表して彼に傾聴する。というのはこの場合，陪審員たちの知性が裁判官の学識の支配を完全に受けるからである。陪審員たちが記憶するのにあきあきする様々な議論を要約するのは，また訴訟手続きの迂路を抜けて陪審員たちを案内するのは，他ならぬ裁判官なのである。裁判官は陪審員たちが決着をつけるために要求される事実に関する的確な問題点に，陪審員たちの注意を喚起させる。そして裁判官は陪審員たちに，法に関する質問の解答をいわせるのである。陪審員たちの評決に対する裁判官の影響力はほとんど限りがないのである。

㊼　※ ACCIDENTAL OR PROVIDENTIAL CAUSES WHICH CONTRIBUTE TO THE MAINTENANCE OF THE DEMOCRATIC REPUBLIC IN THE UNITED STATES.

〔T〕he Union has no Neighbours. —No Metropolis. —The Americans have had no Chances of Birth in their Favour. —America an empty Country. —How this Circumstance contributes powerfully to the Maintnance of the democratic Republic of America. —How the American Wilds are Peopled. —Avidity of the

Anglo-Americans in taking Possession of the Solitudes of the New World.—Influence of physical Prosperity upon the political Opinions of the Americans.（TDR : 316, TDS : 269, TDB : 288, TOC 1 : 290, 井中 224, 松下 193）

合衆国において民主的共和政の維持に貢献している偶然的ないし摂理的諸原因。

連邦には隣国がない。——大首都がない。——アメリカ人はその恩寵にあって生まれながらの運をもっていない。——アメリカは人が住んでいない地方であった。——この環境がアメリカの民主的共和政の維持にいかに強力に役立っているのであろうか。——アメリカの荒野はいかにして植民されるであろうか。——新世界を占有していたイギリス系アメリカ人の貪欲。——アメリカ人の政治的意見にみられる物質的繁栄の影響。

㊄ In Europe we are wont to look upon a restless disposition, an unbounded desire of riches, and an excessive love of independence, as propensities very formidable to society. Yet these are the very elements which ensure a long and peaceful duration to the republics of America. Without these unquiet passions the population would/collect in certain spots, and would soon be subject to wants like those of the Old World, which it is difficult to satisfy; for such is the present good fortune of the New World, that the vices of its inhabitants are scarcely less favourable to society than their virtues. These circumstances exercise a great influence on the estimation in which human actions are held in the two hemispheres. The Americans frequently term what we should call cupidity a laudable industry; and they blame as faint-heartedness what we consider to be the virtue of moderate desires.（TDR : 323–24, TDS : 276–77, TDB : 296, TOC 1 : 297, 井中 236–37, 松下 205–06）

〔後頁右下余白に「不徳モ亦社會ニ益ヲ為ス」とメモされた和紙が貼付されている〕

ヨーロッパにいるわれわれは，じっとしていられない気質，富への際限なき欲望，そして独立へのある極端な愛好を，社会にとって極めて恐るべき資質，と通常みなしている。だがこれはアメリカの諸州にとっては，延々と続く平和な期間を保障する要素そのものなのである。もしこれら落着き無き情熱がなければ，住民は特定の場所に集中するであろう。そしてすぐさま満足し難い旧世界の欲望と同じ欲望を受けるのであろう。というのは，新世界の正にあるところの幸運は，その居住者の悪徳がその悪徳に劣らず社会にとって利益となるからである。これらの事情は二つの半球における人間行動の把握様式に重大な影響を及ぼしている。われわれが貪欲と称するものをアメリカ人はしばしば賞讃に価する勤勉と名づけている。そしてわれわれが程々の望みとして美徳であると考えているものを，彼らは気が弱いとして非難するのである。

㊅ The American republics of the present day are like companies of adventurers, formed to explore in common the waste lands of the New World, and busied in a flourishing trade. The passions which agitate the Americans most

deeply, are not their political, but their commercial passions; or, to speak more correctly, they introduce the habits they contract in business into their political life. They love order, without which affairs do not prosper; and they set an especial value upon a regular conduct, which is the foundation of a solid business: they prefer the good sense which amasses large fortunes, to that enterprising spirits which frequently dissipates them, general ideas alarm their minds, which are accustomed to positive calculations; and they hold practice in more honour than theory.

It is in America that one learns to understand the influence which physical prosperity exercises over political actions, and even over opinions which ought to acknowledge no sway but that of reason; and it is more especially among strangers that this truth is perceptible.（TDR : 323-24, TDS : 277-78, TDB : 297, TOC 1 : 298, 井中 238-39, 松下 207-08）

〔頁右下余白に「肉体ノ変化ヨク人ノ心事ヲ変ス」とメモされた和紙が貼付されている〕

共和制をとっている今日のアメリカの諸州は，新世界の荒地を共同で開発するために作られ，そして商売が繁昌している冒険家の会社の様である。アメリカ人を最も強く動かしている情熱は，政治的なるものではなくて商業的情熱である。あるいはより一層正しく考えれば，彼らは自らが商取引で交わしている習慣をその政治生活に導入しているのである。彼らは秩序を愛する。これがなければ事業は繁栄しない。それは賢実な商取引の基礎なのである。彼らはしばしば大財産を浪費するあの進取的勇気よりも，むしろ大財産を蓄積する良識を選ぶ。世間通常の見解が実際的計算に慣れている彼らの意向に危険を報らせ，しかも彼らは徳義上，理論よりも実践を奉ずるのである。

アメリカにおいてこそ，政治活動に対して，及び理性に立脚していると認めざるをえない見識に対して，物質的繁栄が振舞っている影響力を，人は理解するようになるのである。そうしてこの真理が認められるのはとりわけ新来者たちの間においてである。

㊂ I think that the catholic religion has erroneously been looked upon as the natural enemy of democracy. Among the various sects of Christians, catholicism seems to me, on the contrary, to be one of those which are most favourable to the equality of conditions./In the catholic church, the religious community is composed of only two elements; the priest and the people. The priest alone rises above the rank of his flock, and all below him are equal.

On doctrinal points the catholic faith places all human capacities upon the same level; it subjects the wise and the ignorant, the man of genius and the vulgar crowd, to the details of the same creed; it imposes the same observances

upon the rich and the needy, it inflicts the same austerities upon the strong and the weak, it listens to no compromises with mortal man, but reducing all the human race to the same standard, it confounds all the distinctions of society at the foot of the same altar, even as they are confounded in the sight of God. If catholicism predisposes the faithful to obedience, it certainly does not prepare them for inequality; but the contrary may be said of protestantism, which generally tends to make men independent, more than to render them equal.

Catholicism is like an absolute monarchy; if the sovereign be removed, all the other classes of society are more equal than they are in republics. It has not unfrequently occurred that the catholic priest has left the service of the altar to mix with the governing powers of society, and to make his place among the civil gradations of men. This religious influence has sometimes been used to secure the interests of that political state of things to which he belonged. At other times a catholics have taken the side of aristocracy from a spirit of religion.（TDR：328-29，TDS：281-82，TDB：300-01，井中 247-48，松下 212-14）

カトリックという宗教はデモクラシーの生まれながらの敵であるという誤まった見方がされてきている，と私は考える。様々なキリスト教徒のセクトの中でもカトリシズムは，それどころか人々の間に在って諸条件の平等に対して最も好都合なものの一つである，と私にはみえる。カトリック教会では宗教社会が二つの要素，すなわち司祭と世俗の人々のみによって構成されている。司祭のみがその信者の上に位し，彼の下に位するすべてのものは平等である。

教義の特徴から，カトリックの教えはすべて人間の能力を同一水準においている。それは賢い人も愚かな人も，天才も烏合の衆も，詳細に亙る同一の信仰上の決まりの下に捉えている。それは同一の規律を富裕な人にも貧しき人にもおわせている。それは同一の禁欲生活を強き人にも弱き人にも科している。それは死すべき運命をもっている人間との妥協に決して耳を傾けない。しかもすべての人類を同一の規範に従わせることによって，恰かも社会上のすべての差別が神の意向に適って破られるが如く，同一の祭壇の下で社会上のすべての差別をそれは破壊するのである。カトリシズムが仮にも信者たちに服従を好むように仕向けるとしても，それは確かに彼らを不平等化させるための下ごしらえをするものではない。しかしプロテスタンティズムについてはその反対がいえるのかもしれない。それは一般に，人々を平等にするよりも，むしろ人々を独立させるのに役立っているのである。

カトリシズムは専制君主政体の様なものである。もし主権者たる君主を取り除けば，社会の他のすべての階級は共和政体下よりもむしろ平等である。カトリックの司祭が祭壇の礼拝をあとにしたことも少なからず起きていた。それは社会上の諸権力を支配することに係わるためであったし，世間の人々の間にみられる社会的位相の中で，その地位を得るためであった。この宗教的影響力は，自己が属しているあの政治秩序か

らくる利益を確保するために，時々使われてきた。カトリックはまたあるときは宗教的精神からして貴族の側に立っていた。

㈢ PRINCIPAL CAUSES WHICH RENDER RELIGION POWERFUL IN AMERICA

※Care taken by the Americans to separate the Church from the State. — The laws, public Opinion, and even the Exertions of the Clergy concur to promote this end. —Influence of Religion upon the Mind, in the United States, attributable to this Cause. —Reason of this. —What is the natural State of Men with regard to Religion at the present Time. —What are the peculiar and incidental Causes which prevent Men, in certain Countries, from arriving at this State. （TDR : 336, TDS : 289, TDB : 308, TOC 1 : 308, 井中 260, 松下 225）

アメリカで宗教を強力なものとしている主要原因

アメリカ人が教会を国家より切り離すためにとっている配慮。――法，世論，そして努力をおしまない聖職者はこの目的を遂行するために協力しあっている。――合衆国において精神に与える宗教の影響はこの原因に起因する。――この理由。――今日，宗教についての人々の自然な状態とは何であろうか。――人々をこの状態に至らないようにしている独特にして偶然的原因は，ある種の国々においては何であろうか。

㈣ ※ The short space of threescore years can never content the imagination of man; nor can the imperfect joys of this world satisfy his heart. Man alone, of all created beings, displays a natural contempt of existence, and yet a boundless desire to exist; he scorns life, but he dreads annihilation. These different feelings incessantly urge his soul to the contemplation of a future state, and religion directs his musings thither. Religion, then, is simply another form of hope; and it is no less natural to the human heart than hope itself. Men cannot abandon their religious faith without a kind of aberration of intellect, and a sort of violent distortion of their true natures; but they are invincibly brought back to more pious sentiments; for unbelief is an accident, and faith is the only permanent state of mankind. If we only consider religious institutions in a purely human point of view, they may be said to derive an inexhaustible element of strength from man himself, since they belong to one of the constituent principles of human nature. （TDR : 338, TDS : 390-91, TDB : 309-10, TOC 1 : 310, 井中 263, 松下 228）

60 年という短い生涯が人間の構想力に充全さを与える，ということは決してありえない。それどころかこの世での不充分な喜びすら人間の心を満たさない。あらゆる被造物の中で人間のみが生存について当然とも思える軽蔑の念を顕わにする。それでいて生きようとする際限なき欲望をみせる。彼は人生をさげすむ。しかし彼は消滅に恐れおののく。これらの異なった感情が絶え間なく人間の魂を死後の状態についての

黙想に駆り立てる。そうして宗教は人間の物思いをあの世に導く。したがってそれはたんに希望についてのもう一つの姿なのである。そしてそれは希望そのものに劣らず人間の心にとって生来的なものなのである。人間はある種の知的倒錯，並びにその本性についての一種の極端ともいえる歪みがあって始めて，その宗教心を棄てきることができる。しかし人間はより敬虔な心に打ち勝ち難く呼び戻されるのである。というのは，不信心は偶然的なものであるが，信心は容易にくずれない人間たるものが有する心の状態だからである。もしわれわれが宗教の諸制度を純粋に人間の観点からのみ考察するならば，それらは人間自身から道徳心の尽きることなき基本的要素を引き出している，といえそうである。というのは，それらは人間本性の構成原理の一つに属するからである。

㊲ ※The two great dangers which threaten the existence of religions are schism and indifference. In ages of fervent devotion, men sometimes abandon their religion, but they only shake it off in order to adopt another. Their faith changes the objects to which it is directed, but it suffers no decline. The old religion, then, excites enthusiastic attachment or bitter enmity in either party; some leave it with anger, others cling to it with increased devotedness, and although persuasions differ, irreligion is unknown. Such, however, is not the case when a religious belief is secretly undermined by doctrines which may be termed negative, since they deny the truth of one religion without affirming that of any other. Prodigious revolutions then take place in the human mind, without the apparent co-operation of the passions of man, and almost without his knowledge. Men lose the objects of their fondest hopes, as if through forgetfulness. They are carried away by an imperceptible current which they have not the courage to stem, but which they follow with regret, since it bears them from a faith they love, to a skepticism that plunges them into despair. (TDR : 341，TDS : 293，TDB : 312，TOC 1 : 313，井中 268，松下 233)

宗教の存在を脅かす二つの大きな危険は，分裂と無関心である。熱烈極まる信仰の時代に，人々は時にその宗教を見捨てる。だか彼らは他の宗教を受入れるためにそれを振り切るのみである。彼らの信仰はその信仰対象を変えるが，自己の信仰を何ら克服しているわけではない。この場合，古い宗教は熱狂的愛着，あるいは陰惨極まる憎悪をいずれかの派において奮い立たせているのである。あるものは怒を以て古い宗教を放棄し，他のものは高揚する熱愛を以て古い宗教に執着している。そして仮令，宗旨が異なっていても，無宗教というものは知られていない。けれども否定的と称しうる教義によって徐々にゆっくりと敬虔な信心が害される場合が，そうであるというわけではない。というのは，教義というものは他のいかなる宗教の真理を確言することなくして，一つの宗教の真理を認めることはないからである。このとき明確な人間の情熱による助けもなく，さらにほとんどわきまえを欠いたままの人間の心に巨大な革

命が起こる。人々は恰も健忘症を患ったかの如く，彼らが盲信的希望を託していた対象を失う。彼らは目に見えない流れに押し流される。彼らはその流れを食い止める勇気を持っていないどころか，彼らは後悔の念をもってその流れに従うのである。というのは，自ら愛している信仰より，自らを絶望に追いやる懐疑に人々が陥るように，目に見えない流れが働くからである。

(三六)　# In ages which answer to this description, men desert their religious opinions from lukewarmness rather than from dislike; they do not reject them, but the sentiments by which they were once fostered disappear. But if the unbeliever does not admit religion to be true, he still considers it useful. Regarding religious institutions in a human point of view, he acknowledges their influence upon manners and legislation. He admits that they may serve to make men live in peace with one another, and to prepare them gently for the hour of death. He regrets the faith which he has/lost; and as he is deprived of a treasure which he has learned to estimate at its full + value, he scruples to take it from those who still possess it.（TDR : 341-42，TDS : 293-94，TDB : 313，TOC 1 : 313，井中 269，松下 233-34）

以上の叙述のような時代では，人々はその宗教心を嫌悪感よりも，むしろ倦怠感によって放棄している。彼らが宗教心を拒否するのではなく，それを心に抱かせた感情が消滅したのである。だが，不信心者が真実である宗教を害しないにしろ，彼は依然としてその宗教を有用なものとみなしている。人間的観点から宗教団体をみることによって，不信心者は行儀や立法にその宗教の影響を認めている。宗教団体が人々を互いに平和に生活させ，しかも人々に死に時の覚悟を悟らせる，ということを彼は容認している。彼は自分が失っている信心を悔む。そして彼はある宝物に最大限の価値を見積ることを学びながら，その宝物を失うときのように，依然として信心をもっている人々から信心を取り上げることに対して，彼は良心の咎めを感じるのである。

(三七)　# What I have said of New England must not, however, be applied indiscriminately to the whole Union: as we advance toward the west or the south, the instruction of the people diminishes. In the states which are adjacent to the Gulf of Mexico, a certain number of individuals may be found, as in our own countries, who are devoid of the rudiments of instruction. But there is not a single district in the United States sunk in complete ignorance; and for a very simple reason; the peoples of Europe started from the darkness of a barbarous condition, to advance toward the light of civilization; their progress has been unequal; some of them have improved apace, while others have loitered in their course, and some have stopped, and are still sleeping upon the way.（TDR : 345，TDS : 297，TDB : 316，TOC 1 : 316，井中 276，松下 239）

しかしながら，私がニュー・イングランドについて論じてきたことを，見境いなく

連邦全体に適用してはいけない。われわれが西部ないし南部に進むにつれて人民の教育程度は低下するからである。メキシコ湾に隣接している諸州では，われわれ自身の国〔ヨーロッパ諸国〕と同様に，初歩的教育を欠いている相当数の人々がいる。しかし合衆国では，まったく無知に陥っているただ一つの地域もない。そうしてそれは極めて簡単な理由のためである。すなわちヨーロッパの人民は野蛮状態の暗さから抜け出して文明の光明へと進んだ。だが彼らの進歩は均等ではなく，そのあるものは急速に進歩し，他のものはその過程においてぶらぶらしており，またあるものはその途上にあって依然として眠っているのである。

㊺ If the laws of the United States were the only imaginable democratic laws, or the most perfect which it is possible to conceive, I should admit that the success of those institutions affords no proof of the success of democratic institutions in general, in a country less favoured by natural circumstances. But as the laws of America appear to me to be defective in several respects, and as I can readily imagine others of the same general nature, the peculiar advantages of that country #do not prove that democratic institutions cannot succeed in a nation less favoured by circumstances, if ruled by better laws. (TDR : 354, TDS : 305, TDB : 324, TOC 1 : 324, 井中 290, 松下 252–53)

仮に合衆国の諸法が想像しうる唯一の民主的な法であり，あるいは考えうる最も完全なものであるとしても，アメリカにおけるその成功が，自然環境により恵まれていない国においても同様に民主的諸制度は一般的に成功する，という説明にはならない，と私は認めざるをえない。だがアメリカの諸法が様々な点において欠点がある，と私に思われたとしても，そして概して同じ自然下にある別のものを直ちに想像するとしても，よりよい法によって支配されてはいるが環境にはより恵まれていない国において民主的諸制度は成功しえないと，この国のことの他の強みが立証しはしないのである。

㊻ IMPORTANCE OF WHAT PRECEDES WITH RESPECT TO THE STATE
※OF EUROPE.

IT may readily be discovered with what intention I undertook the foregoing inquiries. The question here discussed is interesting not only to the United States, but to the whole world; it concerns, not a nation, but all manking. If those nations whose social condition is democratic could only remain free as long as they are inhabitants of the wilds, we could not but despair of the future destiny of the human race; for democracy is rapidly acquiring a more extended sway, and the wilds are gradually peopled with men. If it were true that laws and manners are insufficient to maintain democratic institutions, what refuge would remain open to the notions except the despotism of a single individual? I

am aware that there are many worthy persons at the present time who are not alarmed at this latter alternative, and who are so tired of liberty as to be glad of repose, far from those storms by which it is attended. But these individuals are ill acquainted with the haven to which they are bound. They are so deluded by their recollections, as to judge the tendency of absolute power by what it was formerly, and not by what it might become at the present time.（TDR：356, TDS：307-08，TDB：326，TOC 1：326，井中 293，松下 256）

ヨーロッパの国家についても前述した所論は重要である。

私が上述の如き研究に着手した意図が何であったかはたやすく理解されよう。ここで論じられた問題は合衆国ばかりでなく，全世界においても興味深いものである。それは一国民ではなく，すべての人類に関係しているのである。もし，社会状態が民主的であった諸国民が未開地に住民として住む限りにおいてのみ自由である，とするならば，われわれは人類の来たるべき運命に対して望みを失わないとはいえないであろう。というのは，デモクラシーは急速にしかもより一層広範囲にわたって支配権を獲得しているし，さらに未開地は次第に人々で満たされているからである。法と生活様式は民主的諸制度を維持するのには不十分である，というのが仮にも真実であるとするならば，唯一個人の専制政治以外に如何なる逃げ場が民主的諸制度の思想に対して開かれているのであろうか。この後者の選択に驚くことなく，自由に飽き飽きしたので自由に伴う嵐から遠ざかって安逸さを楽しむ，という多くの有為な人々が現にいるということに私は気が付いている。しかし，これらの人々は自分たちが行き着く港に気付いていない。彼らは自分たちの思い出に惑わされているので，往古の絶対的権力であったものによって絶対的権力の性向を判断しているのであって，現在の絶対的権力が成り得るものによってではないのである。

㈢ ※While the nobles enjoyed their power, and indeed long after that power was lost, the honour of aristocracy conferred an extraordinary degree of force upon their personal opposition. They afforded instances of men who, notwithstanding their weakness, still entertained a high opinion of their personal value, and dared to cope single-handed with the efforts of the public authority. But at the present day, when all ranks are more and more confounded, when the individual disappears in the throng, and is easily lost in the midst of a common obscurity, when the honour of monarchy has almost lost its empire wihtout being succeeded by public virtue, and when nothing can enable man to rise above himself, who shall say at what point the exigencies of power and servility of weakness will stop?（TDR：358，TDS：309，TDB：327-28，TOC 1：327-28，井中 296-97，松下 259）

貴族たちがその権力を享有している間，否それどころかその権力を消失したずっと後まで，貴族的栄誉はその個人的抵抗に異常な程の力を授けたのであった。彼らは自

らの弱さにも拘らず，依然として己れの個人的価値についての崇高な見解を抱いている人物としてその実例を提供した。そうして公権力の圧力に対して大胆にも独力で戦ったのであった。けれども今日では，すべての身分がますます破壊され，個人は群集の中に埋没し，そしてたやすく平凡な名もなき身として消え失せる。君主の栄誉は公徳によって跡継がれることなく，その絶対的支配をほとんど失っているのである。権力の要求と弱者の卑屈とがどの程度で停止するのか，一体誰が述べられようか。

㈥ It is easy to foresse that the Indians will never conform to civilization; or that it will be too late, #whenever they may be inclined to make the experiment.

※Civilazation is the result of a long social process which takes place in the same spot, and is handed down from one generation to another, each one profiting by the experience of the last. Of all nations, those submit to civilization with the most difficulty, which habitually live bythe chase. Pastoral tribes, indeed, often change their place of abode; but they follow a regular order in their migrations, and often return again to their old stations, while the dwelling of the hunter varies with that of the animals he pursues.〔同一箇所の不審紙貼付がずれたものと思われる〕（TDR : 373，TDS : 324，TDB : 342-43，TOC 1 : 342，井中 320-21，松下 280）

インディアンは決して文明に順応しようとはしないであろう。また彼らがその試みをなそうと気を起こすようなことがあるにしても，そのときは遅すぎるであろう。これらのことを見越すのはたやすい。

文明とは同一の場所において起こる長期に亙る社会的推移の結果であって，各々の世代の経験によって学びながら，一つの世代から別の世代へと遺産として伝えられるものなのである。すべての民族のなかで，文明に服するのが最も困難である民族は常に狩猟によって生活している民族である。遊牧民はなるほど頻繁にその居住地を変えるが，しかし彼らはその移住にさいしては順序にのっとっており，しばしばその古巣に再び戻ってくる。しかるに猟師の居住地は，彼が追跡する動物たちの居所によって変わるのである。

㈦ ※Independently of this general difficulty, there is another which applies peculiarly to the Indians; they consider labour not merely as an evil, but as a disgrace; so that their pride prevents them from becoming civilized, as much as their indolence. ＊（TDR : 374，TDS : 324，TDB : 343，TOC 1 : 343，井中 321-22，松下 281-82）

〔定住生活をしていないという〕この一般的障害に関係なく，インディアンに特に妥当する別の障害がある。すなわち彼らは労働をたんに邪悪と考えているばかりでなく，恥辱とも考えているのである。したがって彼らの怠惰と同じ位に，彼らの誇りが彼らの文明化を妨げているのである。

㈢ Whatever the white man wanted and asked of the Indian, the latter willingly gave. At that time the Indian was the lord, and the white man the suppliant. But now the scene has changed. The strength of the red man has become weakness. As his neighbours increased in numbers, his power became less and less, and now, of the many and poweful tribes who once covered these United States, only a few are to be seen #—a few whom a sweeping pestilence had left. The northan tribes, who were once so numerous and powerful, are now nearly extinct. Thus it has happened to the red man of America. Shall we, who are remnants, share the same fate? (TDR: 384, TDS: 334, TDB: 353, TOC 1: 353, 井中 333–34, 松下 293–94)

白人が欲し請うていたどんなものでも，インディアンは喜んで与えた。そのときインディアンは主人であった。そうして白人は嘆願者であった。しかし今では形勢が一変している。赤人の勢力は微弱となっている。彼の隣人の数が増加するにつれて，彼の権力は漸次弱体化していった。そうして今や，かつてこの合衆国を覆っていた多くの，また勢力のあった部族は，ほんのわずか見られるのみである。──それは一つの疫病を免れて残存しているわずかな数である。かつてははなはだ多く，しかも勢力があった北部の諸部族は今やほとんど絶滅している。このようなことがアメリカの赤人に起こっているのである。残されているわれわれも同じ運命を受けるのであろうか。

㈣ ※Such is the language of the Indians: their assertions are true, their forebodings inevitable. From whichever side we consider the/destinies of the aborigines of North America, their calamities appear to be irremediable: if they continue barbarous, they are forced + to retire: if they attempt to civilize their manners, the contact of a more civilized community subjects them to oppression and destitution. They perish if they continue to wander from waste to waste, and if they attempt to settle, they still must perish; the assistance of Europeans is necessary to instruct them, but the approach of Europeans corrupts and repels them into savage life; they refuse to change their habits as long as their solitudes are their own, and it is too late to change them when they are constrained to submit. (TDR: 384–85, TDS: 335, TDB: 354, TOC 1: 354, 井中 335, 松下 295–96)

以上はインディアンたちの言い分であるが，彼らの主張は本当であり，彼らの予言は不可避である。われわれが北アメリカの原住民の運命について，どのような面から考察しても，彼らの悲運は取り返しがつかないように思われる。すなわち，もし彼らが未開状態を続けるならば，彼らは退却を余儀なくされるし，もし彼らがその生活様式を文明化しようと企てるならば，より一層文明化された社会との接触が，彼らを苦悩と極貧の奴隷にする。彼らがもし不毛の荒野から不毛の荒野へとさまよい続けるならば，彼らは滅亡する。そして彼らが定住しようと企てるとしても，それでもやはり

彼らは滅亡するに相違ない。彼らを教育するヨーロッパ人の援助が必要なのである。しかしヨーロッパ人の手引は彼らを腐敗させ，未開人の生活に再び追いやってしまう。彼らの寂寥たる状態が彼ら自身のものである限り，彼らはその風習の変革を拒否する。そうして彼らが服従を余儀なくされるときにその風習を変革するのでは遅すぎるのである。

㈥ The cultivation of tobacco, of cotton, and especially #of the sugarcane, demands on the other hand, unremitting attention: and women and children are employed in it, whose services are of but little use in the cultivation of wheat. Thus slavery is naturally/more fitted to the countries from which these productions are derived.+ （TDR：400–01，TDS：350，TDB：370，TOC 1：369，井中373，松下318）

他方〔穀物に対して〕タバコ，綿，そしてとりわけ砂糖黍の栽培は，休む暇なき手入れを要する。そしてそれには女たちや子供たちが雇われる。こうした雇用は小麦栽培においてはまず考えられない。かくして奴隷制度はおのずとこれらの産物が獲れる地方においてよりふさわしいのである。

㈥ #I have previously observed that the mixed race is the true bond of union between the Europeans and the Indians; just so the mulattoes are the true means of transition between the white and the negro; so that wherever mulattoes abound, the intermixture of the two races is not impossible. In some parts of America, the/European and the negro races are so crossed by one another, that it is rare to meet with a man who is entirely black or entirely white: when they are arrived at this point, the two races may really be said to be combined; or rather to have been absorbed in a third race, which is connected with both, without being identical with either. （TDR：404–05，TDS：354，TDB：374，TOC 1：372，井中379，松木324）

混血がヨーロッパ人とインディアンとの真の結合のきずなとなることについては，先に私は述べている。同様に白黒混血児が白人とニグロとの真の変化をもたらす手段となるのである。だから白黒混血児がたくさんいるところではどこでも，その二人種の融合は不可能ではない。アメリカのある所では，ヨーロッパ人とニグロの両人種が相互に交っているので，完全な黒人ないし完全な白人といった人間に会うのが稀である。彼らがこの点にまで到るならば，二つの人種は本当に結合しているということができる。あるいはむしろ，いずれかの一方に同じではなく，両者と関係ある第三の人種として同化している，ということができるのである。

㈦ ※The pride of origin, which is natural to the English, is singularly augmented by the personal pride wihch democratic liberty fosters among the Americans: the white citizen of the United States is proud of his race, and proud of himself. But if the whites and the negroes do not intermingle in the

north of the Union, how should they mix in the south? Can it be supposed for an instant, that an American of the southern states, placed, as he must for ever be, between the white man with all his physical and moral superiority, and the negro, will ever think of preferring the latter? The Americans of the southern states have two powerful passions which will always keep them aloof; the first is the fear of being assimilated to the negroes, their former slaves; and the secound, the dread of sinking below the whites, their neighbours. (TDR: 405, TDS: 354-55, TDB: 374-75, 井中 380, 松下 325)

イングランド人に自然にして生まれながらに備わっている自尊心は，アメリカ人の間にあっては，民主的自由が助長する一人一個の自尊心とあいまって，際立って増化している。合衆国の白人市民は己れの人種に誇りを持っており，さらに自己自身に対する誇りをも持っている。だが，もし白人とニグロとが合衆国北部で交わらなければ，どうして南部で彼らは交わることができようか。肉体的かつ精神的優越性をもっている白人とニグロとにたえず監視されている南部諸州のアメリカ人が，一体全体ニグロの方がよいと思うようなことをちょっとの間でも考え得るであろうか。南部諸州のアメリカ人は自己を常にお高くする二つの強い情念を持っているのである。第一に，以前の彼らの奴隷たるニグロと同化させられることに対する不安である。そして第二に，彼らの隣人たる白人の下位に没落することに対する恐怖である。

(六) ※WHAT ARE THE CHANCES IN FAVOUR OF THE DURATION OF THE AMERICAN UNION, AND WHAT DANGERS THREATEN IT.

Reasons why the preponderating Force lies in the States rather than in the Union. —The Union will only last as long as all the States choose to belong to it. —Causes which tend to keep them united. —Utility of the Union to resist foreign Enemies, and to prevent the Existence of Foreigners in America. —No natural Barriers between the several States. —No conflicting Interests to divide them. —Reciprocal Interests of the Northern, Southern, and Western States. —Intellectulties of Union. —Uniformity of Opinions. —Dangers of the Union resulting from the different Characters and the Passions of its Citizens. —Character of the Citizens in the South and in the Norht. —The rapid growth of the Union one of its greatest Dangers. —Progress of the Population to the Northwest. —Power gravitates in the same Direction. —Passions originating from sudden turns of Fortune. —Whether the existing Government of the Union tends to gain strength, or to lose it. —Various sign of its Decrease. —Internal Improvement. —Waste Lands. —Indians. —The Bank. —The Tariff. —General Jackson. + (TDR: 413, TDS: 362, TBD: 381-82, TOC 1: 380, 井中 492, 松下 336-37)

アメリカ連邦の永続を支えているチャンスとは何であろうか。そしてアメリカ連邦

を脅かす危険とは何であろうか。

連邦そのものよりもむしろ諸州に優越力が存在する理由。――すべての州が連邦に帰属することを望んでいる限りにおいてのみ連邦は持続するであろう。――諸州を合併した状態におこうとする諸原因，――外敵に抵抗し，アメリカにおける外国人の生活を防ぐために受ける連邦の実利。――各々の州内には当然あるはずの州境の砦がない。――諸州を分裂させる利益争いがない。――北部，南部，そして西部諸州の各々の利益。――連邦の知的絆。――世論の画一性。――互いに異った特性，及びかくの如き住民の情念から結果する連邦の危機。――南部，及び北部の住民の性格。――連邦の急速な勃興はその最も危険なものの一つである。――北西部への人口移動。――それと同一方向に権力が移動する。――運命の突然の曲折から生じる情念。――連邦政体を得ようとしているのか，あるいは失おうとしているのか。――勢力の減少を示す様々な兆候。――国内開発。――荒廃した土地。――インディアン。――銀行。――関税。――ジャクソン将軍。

㊈　※Among the various reasons which tend to render the exsiting Union useful to the Americans, two principal causes are peculiarly evident to the observer. Although the Americans are, as it were, alone upon their continent, their commerce makes them the neighbours of all the nations with which they trade. Notwithstanding their apparent isolation, the Americans require a certain degree of strength, which they cannot retain otherwise than by remaining united to each other. If the states were to split, they would not only diminish the strength which they are now able to display toward foreign nations, but they would soon create foreign powers upon their own territory. A system of inland custom-houses would then be established; the valleys would be divided by imaginary boundary lines; the courses of the rivers would be confined by territorial distinctions; and a multitude of hinderances would prevent the Americans from exploring the whole of that vast continent which Providence has allotted to them for a dominion. At present they have no invasion to fear, and consequently no standing armies to maintain, no taxes to levy. If the Union were dissolved, all these burdensome measures might ere long be required. The Amerimans are then very powerfully interested in the maintenance of their Union. On the other hand, it is almost impossible to discover any sort of material interest which might at present tempt a portion of the Union to seperate from the other states.（TDR : 421，TDS : 369，TDB : 389，TOC 1 : 386–87，井中 414–15，松下 348–49）

連邦の存在がアメリカ人にとって有益であるとされている様々な理由の中で，評者にとってとりわけ明瞭な二つの重要な原因がある。アメリカ人はその大陸にいわば独り住んでいるけれども，彼らはその貿易によって通商するすべての諸国と親交を結ぶ

ことになる。他の世界と隔絶した所に住んでいるにも拘らず，アメリカ人はある程度の兵力を必要としている。これを保有するには互いに連合状態を保たざるをえないのである。もし諸州が分離すれば，彼らはたんに諸外国に対して誇示できた今日の兵力を失うのみならず，たちどころにその固有の領土において外国の政権を創り出すことになるであろう。このような場合には，国内に税関制度が設置されよう。山谷に想像上の境界線が立てられよう。河川の水流が領土の分割によって制限されよう。そうして神がアメリカ人に領地として割り当て給うたあの広大な大陸全土をアメリカ人が開拓するのに対して，無数の障害物が妨げるようになるのであろう。今日アメリカ人は恐怖すべき侵略者をもたない。そうしてその結果，常備軍を要しないし，それがための租税もいらない。もし連邦が分裂すれば，これらすべての耐え難き負担となる処置がやがて必要とされるであろう。こうなれば，アメリカ人は自らの連邦を維持するのに汲々たらざるをえないのである。また一方では連邦の一部を他州より分離させようとする如何なる種類の勢力をも，われわれが見出すことは不可能なのである。

㈥ #The Commercial ties which unite the confederate states are strengthened by the increasing manufactures of the Americans; and the union which began to exist in their opinions, gradually forms a part of their habits: the course of time has swept away the bugbear thoughts which haunted the imaginations of the citizens in 1789. The federal power is not become oppressive; it has not destroyed the independence of the states; it has not subjected the confederates to monarchical institutions; and the Union has not rendered the lesser states dependant upon the larger ones; but the confederation has continued to increase in population, in wealth, and in power. I am therefore convinced that the natural obstacles to the continuance of the American Union are not so powerful at the present time as they were in 1789; and that the enemies of the Union are not so numerous.（TDR : 438, TDS : 385, TDB : 405–06, TOC 1 : 402–03, 井中 438–39, 松下 372）

同盟諸州を結びつける商業的紐帯は，アメリカ人の製造業が増加するにつれて強化されている。そして彼らの考えによって始まった連邦は，次第に彼らの習慣の一部をなすようになっている。時の経過は1789年に市民たちの心に絶えず浮かんでいた恐怖の念を一掃している。連邦権力は圧制的になってはいない。それは諸州の独立を破壊してはいない。それは同盟諸州を君主的制度の支配の下においてはいない。そして連邦はより小なる諸州をより大なる諸州に従属するようにはしていない。それでも同盟は人口，富，及び権力が増大し続けている。それがためにアメリカ連邦の永続を自然に阻むものは1789年のそれらよりも現在の方が強くはなく，しかも連邦の敵も多くはない，ということを私は確信しているのである。

㈦ ※OF THE REPUBLICAN INSTITUTIONS OF THE UNITED STATES, AND WHAT THEIR CHANCES OF DURATION ARE.

The Union is Accidental. —The republican Institutions have more prospect of Permanece. —A Republic for the Present the natural State of the Anglo-Americans. —Reason of this. —In order to destry it, all the Laws must be changed at the same Time, and a great Alteration take place in Manners. —Difficulties experienced by the Amercans in creating an Ariso〔t〕cracy.（TDR : 450, TDS : 395, TDB : 415–16, TOC 1 : 412, 井中 465, 松下 387）

合衆国の共和制度，及びその存続の可能性は如何なるものであろうか。

連邦は偶然的なものである。――共和制度は永続性に関していえば一層将来性がある。――いまのところ共和制はイギリス系アメリカ人の自然状態である。――この理由。――それを破滅させるためにはすべての法が同時に改められなければならない。そして重大変化が生活様式に起こる。――貴族制を創出するにあたってアメリカ人が経験した困難。

㈢　※THE coast of the United States, from the bay of Fundy to the Sabine river in the gulf of Mexico, is more than two thousand miles in extent. These shores form an unbroken line, and they are all subject to the same government. No nation in the world possesses vaster, deeper, or more secure ports for shipping than the Americans.（TDR : 457, TDS : 401, TDB : 422, TOC 1 : 418, 井中 476, 松下 398）

合衆国の海岸はファンディー湾からメキシコ湾に注ぐセビーン川河口に至るまで，長さにして 200 マイル以上ある。これらの海岸は破られることのない境界線をなしており，しかもそれらはすべて同じ政府の支配下にあるのである。世界中でアメリカ人ほど海運業にとってより広く，かつより深く，またより安全であるいくつもの港をもっている国民はいない。

㈢　※The inhabitants of the United States are subject to all the wants and all the desires which result from an advanced stage of civilization; but as they are not surrounded by a community admirably adapted, like that of Europe, to satisfy their wants, they are often obliged to procure for themselves the various articles which education and habit have rendered necessaries. In America it sometimes happens that the same individual tills his field, builds his dwelling, contrives his tools, makes his shoes, and weaves the coarse stuff of which his dress is composed. This circumstance is prejudicial to the excellence of the work; but it powerfully contributes to awaken the intelligence of the workman. Nothing tends to materialize man, and to deprive his work + of the faintest trace of mind, more than the extreme division of labor. In a country like America,/where men devoted to special occupations are rare, a long apprenticeship cannot be required from anyone who embraces a profession. The Americans therefore change their means of gaining a livelihood very readily; and they suit

their occupations to the exigencies of the moment, in the manner most profitable to themselves. Men are to be met with who have successively been barristers, farmers, merchants, ministers of the gospel, and physicians. If the American be less perfect in each craft than the European, at least there is scarcely any trade with which he is utterly unacquainted. His capacity is more general, and the circle of his intelligence is enlarged.（TDR : 460–61, TDS : 404–05, TDB : 425, TOC 1 : 421–22, 井中 481–82, 松下 403–04）

合衆国住民は文明の進歩した段階の結果から生じるすべての欠乏やすべての願望に支配されている。けれども彼らはヨーロッパの様に共同体に取り囲まれないので，欠乏を満たすためにうまく改められたのであった。彼らはしばしば教育と習慣が必要とする様な物品を独力で手に入れるように強いられている。アメリカでは同じ個人が自分の田畑を耕し，自分の家屋を建築し，自分の器具を製造し，自分の靴を作り，そして自分の衣服の材料となる粗末な織物を織る，ということが往々にしてあるのである。こうした情況は労働の傑出性のために不利となるが，しかしそれは労働者の知性を覚醒させるためには大いに役立つのである。極端な分業ほどに人間を一器具のようにし，その労働から心のほのかな痕跡を奪う傾向にあるものは他にはないのである。アメリカのような国では，専門的業務に専念する人々は稀であって，専門職に就くどんな人間でも長期に亙る実習を要求されることはありえない。それゆえ，アメリカ人は極めて容易にその生計を立てる手段を変更する。そうして彼らは時の勢を窺って，自分自身にとって最も多くの利益をもたらすような自分に適した職業に従事するのである。そのため，弁護士，農民，商人，福音書の教えを説く牧師，そして医師にと続けてなる人々に出くわすにちがいない。仮令アメリカ人がヨーロッパ人よりも各々の技能において完璧でないとしても，少くともアメリカ人がまったく不案内であるといえる商売はほとんどないのである。アメリカ人の能力はより一般的であって，しかもその知識の範囲は広いのである。

(呂) The Anglo-American relies upon personal interest to accomplish his ends, and gives free scope to the unguided exertions and common sense of the citizens; the Russian centres all the authority of society in a single + arm: the principal instrument of the former is freedom; of the latter, servitude. Their starting-point is different, and their courses are not the same; yet each of them seems to be marked out by the will of Heaven to sway the destinies of half the globe.（TDR : 471, TDS : 414, TDB : 434, TOC 1 : 430–31, 井中 488, 松下 419）

M. 10–7–25.

〔「M. 10–7–25.」は読了時を示す書き込み〕

イギリス系アメリカ人はその目的を達成するために個人の利益に依存し，市民の無案内な尽力と共通感覚とに自由な領域を与えている。ロシア人は社会のすべての権威を唯一の権力に集中する。すなわち前者の主要手段は自由であるが，後者のそれは隷

従である。両者の出発点は異なり，両者の進路は同一ではない。だが両者は天意によって各々地球の半分の運命を支配すべく運命づけられているようである。

㊵ ※OF THE PRINCIPAL SOURCE OF BELIEF AMONG DEMOCRATIC NATIONS.（TDR：7，TDB：8，TOC 2：16，井下 30）

民主的諸国民の間にみられる信仰の主要源泉について。

㊶ ※The contrary takes place in ages of equality. The nearer the citizens are drawn to the common level of an equal and similar condition[*sic*], the less prone does each man become to place implicit faith in a certain man or a certain class of men. But his readiness to believe the multitude increases, and opinion is more than ever mistress of the world. Not only is common opinion the only guide which private judgement retains among a democratic people, but among such a people it possesses a power infinitely beyond what it has elsewhere. At periods of equality men have no faith in one another, by reason of their common resemblance; but this very resemblance gives them almost unbounded confidence in the judgement of the public; for it would not seem probable, as they are all endowed with equal means of judging, but that the greater truth should go with the greater number.（TDR：9，TBD：10，TOC 2：18，井下 33–34）

正反対のことが平等の時代に起きる。市民たちが平等にして類似した状態となって平凡な水準に次第に近づけば，それだけ一層各々の人間は，特定の人間や，あるいは特定の人間で構成されている階級に対して盲目的な信用の念をおく，ということが次第に弱くなるのである。けれども民衆を信ずる気風は増大する。そうして世間の人々の考えがかつてないほど世を制するのである。民主的な人々の間にあっては，私的判断の留保する唯一の案内人が平凡な世間の人々の考えであるばかりでなく，そうした人々の間にあっては，またそれが他のいかなるところにおいても，それが持つ以上の限りない力をそれは持つのである。平等の時代には，その共通した類似性のために人々は相互に信頼し合ってはいない。しかしこの同じ類似性こそが，彼らを公衆の判断に対してほとんど制約無く信頼させているのである。というのは，判断を下す平等な手段をすべて授けられているのに，より大なる真理はより大なる数について回るはずであるということがあり得るものではない，と彼らは思いはしないからである。

3

書別／番号	TDR（手沢本）	TDS（覆刻版）		TDB（Everyman's Library）		TOC（Œuvres Compllètes）		井上・中・下（講談社学術文庫）		松上・下（岩波文庫）	
（ 1）	5	xv	22	7	1	4	41	27	14	15	9
（ 2）	5	xv	27	7	6	5	2	27	18	15	12
（ 3）	5	xvi	4	7	22	5	19	28	10	16	5
（ 4）	23	6	37	23	8	23	17	55	12	42	5
（ 5）	41—42	24	13	41	32	41	7	84	14	66	7
（ 6）	48	29	33	47	20	46	29	101	10	77	8
（ 7）	68—69	48	23	66	36	66	4	137	15	108	10
（ 8）	72	51	34	70	11	69	27	143	14	114	7
（ 9）	74	53	n15	72	n1	71	n14	157	7	340	7
（10）	77	56	18	75	2	74	27	150	16	121	4
（11）	77	56	n8	75	n6	74	n11	158	10	341	12
（12）	78	57	12	76	1	75	19	151	16	122	5
（13）	80	59	8	77	29	77	35	154	16	125	7
（14）	90	68	18	87	6	88	6	176	13	139	1
（15）	90	68	44	87	28	88	31	177	12	140	1
（16）	111	87	40	108	28	109	27	214	2	174	11
（17）	126—127	102	14	123	5	124	28	240	14	197	6
（18）	128	104	n2	124	n1	126	n1	245	14	354	11
（19）	132	107	20	128	8	129	36	250	7	206	2
（20）	133	107	34	128	20	130	9	251	2	206	10
（21）	138	112	n1	133	n1	135	n1	262	10	355	6
（22）	138—139	113	8	134	1	135	21	260	16	215	15
（23）	139	113	n9	134	n6	136	n3	263	2	355	14
（24）	140	114	13	135	6	136	27	264	1	217	12
（25）	140	114	35	135	27	137	18	265	3	218	3
（26）	141	115	9	135	36	137	28	265	12	219	3
（27）	141	115	23	136	9	137	43	266	3	219	3
（28）	141	116	1	136	19	138	9	266	10	220	2
（29）	142	116	15	136	34	138	22	267	5	220	13
（30）	142	116	21	137	2	138	30	267	11	221	3

番号＼書別	TDR（手沢本）	TDS（覆刻版）		TDB（Every-man's Library）		TOC（Œuvres Compllè-tes）		井上・中・下（講談社学術文庫）		松上・下（岩波文庫）	
(31)	142	116	33	137	13	139	3	268	2	221	10
(32)	142	117	2	137	19	139	10	268	5	221	12
(33)	144	118	13	138	33	140	23	270	16	224	6
(34)	144	443	10	〔Spencer 脚註〕							
(35)	144	443	24	〔Spencer 脚註〕							
(36)	150	123	31	144	19	146	20	281	4	232	15
(37)	156	127	11	148	3	150	9	287	15	237	14
(38)	158	128	38	149	21	151	26	290	8	240	7
(39)	175	144	31	165	7	167	9	317	1	265	9
(40)	176	145	30	166	5	168	5	318	16	267	7
(41)	176—177	146	26	166	40	168	43	320	10	268	16
(42)	178	147	25	167	39	169	39	322	4	270	7
(43)	178	148	34	168	32	171	11	324	3	272	9
(44)	179—180	148	n1	169	13	170	n1	329	16	363	14
(45)	180	149	22	169	35	171	35	325	1	273	7
(46)	187	195	28	175	29	179	34	18	1	13	14
(47)	187—188	195	36	175	36	179	42	18	7	14	4
(48)	198	166	17	185	23	189	11	35	9	29	3
(49)	200	167	11	187	38	191	4	38	16	32	9
(50)	206	172	38	193	30	196	25	49	7	42	5
(51)	216	181	39	202	12	205	15	64	13	56	7
(52)	231	194	24	214	8	217	24	88	5	76	12
(53)	255	216	31	235	31	239	32	129	3	109	14
(54)	255—256	217	5	236	5	240	5	129	8	110	2
(55)	271	231	28	250	15	254	1	155	3	133	11
(56)	276	236	24	255	27	258	26	164	9	141	5
(57)	276	236	29	255	33	258	32	164	13	141	10
(58)	282	242	n2	261	n3	263	39	175	12	439	3
(59)	288	247	27	266	15	268	30	185	4	158	2
(60)	288	247	29	266	17	268	32	185	6	158	4
(61)	292	249	15	268	2	270	16	188	7	161	2
(62)	292	250	14	268	31	271	5	189	12	162	7

書別 番号	TDR（手沢本）	TDS（覆刻版）		TDB（Everyman's Library）		TOC（Œuvres Compllètes）		井上・中・下（講談社学術文庫）		松上・下（岩波文庫）	
（63）	306	261	2	280	1	281	18	208	8	181	6
（64）	308	263	1	282	1	283	14	211	9	184	2
（65）	319	272	14	291	19	292	41	228	17	197	9
（66）	319	272	25	291	29	293	8	229	9	198	1
（67）	319	273	2	292	22	293	32	230	8	199	1
（68）	322	275	4	294	27	295	33	233	16	202	10
（69）	329	282	34	301	30	302	33	249	2	214	9
（70）	330	283	8	302	6	303	4	249	14	215	4
（71）	330	283	23	302	20	303	18	250	7	215	13
（72）	332	285	31	304	27	305	20	254	2	219	7
（73）	340	292	20	311	17	311	41	266	2	230	15
（74）	346	298	n1	317	n1	317	n1	280	5	446	2
（75）	347	298	n10	317	n10	317	n11	280	12	446	9
（76）	348	300	12	319	1	319	15	281	7	243	13
（77）	355	306	32	325	12	325	22	292	5	254	13
（78）	355	307	1	325	23	325	34	292	14	255	5
（79）	356	308	14	326	30	326	36	294	14	257	13
（80）	374	325	n1	344	n1	343	n7	342	4	454	1
（81）	376	327	23	346	21	345	41	325	17	285	12
（82）	377	327	n8	346	n5	345	n23	344	4	456	6
（83）	377	328	n6	347	n5	347	n7	344	17	457	2
（84）	380	331	n2	350	n9	350	n7	348	5	460	13
（85）	385	335	n2	355	n2	354	n2	350	15	463	11
（86）	386	336	n6	355	n11	355	n10	351	4	464	4
（87）	390	340	36	360	26	359	38	359	13	304	12
（88）	396	345	n4	365	n6	364	n7	394	19	467	7
（89）	401	351	18	371	18	369	45	375	5	320	4
（90）	402	351	22	371	22	370	5	375	7	320	6
（91）	402	351	n8	371	n9	370	n9	396	8	469	5
（92）	403	352	21	372	20	371	6	376	14	321	11
（93）	403	352	34	372	33	371	18	377	6	322	3
（94）	403	353	1	373	1	371	27	377	11	322	8

書別 / 番号	TDR（手沢本）	TDS（覆刻版）		TDB（Everyman's Library）		TOC（Œuvres Complètes）		井上・中・下（講談社学術文庫）		松上・下（岩波文庫）	
（95）	403	353	14	373	15	371	37	378	2	322	15
（96）	412	361	4	381	4	378	35	390	5	334	15
（97）	426	374	17	394	21	391	38	422	11	356	10
（98）	439	386	9	406	32	403	33	440	6	373	13
（99）	439	386	35	407	15	404	11	441	5	374	12
（100）	439—440	387	4	407	25	404	23	441	11	375	1
（101）	440	388	n2	408	n5	405	n4	460	15	476	15
（102）	447	391	27	412	9	409	6	448	12	382	2
（103）	447	392	n6	412	n22	409	n7	462	9	478	12
（104）	449	394	10	414	33	411	12	452	5	385	11
（105）	451—452	396	25	417	4	413	19	467	13	389	10
（106）	454	399	19	419	40	416	7	472	14	394	10
（107）	455	399	26	420	6	416	13	473	1	394	15
（108）	455	399	30	420	9	416	17	473	3	395	1
（109）	458	402	n14	423	n10	419	n15	489	7	479	8
	〔以下二巻〕					〔以下二巻〕					
（110）	1			3	6	11	3	21	3		
（111）	3—4			5	31	13	25	25	13		
（112）	9			10	32	18	31	34	12		
（113）	21—22			21	36	28	40	52	6		
（114）	29			29	28	35	26	66	15		

追記

転載にあたって，誤植及び欠落部分など，気付いた点を訂正した。また邦文も横組に変わっているが，福沢の書き込みは，(六)(十四)を除けばいうまでもなく，縦書きである。

*　　　　*

なおトクヴィル『アメリカのデモクラシー』原著1850年版に合わせる形でリーヴ英訳の改訳修正をしたF. ボーエン（ハーヴァード大学道徳哲学の教授で，慶應義塾で教科書として使用され，福澤も読了したと思われる『アメリカ政治経済学』（Francis Bowen, *American Political Economy; Including Strictures on the Management of the Currency and the Finances since 1861*, 1870）の著者）の手に成る *Democracy in*

America by Alexis de Tocqueville. Translated by Henry Reeve, Esq. Edited, with Notes, The Translation Revised and in Great Part Rewritten, and Additions Made to the Recent Paris Editions Now First Translated, by Francis Bowen, Alford Professor of Moral Philosophy in Harvard University, Fifth Edition. Boston: John Allyn, Publisher, 1873の第2巻の以下の頁項目に赤の不審紙が貼付されている。第1巻には何も施しがない。福澤があるいは，その手沢本の第2巻の全文を読むのを控えて，本書を手にした可能性が無いとは言えないので参考までに，以下，記しておく。なお「慶應義塾図書館」の印が押してある。

VOL II SECOND BOOK.（第2巻　第2部）

CHAPTER V. Of the Use which the Americans make of Public Associations in Civil Life（第5章　アメリカ人が市民生活で行う公的団体の使用について）

CHAPTER VI. Of the Relation between Public Associations and the Newspapers（第6章　公的団体と新聞との関係について）

CHAPTER XVII. How, when Conditions are equal and Scepticism is rife, it is important to direct Human Actions to distant Objects（第17章　諸条件が平等で懐疑主義がはびこっている時，人間の行動をかすかな目的に仕向けることが如何に大切なのか）

CHAPTER XVIII. Why amongst the Americans all honest Callings are considered Honorable（第18章　アメリカ人の間ではなぜ真面目な職業が尊敬されるのか）

CHAPTER XIX. What causes almost all Americans to follow Industrial Callings（第19章　ほとんどすべてのアメリカ人を産業的職業に従事させる原因は何か）

VOL II THIRD BOOK.（第2巻　第3部）

CHAPTER III. Why the Americans show so little Sensitiveness in their own Country, and are so Sensitive in Europe（第3章　なぜアメリカ人は自国ではあのように殆ど神経過敏さを見せないが，ヨーロッパではあのように過敏なのであろうか）

CHASPTYER XVIII. Of Honor in the United States and in Democratic Communities（第18章　合衆国と民主的共同体における名誉について）

索　　引

・福澤諭吉を除いた人名を，史料に関係する人物に限って50音順に並べた。
・引証参考文献についても，史料的なもののみを50音順に並べた。
・事項については，問題設定と関連する用語に限って50音順に並べた。

人　　名

あ行

会沢正志斎　81, 83
アクトン，J. E.　83
アダムス，Q.　*15*
アチソン，J.　110
新井白石　43, 52, 54, 103
アルバート公　218
アン女王　212
板垣退助　78
伊藤博文　172, 208～210, 221
井上毅　173, 209
ヴィクトリア女王　217
ヴィルマン　88
ウェイランド，F.　1, 8, 28, 56, 126, 135, 177
ヴェーバー，M.　161
江藤新平　78
大国隆正　80, 81
大久保利通　78, 147, 169, 171, 188
大隈重信　78
大蔵永常　141, 142
大槻磐水　44
大森鍾一　127
大山巌　223
岡田啓介　110
荻生徂徠　40～42, 44, 151, 167
織田信長　43
小幡篤次郎　122, 140, 141, 144, 146, 152, 155, 157, 165, 170, 177, 179

か行

カーライル，T.　33, 39
貝原益軒　11, 13
カエサル（シーザル）　158, 159
カズン，V.　88
荷田春満　80
加藤弘之　83, 92, 133
亀井南冥　167
神田孝平　122
菊地武夫　110
ギゾー，F. P. G.　1, 27～40, 43, 45, 51～53, 57～72, 86～91, 93, 96～102, 105, 109, 122～125, 161～164, 178, 179, 206, 225
北畠親房　53, 79
木戸孝允　171
ギボン，E.　71, 163
陸羯南　127
グナイスト，R. v.　208, 223

久保之正　165, 174, 180
黒田清隆　154
クロムウェル，O.　55
ゲーテ，J. W. v.　33, 38, 39, 89, 218
孔子　8, 9
コールサード，J.　37
後嵯峨院　53
呉汝綸　119
後醍醐天皇　79
後藤象二郎　78
コント，A.　88

さ行

西郷隆盛　122, 128, 134, 165, 169, 171, 172, 183, 186, 190
嵯峨天皇　81
佐藤一斎　44, 164
始皇帝（秦）　108, 178
シェイエス，A.　55
品川弥次郎　189
ジャクソン，J.　*15, 47*
シャトーブリアン，F.　88
シャルル七世　63
ジャンヌ・ダルク　63
叔斉　179
朱子　40, 41
シュタイン，L. v.　208
ジョージ三世　217
シラー，F.　38
白石照山（常人）　44, 167
杉田玄白　44
ストーリー　*17*
スペンサー，H.（スペンセル）　2, 109, 121, 132, 134, 143, 157, 173, 188, 189, 204, 223, 224
スマイルズ，S.　190
スミス，A.　119, 151
副島種臣　78

た行

高山樗牛　106
鄭玄　40, 41
テイラー，H.　17
デカルト，R.　66
天智天皇　81
徳川家康　109
徳川斉昭　80
徳富蘇峰　121
トクヴィル，A. d.　2, 28, 35〜37, 51, 68, 69, 72, 88, 119〜127, 132〜134, 138〜146, 149, 151, 152, 154, 155, 157〜168, 170, 172, 174〜190, 204, 206
豊臣秀吉　54, 151
ドレイパー，J. W.（ドラペル）　204

な行

中村敬宇（正直）　28, 123, 163
ナポレオン，B.　56, 151
ニウトン，I.　151
西周　79, 84, 105
野村正明（市来吉之助）　165

は行

バートン，J. H.　177
ハイネ，H.　88
伯夷　179
バジョット，W.　2, 108, 109, 127, 161, 164, 178, 179, 187, 203, 204〜218, 220〜222, 224, 225
ハズリット，W.　30, 33, 45
バックル，H. T.　27, 65, 93, 94, 96, 101, 123, 129, 134
パスカル　*22*

馬場辰猪　128
ハンチンソン　*5*
ビール，D.　144
ピトキン　*5*
ヒューム，D.　71
平田篤胤　80, 82
ビラン，M. d.　90
フィリップ六世　63
福澤百助　44, 164, 214
福地源一郎　108, 209
藤田東湖　80, 103
藤田幽谷　81, 100
ブラックストーン，W.　144, 188
フンボルト，W. v.　28, 29, 36〜40, 163
ヘーゲル，G.　89
ベーコン，F.　66
ヘンリー，C. S.　29, 33, 45, 52, 86, 162
北条泰時　174
帆足萬里　214
ホッブズ，T.　179
ホワイト，J. B.　33

ま行

前野良沢　44
マッツィーニ，G.　88
マルクス，K.　88
丸山作楽　108, 211
ミシェル，C. L.　88
水野寅次郎　211
ミル，J. S.　1, 2, 4, 5, 7〜20, 27〜29, 33〜40, 45, 59, 63, 64, 68, 69, 71, 83〜87, 90, 91, 93, 96, 104, 109, 120, 123, 124, 132, 139, 141, 145, 149, 155, 157, 161〜164, 181, 182, 185, 187, 189, 204, 213
ミルトン，J.　55
メッテルニヒ，K.　88
モートン，N.　180, *4*
本居宣長　80〜82
森有礼　122
モンテスキュー，C. d. S.　164, 185, 186, *10*

や・ら・わ行

山県有朋　127
山崎闇斎　79
山路愛山　43
横井小楠　78
頼山陽　43, 54
リーヴ，H.　122, 134, 145, 171, 178
リチャード　*24*
ルイ（ロイス）十一世　64
ルイ十四世　70, 93, 178
レオ十世　66
歴山王（アレクサンダー大王）　151
ロッシ，P.　178
ワーグナー，R.　88
度会家行　79
ワット，J.　151

書　　名

あ行

アメリカの（における）デモクラシー　35, 51, 72, 88, 119, 120, 122～124, 127, 134, 138, 140, 143, 152, 154, 157, 158, 162, 164～168, 174, 175, 176, 178, 181～183, 185～187, 190, 206, *4*
一歩を退く可し　15
イデーエン　29, 36, 37
イトルレクチアル　デベロプメント　オス　イフロッパ　204
イングランド文明史　93, 94, 96, 123, 135
ヴィルヘルム・マイステルの徒弟時代　33
上杉家文書　53
内は忍ぶ可し外は忍ぶ可らず　119, 177
英国議事院談　144
英国（イギリス）憲政論　108, 109, 164, 178, 187, 204, 205, 215
英国誌　144
易経　10, 41, 44
エディンバラ・レヴュー　33, 36
准南子　42
女大学　8
覚書　120, 121, 152, 153, 157, 165, 168, 173～177, 184～187, 189
女大学　11, 12
女大学評論　12, 13, 16～18

か行

開国同化は日本の国体に差し支えなし　106
学者安心論　121, 128, 129, 134, 183
学則　42
学問のすゝめ　1, 5, 7～10, 28, 43, 51, 56, 78, 85, 91, 119, 124～126, 130, 133, 137, 156, 165, 175, 177, 179
学問のすゝめの評　96
学問之独立　218
家庭叢談　122, 182
管子　41, 42
旧体制と革命　163
旧藩情　134, 151, 165, 166
教門論　105
経済学原理　163
経済学試論集　163
言志四録　44, 164
憲法義解　223
憲法註解　*17*
広益国産考　142
弘道館記　80
弘道館記述義　80, 103
功利主義（論）　157, 162, 186
コールリッジ論　83
告志編　80
国体新論　83
国体の本義　110
国富論　119
古事記　53, 81, 173, 174
古事談　53, 54
国会の前途　109, 164, 207, 223
国会論　186

さ行

西郷隆盛の処分に関する建白書　122
薩摩の友人某に与るの書　128, 133,

134, 165, 169, 175
史記　53
時事新報　106, 190, 209, 210, 222, 223
自然学と政治学　204
自伝（ミル）　33, 34, 36, 39, 124, 163
社会学研究　109, 132, 134, 157
自由之理　29, 123, 163
自由論　15, 28, 29, 34, 36, 39, 44, 71, 90, 123, 155, 162, 163, 187
春秋左氏伝　42, 53
上木自由之論　122, 155
正名論　81
続日本紀　173
女子教育の方法　12, 18
女性の隷従　1, 4〜6, 124, 163, 187
新女大学　14, 20
新真公法論　80
神皇正統記　54, 79
新論　83
政治経済学の基礎　1, 56
政治経済読本（政治経済学）　1, 51, 56, 72, 93, 177
政談　54
西洋事情　1, 56, 72, 78, 83, 85, 92, 104, 122, 183, 186, 190
説文解字　42
ソシマレスタチックス　204
徂徠先生答問書　42
尊王論　108, 164, 210, 214, 215, 225

た行

第一原理　109, 121, 134, 156, 157
大学章句　40
代議政治論　2, 71, 83, 87, 90, 93, 96, 120, 123, 139, 162, 164
大日本史　43
太平記　43, 131
太陽　106
脱亜論　86
男女交際論　10, 17, 19
地方凡例録　157
中庸　40, 41
長州再征に関する建白書　103
通俗国権論　187, 188
通俗民権論　121, 131, 134, 187
帝室論　108, 164, 205, 207, 210, 211, 213〜216, 218, 225
桐城呉先生日記　119
唐人往来　52, 79
東潜夫論　214
道徳科学の基礎　1, 126, 177
読史余論　43, 52, 54, 103

な行

夏山雑談　53
南遊紀行　167
日本外史　43, 54
日本主義　106
日本主義を賛す　106
日本書紀　53, 173, 174
日本婦人論　11, 16, 19
ニューイングランド・メモリアル　180

は行

藩閥寡人政府論　209
品行論　15
福翁自伝　16, 167
福翁百話　10, 109
福澤全集緒言　73
婦人の懐剣　12
仏国地方分権法　127
フランス文明史　86, 123
附録先生書五道　41

分権論　73, 120, 121, 122, 128, 134, 151, 152, 162, 165, 170, 171, 181, 183, 187
文明論（ミル）　34〜36, 39
文明論之概略　1, 2, 27, 29, 30, 43, 51, 56, 59, 68, 78, 83, 86, 90, 91, 93, 96, 97, 100, 104〜107, 123〜125, 145, 146, 157, 161, 162, 164, 177, 180, 186, 187, 213, 214
弁名　41
保元物語　53

ま・や行

民間経済録　188
民間雑誌　204
民情一新　187
明治十年　丁丑公論　128, 134, 165, 170, 175, 178, 185, 188
孟子　42, 53, 178
ヨーロッパ代議政体起源史　123
ヨーロッパ文明史（概略）　1, 29, 39, 51, 52, 86, 87, 90, 93, 97, 102, 109, 123, 125, 161, 163, 164

ら・わ行

礼器　40
礼記　178
リヴァイアサン　179
呂氏春秋　42
歴史　*5*
老子　41, 44
ローマ人盛衰原因論　164, 186
ローマ帝国衰亡史　71, 164
論語　135
論語道国章解　165, 166, 168, 174, 180
論説・論考集　124, 163
ロンドン・レヴュー　33
ロンバード・ストリート　204
論理学体系　84, 162
和俗童子訓　11

事　項

あ行

愛国心　63, 138, 143〜145, 149, 151, 165, 170, 171, 188, *11, 27*
有様　27, 126, 175, 177
維新　137, 138, 165, 167, 171, 184, 223
一個（の志）　30, 42〜44
インヂヴヰヂュアリチ　28, 29, 45, 87
英国憲政　144, 164, 208, 215, 222, 224
遠因　135, 137
演劇的部分　215, 220
王権　62, 99, 102, 103, *12*
王室　68, 94, 96, 100, 101, 103, 104, 214, 216, 217
王政復古　79, 100〜102, 173, 223

か行

懐古　100, 101, 103, *27*
華夷思想　80, 81
改進　129, 137, 138, 211
学者　128, 133, 136, 138, 219, 221, 224
華族　189, 190, 209, 224
家族国家　150, 222
カトリック　65, 174, 175〜177, *37*
官権　211, 213
官民調和　209, 218
官吏　132, 136, 145, 146, 184, *13, 15*
議会　121, 179, 188, 209, 215

義気　170, 179
気象　40, 42, 43
貴族　60, 62, 63, 91, 98, 99, 101, 102, 126, 135, 161, 182, 189, 190, 224, *2, 3, 12, 25, 31, 32, 34, 38, 42, 49*
旧体制　128, 134, 138, 151, 153, 157, 165, 173
虚位　100, 101, 103, 104, 108
教育に関する勅語　107, 127
教会　66, 93, *38*
行政　141, 163, 173, 184, *8, 9, 12, 21, 28*
共和制　61, 109, 135, 145, 158, 159, 175, 179, 186, 216, 217, 224, *12, 13, 18, 36, 49*
キリスト教　1, 30, 31, 67, *37*
近因　134, 136, 137
勤王　103, 171, 211
君主　60, 61, 64, 69, 91〜93, 96〜102, 109, 121, 145, 158, 171, 178, 186, 210〜213, 216, 217, 221, 225, *11, 27, 29, 37*
血統　3, 27, 87, 92〜96, 103, 104, 105, 107, 109
権威　155, 170, 176, 215, *21, 50*
憲政　173, 208〜210, 223, 224
権道　9, 155
憲法　109, 110, 208〜210, 223, *17*
権利（理）　12, 27, 90, 126, 131, 151, 173, 177, 178, *33*
権力　11, 39, 43, 107, 110, 132, 133, 146, 149, 150, 172, *3, 42, 50*
皇学　60, 81, 100, 101, 105, 108, 211, 213
公共精神　127, 140, 141, 182, 188
公議輿論　159, 168, 187
皇帝　93, 159, 206
公的精神　155, 170, 176, 185, *6*
皇統　94, 95
国王　60, 64, 99, 158, 208, 210, 218, *32*
国体　2, 27, 59, 60, 77〜87, 91〜95, 100, 104〜108, 110, 111, 132, 133, 211, 213, 223, 225
国民　3, 4, 51〜60, 62〜66, 71, 78, 83〜86, 91, 103, 107, 109, 127, 140, 146, 155, 170, 210, 212, 213, 217, 220〜224, *11, 17, 19, 22, 23, 27, 42, 49*
個人　29〜32, 34, 35, 37, 60, *42, 43, 50*
個性　29, 31, 32, 35〜40, 42, 163
国会　188, 208, 209, 212, 216, 219, 222, 223
国家構造　214, 215, 222, 223
国権　77, 107, 135, 139, 165, 170, 188, 209

さ行

薩摩　154, 155, 165〜175, 179〜181, 187, 190, 209
至強　107, 108, 214, 223
自主自由の気風　67, 72
市制・町村制　127, 173
自然権　131, 178
自然法　174, 178
士族　126, 128, 132, 134〜138, 141, 143, 147, 148, 151, 153, 155〜157, 162, 172, 174, 183, 187
至尊　99, 107, 108, 214, 223
自治　4, 67, 127, 147, 149〜151, 155, 171〜175, 179〜181, 188, *3*
実効的部分　107, 108, 214〜216, 223, 224
自分かせぎ　166, 169, 179
市民　30, 62, 69, 72, 173, *51*
四民平等　128, 136, 137, 151, 162, 189

社会契約　57, 169, 176, 179, 190
自由　32, 34〜36, 65〜73, 108, 149, 154, 159, 163, 164, 168, 169, 171, 174, 175, 179, 185, 186, 213, *4*, *11〜13*, *23*, *32*, *42*, *50*
習慣　39, 40, 102, 145, 148, 149, 168, 172, 174, 187, *21*, *26*, *27*, *31*, *33*
宗教　65〜67, 102, 105, 109, 145, 175, 177, 185, 221, *10*, *11*, *27*, *37〜40*
集権化　58, 60, 62, 64, 67, 71, 72, 140, 141, 146, 147, 162
衆心　94, 129, 170
自由民権運動　128, 132
守旧　129, 133, 137, 138, 143
儒教　1, 19, 20, 27, 81, 105, 133, 170
主権　106, 107, 181, 209, *11*
出版の自由　154〜157
商業的情熱　36, 185, *36*
女王　207, 208, 217
諸条件の平等　124〜126, 175, 178, *37*
私立　132, 133, 218
神政制　61, 97, 105, 108
新聞　48, 136, 154, 156
進歩　34, 89, 171, 222
人民　52, 55〜60, 62〜65, 68, 69, 71, 73, 85, 86, 95, 103, 104, 126, 129〜133, 135, 137, 140〜151, 154〜157, 159, 175, 178〜183, 188, 209, 211, 212, 214, 221, *11*, *12*, *15*, *19*, *31*, *32*, *34*
政教一致　27, 81, 105, 135
政権　92, 95, 103, 104, 111, 120, 134, 139, 140, 142, 143, 146, 148, 150, 165, 171, 187, 211, 213
政祭一途　82, 105
政治的自由　30, 68, 69, 72, 102
政統　27, 87, 89〜92, 94, 95, 103〜105, 107
政党政治　209, 218, 223
正統性　79, 80, 97, 103, 173
西南戦争　128, 134, 151〜153, 157, 165, 169, 170, 183, 186, 187
政府　57〜60, 62, 63, 65, 68, 71, 73, 85, 86, 90, 91, 104, 107〜109, 131〜136, 140, 142, 155, 156, 178, 183, 186, 189, 214
責任内閣制　223, 224
絶対君主制　67, 68, 99, 102, 109, 159, 162, 172, 175, 178, 179, 189, 210, *10*, *42*, *43*
世論　40, 124, *13*, *29*, *38*, *47*
専制　44, 100, 109, 150, 159, 169, 172, 174, 175, 186, 189, *10〜12*, *23*, *29*, *37*, *42*
尊厳的部分　108, 214〜216, 223, 224
尊王　79, 81, 103, 144, 158, 214

た行

代議制　135, 154, 184
大衆　39, 212, *26*
大人物　31, 39, 40
大統領制　92, 152, 158, 183
大日本帝国憲法　107, 108, 110, 127, 209
多数者　35〜37, 39, 155, 163, 172, 189, *14*, *27〜29*
多面性　33, 39, 164
男女交際論　17, 19, 20
治権　120, 127, 134, 139〜143, 146〜151, 162, 165, 169, 171, 172, 187
知徳　73, 96, 109, 225, *3*
地方　120, 126, 127, 139〜141, 146, 147, 149, 151, 171, 172, 181, 188, *9*, *12*
中央政府　137, 139〜142, 145, 146, 148, 149, 172, 181, 184, 187, 188, *8*, *12*, *20*

中国　29, 34, 40, 71, 107～109, 141, 159, 163
中産階級　40, 68, 159, 160, 185
知力　95, 133, 136
追憶　98, 101
抵抗　189, 190
帝室　96, 108, 109, 205, 211～222, 225
デモクラシー　125, 163, 175, 178, *3*, *21*, *26*, *28*, *34*, *37*, *42*
天子　94, 100, 159, 170, 223
天皇　79, 96, 97, 103, 107, 109, 110, 156, 208～210
同権　119, 171, 174, 175, 177
道徳　72, 156, 221, *18*, *21*, *29*
道理　90, 108, 144, 174, 216, 221, *22*
独一個　27～30, 40, 43～45, 164
独立　41, 44, 45, 51, 52, 77, 106, 133, 135, 149, 155, 164, 169, 170, 176, 185, *4*, *6*, *16*, *19*, *30*, *35*

な行

内閣　209, 215, 216
中津　134, 151, 165～168, 183
仲間　169, 170, 179, 180, 190
ナショナリチ　2, 27, 78, 82～87, 91～95, 103, 107, 128, 132, 133, 151
日本文明　29, 107, 108, 162
ニュー・イングランド　151, 155, 165, 168, 175, 176, 179, 185, 187, 190, *5*～*7*, *40*
ネーション　28, 51, 52, 57, 58, 65, 91, 128, 183

は行

陪審　122, 182, 183, *33*, *34*
廃藩置県　129, 162, 169, 172
覇府　100, 101, 214
藩閥寡人政府　72, 209
平等　36, 162, 175～178, *18*
平田派国学　81, 95
不羈独立　30, 44, 56, 60, *33*
武士　43, 52, 100, 131, 135, 166～169, 171, 223
仏教　1, 19, 20, 105
フランス革命　68, 89, 120, 145, 146, 162, 188, 216, *11*, *12*
プロテスタンティズム　126, 176, *3*, *37*
分権　73, 139, 140, 146, 147, 149, 151, 162, 172
文明　5, 9, 15, 29, 31, 33, 35, 39, 57, 58, 62, 67, 69, 73, 83, 86, 95, 100, 104, 105, 109, 111, 130, 133, 135, 137, 141, 154, 156, 162, 163, 219, 222, 224, *3*, *43*, *44*, *50*
平準化　58, 62, 71, 73
兵馬の権　219
平民　130, 148, 153
封建制　31～35, 63, 64, 67, 97, 98, 101, 103, 126, 137～139, 142, 145, 155, 162, 166, 167, 171, 173, 188, *3*
報国　63, 107, 144, 188
法曹　182, 183, *30*～*32*, *34*
ポリチカル・レジチメーション　27, 87, 92, 95

ま行

水戸学　79～81, 85, 95, 98, 102
民会　169, 187, 188
民権　108, 126, 129, 131～133, 135, 136, 142～144, 148, 154, 209, 211, 212
民主制　91, 119, 144, 159, 177, *23*, *25*
民主的自由　126, *3*, *46*
民撰議院　128, 140, 146, 171

明治維新　128, 129, 152, 162, 165, 166, 171, 173, 184, 189
明治憲法　110, 171, 173, 208, 223
明治十四年の政変　208, 209
明治六年の政変　127, 128, 152, 209
明六社　77, 79, 83, 85, 122, 123, 165
面目　131, 136
門閥　151, 166, 167, 169, 224

や・ら行

約束　165, 168〜170, 174, 179, 180, 187
有司専制　128, 132, 209
ヨーロッパ文明　30, 31, 39, 88, 107, 164
ライン　27, 92, 94, 95
理外の威光　104, 108, 214
立君　70, 91, 96, 100, 119, 158, 172, 177
立憲政治　1, 70, 132, 171, 174, 181, 183, 205, 208〜211, 216, 217, 223, *15*
立法　159, 160, *5*, *8*, *15*, *16*, *28*